Claus Helmut Drese: Theater, Theater …

Für
Frau Maria Graff
mit herzlichem
Dank für die
Einladung zum
„Neuen Wiener Salon"
Ihr In Verehrung
Claus H. Drese
22/X./86

Claus Helmut Drese

Theater, Theater...

Vorträge, Aufsätze, Kommentare eines Intendanten

Atlantis Musikbuch-Verlag

Gestaltung: Heinz Unternährer, Zürich
Herstellung: Wilhelm Röck, Weinsberg
Printed in Germany
ISBN 3-254-00109-5

Für Helga
meine liebe Frau und geduldige Theatergefährtin

Inhalt

Biographisches Vorwort

«Mein Geist richtete sich ganz nach dem Theater, und ich fand kein größer Glück als Schauspiele zu lesen, zu schreiben und zu spielen.»

Goethe «Wilhelm Meisters Lehrjahre»

Aachener Spurenelemente

«Musagetea Heliconiadumque Choro» steht in großen Lettern über dem klassizistischen Giebel des Theatertempels meiner Heimatstadt Aachen. Niemand weiß heute mehr, was es bedeutet. Auch meine Mutter hatte nicht das Bewußtsein, sich den Künsten Apolls zu weihen, wenn sie als Freitagsabonnentin aufs erste Klingelzeichen hin unsere Wohnung verließ. Wir wohnten dem Bühneneingang direkt gegenüber.

Kaum war sie in ihrer feinsten Abendgarderobe verschwunden, verließ ich verbotenerweise mein Bett, um in den erleuchteten Fenstern des Stadttheaters einen heimlichen Einblick in das unbekannte Reich Thaliens zu suchen. Ich sah, wie sich Männer lange Bärte ins Gesicht klebten, wie sie sich Helme aufsetzten, Ritterrüstungen anschnallten oder in bunten wallenden Gewändern ihre Gesichter schwarz färbten. Ab und zu erspähte ich auch vorüberhuschende weiße Feen aus dem Märchenland, Traumköniginnen des Tages und der Nacht. Und wenn im Sommer die Fenster offen standen, hörte ich, wie das ganze Haus summte und zwitscherte, erfüllt vom Stimmengewirr und Instrumentenklang.

Meine Mutter konnte mir nicht genug erzählen von den berühmten Sängerinnen und Sängern, den Bühnenbildern und phantastischen Kostümen. Und mehr als einmal habe ich mich heimlich den Bühnenarbeitern angeschlossen, wenn sie die Kulissen durch das große Hintertor auf die Bühne trugen, um den Geheimnissen auf die Spur zu kommen. Da stand ich auf der Bühne, starrte in

den dunklen Zuschauerraum und war enttäuscht, nichts von den nächtlichen Geistern entdecken zu können. Nur der Geruch von Leim, Farbe, Schminke ist mir haften geblieben.
Später sah ich dann nicht nur «Die Prinzessin auf der Erbse» und «Aschenbrödel», sondern auch schon bald den «Freischütz» mit seiner schrecklich aufregenden Wolfsschlucht. Das Theater hatte meine ganze Phantasie ergriffen. Ich wiederholte mit Spielsoldaten in Gebirgen von Kissen die Eindrücke der Bühne und wußte genau, was jeden Abend gespielt wurde. Als meine Eltern die Wohnung gegenüber dem Theater aufgaben, fühlte ich mich wie vertrieben aus dem Paradies meiner Bühnenphantasien.
Was mir an sinnlichen Eindrücken fehlte, ersetzte ich nun durch die Lektüre. Im altehrwürdigen Kaiser-Karls-Gymnasium hatten wir einen Deutschlehrer, der seine dramatischen Neigungen nicht dem Lehrplan zu opfern gewillt war. Das Lesen eines Stückes mit verteilten Rollen in der Klasse machte uns so viel Spaß, daß sich aus der literaturbegeisterten Minderheit ein privater Zirkel bildete, der regelmäßig reihum zu Hause zusammenkam, um die bedeutendsten Dramen mit verstellten Stimmen und großer Leidenschaft gemeinsam zu lesen. Höhepunkt dieses privaten Lesetheaters war die Urlesung eines eigenen Stückes, das ich heimlich in monatelanger Arbeit geschrieben hatte. Es trug den Titel «Der innere Feind». Meine Lesepartner verwandelten sich bald in «äußere Feinde», am Ende ging mein Opus im allgemeinen Gelächter unter. Tödlich beleidigt und verkannt, überließ «Tasso» den Lorbeerkranz anderen Poeten wie Hugo von Hofmannsthal, Paul Ernst oder gar Kurt Langenbeck.

Theatralische Anfänge

Auch während meines Studiums habe ich das Lesetheater nicht aus den Augen verloren. Aber gleichzeitig wuchs die Neigung, es mit Sprech- und Schauspielausbildung zu versuchen. Da ich im Kriege noch einmal glimpflich davongekommen war und mein Studium abgeschlossen hatte, drohte mir der von den Eltern vorgesehene Schuldienst. Jede andere Tätigkeit war mir recht, nur nicht Magister werden und im Lehramt versauern. Da traten Freunde aus der neugegründeten «Marburger Schauspielgruppe», in der sich Studenten und einige Berufsschauspieler zusammengefunden hatten, mit der Frage an mich heran, ob ich ihr «Dramaturg» werden wolle. Ohne zu wissen, was ein Dramaturg eigentlich für Funktionen habe, sagte ich zu. Ich merkte bald, daß «Dramaturgie» nichts anderes als eine euphemistische Umschreibung von «Mädchen für alles» ist. Ich durfte Plakate ankleben, Bilder ausstellen, Programme redigieren, die Honoratioren, insbesondere die Kritiker betreuen, Gastspiele organisieren, inspizieren und soufflieren, Geld kassieren, kleine Rollen spielen und notfalls auch größere kurzfristig übernehmen, viele schlechte Stücke lesen, Besetzungen machen und schließlich auch selber inszenieren. Meine erste Regietat war das Lustspiel «Die schelmische Gräfin» von Karl Immermann, und weil die Aufführung seltsamerweise ein Erfolg wurde, folgte bald «Nora» von Henrik Ibsen. Nach diesen vielseitigen Erfahrungen an einem kleinen Universitäts- und Wandertheater wurde ich «stadttheaterreif».

Das Stadttheater

Dieses hieß «Osnabrücker Theater am Domhof» und wurde gerade neu eröffnet. Jede Theatereröffnung hat etwas von einem Schöpfungsakt: In der Euphorie einer neuen Aufgabe werden hochfliegende Pläne ausgearbeitet und der Theaterwelt verkündet. So hieß das Motto des Spielplans für das neue Haus: «Europäisches Theater». Es gab Stücke aller europäischen Nationen, darunter auch schwedische, holländische, spanische Erstaufführungen. Die Wirklichkeit hinter dieser literarisch schillernden Fassade sah anders aus: sechs Operettenpremieren pro Spielzeit, darunter solche Glanzlichter wie «Das Hollandweibchen», «Die goldene Meisterin» oder «Maske in Blau». Und für diesen Spielplan mußte das Publikum geworben werden – mit dem Lautsprecherwagen auf Marktplätzen, mit Hausbesuchen von Tür zu Tür. In Osnabrück begann auch meine Tätigkeit als literarischer «Wanderprediger». Die Kunst, dem Publikum vor dem Vorhang in drei Minuten den tieferen Sinn der «Cocktailparty» von T. S. Eliot zu vermitteln oder den anarchistischen Existentialisten J. P. Sartre auch am Domhof «hoffähig» zu machen, ist für den Dramaturgen das, was der Pianist die «Schule der Geläufigkeit» nennt.

Nationaltheater

Das Nationaltheater Mannheim kann sich auf eine große Tradition berufen. Die Uraufführungen von Schillers Jugendwerken «Die Räuber», «Fiesko», «Kabale und Liebe», das langjährige Wirken des Schauspielers und Autors August Wilhelm Iffland unter der Intendanz des Freiherrn von Dalberg, sind in die Annalen der Theatergeschichte eingegangen. Aber auch in der Musik ist die «Mannheimer Schule» zu einem Begriff geworden. Die kurfürstliche Hofkapelle unter Stamitz, die später nach München übersiedelte, hat Wolfgang Amadeus Mozart wichtige Anregungen gegeben. Im Schatten solcher Traditionen künstlerisch zu bestehen, war zu allen Zeiten für das Nationaltheater ein großes Problem – nach der Zerstörung des Hauses im Kriege war es jedoch eine Frage der Existenz. In der «Schauburg», einem notdürftig hergerichteten Kino, und verschiedenen anderen Sälen versuchte man durch Improvisation und Begeisterung wettzumachen, was an theatralischem Instrumentarium fehlte. Und eines der Wunder der fünfziger Jahre war nicht nur der Wiederaufbau der Wirtschaft, sondern auch die Teilnahme des Publikums am Theater. Insbesondere das Mannheimer Publikum, das sich aus allen Schichten der Bevölkerung zusammensetzt, wo die Kritik der legendären Brezelfrau oft mehr galt als die offizielle Kritik. Meine «Mannheimer Schule» war der tägliche Umgang mit dem Publikum, die Gründung einer Theatergemeinde der Jugend, die publizistische Wiederbelebung der Tradition und die Vorbereitung des Theaterneubaus. Daneben Inszenierungen, literarische und musikalische Matineen, Vorträge und auch die dramaturgische Betreuung des Opernrepertoires. Am 13. Januar 1957 wurde das neue Nationaltheater tatsächlich eröffnet, und tausende Zaungäste drückten sich an den Glasfenstern des Foyers die Nase platt.

Die erste Intendanz

Die erste Intendanz zu erlangen, ist eine Sache des Glücks und – sagen wir es offen – der Beziehungen. Auf die Theaterkundigkeit der örtlichen politischen Instanzen ist nur in den seltensten Fällen Verlaß. Und meist wird der Kandidat, ohne einer bestimmten Partei anzugehören – was nicht bedeutet, daß er ein unpolitischer Mensch sein soll –, zum Spielball politischer Koalitionen und Intrigen.

Auch meine Wahl zum Intendanten des Stadttheaters Heidelberg bedurfte intensiver Bewerbungen und Empfehlungen; ich war genötigt, zu antichambrieren und zu rekurrieren, um endlich als einer von drei Bewerbern im Rathaus dem Stadtrat «vorbeten» zu dürfen. Wir waren in getrennten Amtszimmern untergebracht, um nur ja keinen Kontakt miteinander aufnehmen zu können. Durch Zufall trafen wir uns dann auf der Toilette.

Intendant zu werden, ist kein Verdienst, sondern eine Koinzidenz von Zufällen: Wer macht auf wen den besten Eindruck, hat die mutigsten Programmideen und verlangt die niedrigste Gage. Es soll auch die Ausnahme geben, daß der Teuerste das Rennen macht; er muß darum nicht der Beste sein.

Heidelberg ist als Universitätsstadt weltbekannt, sein Theater zählt jedoch nicht zu den Sehenswürdigkeiten, zu denen die Touristen wallfahren – obwohl doch dort der «Student Prince» uraufgeführt worden war. Das Stadttheater war der Treffpunkt des mittleren Kaufmannstandes, der Pensionäre und Zimmervermieterinnen; Professoren und Studenten traf man nur selten. Die Aufgabe des Intendanten mußte es sein, das Image des Hauses so zu verändern, daß auch intellektuelle Besucher sich dort sehen lassen konnten, ohne dadurch die operettengewohnten, langjährigen Abonnenten zu vertreiben. Durch Schauspielaufführungen mit prominenten Gästen und durch Beschränkung des Musiktheaters auf selten gespielte kleinere Werke gelang es, einen Wandel vorzubereiten, der heute Heidelberg zu einer der profiliertesten Sprungbrettbühnen gemacht hat. Jetzt konnte ich endlich die Werke inszenieren, die dem Dramaturgen-Regisseur bislang vorenthalten worden waren: Von «Faust I» und «Egmont» bis zum «Seidenen

Schuh». In der Oper verursachten Aufführungen wie «Háry János» von Kodály, «Die Welt auf dem Monde» von Haydn und «Aufstieg und Fall der Stadt Mahagonny» von Weill überregionale Aufmerksamkeit. Es war ein bestimmter Stil der Plakate, Programme und der «Theaterbriefe», der dem Heidelberger Theater ein Profil gab. Auch war bald ein beträchtlicher Besucherzuwachs zu verzeichnen.

Wiesbaden – das festliche Haus

Solche Erfolge wurden in der Region rasch bekannt. So kam es, daß Sendboten des Hessischen Kultusministeriums auftauchten, um mich an das Staatstheater Wiesbaden abzuwerben. Freilich mußte dort der Konsensus mit der von der rivalisierenden Partei regierten Stadt hergestellt werden. Das gelang unverhofft durch eine Aufführung von Zuckmayers «Hauptmann von Köpenick», in der sich die rechten und die linken Politiker gleichermaßen so gut amüsierten, daß sie ihre politische Gegnerschaft vergaßen und sich beim Wein einig wurden.

Gleich nach meiner Ernennung wurde ich in die Intendantenloge des festlichen ehemaligen wilhelminischen Hoftheaters geführt und sah dort die Oper «Die Sache Makropulos» von Janáček – im Zuschauerraum saßen höchstens fünfzig Personen! L'art pour l'art! Was hat die beste Aufführung für einen Sinn, wenn sie niemand sehen will? Der Ruhm einer guten Kritik hält nicht lange vor.

In meinem Vorzimmer hing das überlebensgroße Porträt des letzten kaiserlichen Hoftheaterintendanten Botho von Hülsen in Galauniform. Er pflegte hoch zu Roß jeden Morgen vorzureiten, bei einem Sektfrühstück die Post zu erledigen, allenfalls noch die Statisten zu exerzieren, bevor er sich wieder in seine Selbstrepräsentation zurückzog. Sein Kammerdiener hatte in einer Koje neben der Bühne seine Schlafstätte. Ich habe mir weder ein Pferd angeschafft noch mir einen Kammerdiener geleistet.

In Wiesbaden dominierte die Oper; wer hier künstlerisch bestehen wollte, mußte sich durch Operninszenierungen ausweisen. Ich suchte mir zum Einstand eines der schwersten Werke der Opernli-

teratur: «Die Frau ohne Schatten» von Richard Strauss. Der an persischen Miniaturen orientierte Bildzauber, die schwelgerische Musik von Richard Strauss taten ihre Wirkung. Musikinterpretation in Szene und Gesang gab meiner Theaterphantasie eine neue Dimension. Es folgten bald «Don Carlos», «Fidelio», «Aida», «Tristan und Isolde» und jener umstrittene schwarze «Rosenkavalier», der mir bei den progressiven Frankfurter Kritikern die besten Noten eintrug.
Aber dieser Skandal wurde in den Schatten gestellt durch eine Aufführung von «Wilhelm Tell», den Oberspielleiter Hansgünther Heyme gegen den Strich inszenierte. Schillers Heldenfigur als rüder Dorfdepp – das brachte die Abonnentenseele zum Kochen; es soll in der Pause Ohrfeigenduelle gegeben haben. Vaterländische Idealisten schickten mir ein Bild des Theaters, an dessen Rückseite der Spruch prangt: «Der Menschheit Würde ist in Eure Hand gegeben. Bewahret sie!»
Auch bei «Marat-Sade» von Peter Weiss oder der «Medea» von Hanns Henny Jahnn gab es ähnliche Publikumsreaktionen. Doch wurden diese szenischen Provokationen schließlich überstrahlt vom Glanz der Internationalen Maifestspiele, die vor allem in der kulturpolitischen Begegnung mit osteuropäischen Bühnen ihren Sinn hatten. Die Opern von Prag, Warschau, Sofia, Budapest, waren ebenso zu Gast wie die sowjetischen Ensembles des Bolschoi- und Kirowballetts. Viele Freundschaften wurden in dieser Zeit angeknüpft, die künstlerisch weiterwirken.

Theater für Köln

Eines Tages stand unverhofft der Kulturdezernent der Stadt Köln, Dr. Kurt Hackenberg, in meinem Büro und machte mir kurzerhand das Angebot, so schnell als möglich die Kölner Bühnen zu übernehmen. Also Generalintendant über ein Theaterkombinat von drei Häusern mit mehr als 1000 Beschäftigten! Die «Inthronisation» verlief planmäßig und ohne jedes Nebengeräusch. Besuch beim Oberstadtdirektor, beim Oberbürgermeister, bei den Fraktionsvorsitzenden – der neue «General» war im Amt bestätigt. Kulturpolitische Maßarbeit, die leider heute immer seltener geworden ist.

Daß Köln nicht zu den bedeutendsten deutschen Theaterstädten zählt, kann man in der Theatergeschichte nachlesen. Der genius loci neigt mehr zu Karnevalspomp, zum Divertissementchen der «Caecilia Wolkenburg», zum Volkstheater des Willy Millowitsch. Allein es gibt auch das andere Köln, das Köln der Museen, das literarische Köln der Brüder Boisserée bis hin zu Heinrich Böll, das musikalische Köln mit der Tradition des Gürzenichorchesters und dem Studio für Neue Musik.

Die Kölner Oper hatte durch Uraufführungen wie «Intolleranza» von Luigi Nono und «Die Soldaten» von Bernd Alois Zimmermann von sich reden gemacht. Aber Istvan Kertesz, der sympathische junge Musikdirektor, war kein Modernist, er wollte Mozart dirigieren mit den besten Sängern, die zu finden waren und mit dem musikalischsten und optisch anspruchsvollsten Regisseur. «La Clemenza di Tito» war der Test. Nach dem Sensationserfolg dieser Aufführung in London saßen Istvan Kertesz, Jean-Pierre Ponnelle und ich auf der Treppe des Sadler's Wells Theatre und beschlossen, das gesamte szenische Werk Mozarts gemeinsam herauszubringen. Es entstand in sieben Jahren ein Mozartzyklus von beispielloser Geschlossenheit, musikalischer und szenischer Qualität, der bald internationale Berühmtheit erlangte. Istvan hat den Abschluß dieser großen Unternehmung nicht mehr erlebt. Sein früher, schicksalhafter Tod hat das Kölner Musikleben ins Herz getroffen, mir persönlich einen Freund geraubt, der mit seiner apollinischen Heiterkeit und unprätenziösen Musikalität alle zu bezaubern wußte.

Das Kölner Schauspiel geriet bald in den Strudel des Zeitgeistes. Mehrfach wurden auch die Kölner Theater im Zuge von Vietnam-Diskussionen besetzt. Die Pariser Studentenunruhen, in denen das Théâtre Odéon zum Mittelpunkt der revolutionären Kräfte geworden war, fanden auch in deutschen Theatern ihr Echo. Politisierung des Spielplans, Basisdemokratie im Sinne eines Rätesystems, zumindest aber Mitbestimmung über Spielplan, Engagements, Rollenverteilung waren die Themen, die in den Ensembles heftig diskutiert wurden. Um den Schauspielern zum «richtigen»

Bewußtsein zu verhelfen, wurden regelmäßig zwischen den Proben marxistisch orientierte Seminare abgehalten. Bei Ensembleversammlungen wurde über das Leitungssystem abgestimmt. An die Stelle des Schauspieldirektors trat ein Schauspieldirektorium, das nach einem endlos diskutierten Mitbestimmungsstatut arbeiten sollte. Schon bald begannen jedoch die Diadochenkämpfe, das Ensemble zerfiel in Gruppen, die einander heftig kritisierten. Bei der Premiere «Turandot» von Bertolt Brecht trat das Ensemble mit kommunistischem Gruß an die Rampe. Das Programmheft zeigte auf kostbarer Silberfolie die geballte Faust. Das Publikum begann bald, diesen Vorstellungen den Rücken zu kehren. Um das «falsche» Publikum durch das «richtige» zu ersetzen, wurden Infos veranstaltet, in den Vororten wurde auf Lastwagen Straßentheater inszeniert, es gab Gastarbeiter-, ja sogar Kindergartenaktionen. Viel gutgemeinter Schauspieleridealismus, der das Theater mit der Wirklichkeit verwechselte. Von diesen mit großem Elan verfochtenen Zielen blieb am Ende nur eine dramaturgische Intellektualität übrig, die das Publikum ständig überforderte, die Regisseure verunsicherte und die Schauspieler bevormundete.
Unter diesen Umständen war auf die Dauer eine Generalintendanz künstlerisch, organisatorisch und auch moralisch nicht mehr zu verantworten. Die Kunstgattungen Schauspiel und Oper drifteten unaufhaltbar auseinander. Es kam der Augenblick, den «General» an den Nagel zu hängen und als simpler Operndirektor in Zürich ein neues Leben anzufangen. Weniger ist mehr!

Aufschwung der Zürcher Oper

In Zürich fand ich einen intakten Betrieb vor, allerdings ein vom Verfall bedrohtes Theatergebäude aus dem Jahr 1891. Die Pläne für einen Theaterneubau waren an einer Initiative «Pro Stadttheater» gescheitert. Das erst seit wenigen Jahren in Opernhaus umbenannte Stadttheater war unter Denkmalschutz gestellt worden. Was blieb anderes übrig, als alle Kraft daran zu setzen, das vorhandene Gebäude zu sanieren, technisch zu erneuern und ihm die notwendigen Proben- und Betriebsräume anzugliedern. Es hat

sieben Jahre Zeit gebraucht, um diesen Umbau vorzubereiten und einer Volksabstimmung zur Entscheidung vorzulegen.
Daß diese Pläne Wirklichkeit werden konnten, dürfte vor allem dem künstlerischen Aufschwung zuzuschreiben sein, den das Zürcher Opernhaus in den Jahren nach 1975 erlebt hat. Grund dafür ist unter anderem die Einführung des Semi-Stagione-Systems. Die durch die Reduzierung des festen Ensembles freiwerdenden Mittel konnten zur Verpflichtung namhafter Sängerdarsteller für bestimmte Aufführungsserien verwendet werden. Ein flexibles Preissystem sorgte für höhere Einnahmen, die, da das Opernhaus als Aktiengesellschaft geführt wird, für den Betrieb frei verfügbar sind. Die Vorteile eines nicht-kameralistischen Theatersystems wirkten sich zugunsten der künstlerischen Qualitätssteigerung aus.
Allerdings ohne das Zauberwort «Monteverdi» hätte die Reaktivierung der Zürcher Oper nur ein lokales Echo gehabt. Obwohl die Pläne für eine Monteverdi-Trilogie anfangs nur mitleidiges Achselzucken bewirkten, hat das Zürcher Publikum sehr spontan das Außerordentliche dieser Aufführungen erkannt. Wohl in keiner anderen Theaterstadt wären günstigere Voraussetzungen für eine Monteverdi-Renaissance zu finden gewesen: ein mehrsprachiges, musikalisch anspruchsvolles Publikum, ein Theatergebäude von geeigneter Größe und die freie Verfügbarkeit über ein Ensemble von Spezialisten. Nikolaus Harnoncourt und Jean-Pierre Ponnelle fanden zueinander als ideale Partner. Schon bald war der «Zürcher Monteverdi» die Sensation der Musikwelt, eine Gastspieleinladung folgte auf die andere. Den größten Triumph erlebten die Zürcher Aufführungen im Teatro alla Scala in Mailand, wo das italienische Publikum begeisterten Applaus spendete.
Aber die Zürcher Oper war in aller Munde nicht nur wegen Monteverdi, sondern auch wegen ihres besonderen Spielplans, in dem berühmte Sänger debütierten, vergessene Opern wiederentdeckt wurden, die Inszenierungen nicht – wie es Mode ist – gegen die Musik gerichtet waren, sondern vielmehr das Werk als künstlerische Einheit respektierten. An die Stelle der in Zürich besonders beliebten Operette trat das Musical, das mit «My fair Lady», «Hello, Dolly», «Porgy and Bess», «Anatevka», «Cabaret» und «West Side Story» Serienerfolge erzielen konnte.

Aber Zürich ist nicht nur die ideale Opernstadt mit einem anspruchsvollen und treuen Publikum, Zürich ist kulturpolitisch ein schwerer Boden. Dadurch daß Kultursubventionen in direkter Demokratie bewilligt werden müssen, stellt sich immer wieder die Frage nach Sinn und Nutzeffekt von Oper, Theater und Orchester. Der Kulturbegriff wird ständig neu diskutiert, und «Umverteilung von Subventionen» ist seit Jahren ein ideologischer Zankapfel. Das puritanische Erbe läßt die Verwendung öffentlicher Mittel für ästhetische Zwecke allzuleicht als überflüssigen Luxus erscheinen. Internationale Erfolge wecken nicht nur Gefühle kultureller Selbstachtung, sondern auch Mißtrauen und Neid. Repräsentation entspricht nicht helvetischen Traditionen.
Akute kulturpolitische Probleme entstehen dann, wenn bürgerliche Skepsis gegenüber allem Neuen dazu führt, das Unbequeme und Unverstandene zu verdrängen, statt sich mit den geistigen Entwicklungen der Zeit auseinanderzusetzen. Wenn die Jugend zudem die schweizerischen Ideale von Sauberkeit, Ordnung und Selbstdisziplin verhöhnt, kann der Generationskonflikt zu ernsten Konfrontationen führen. Es entstehen soziologische Verhärtungen, die beim ersten besten Anlaß explosive Wirkungen haben können. Kaum eine europäische Stadt hat den sozialen Problemen der neuen Jugend- und Subkultur, der Rock- und Popszene gegenüber so wenig Flexibilität und Verständnisbereitschaft gezeigt wie Zürich. Aus dieser Frontstellung heraus wird die tradierte Kultur in gewissen Kreisen plötzlich zum Feindbild. «Kulturleichen» protestieren gegen die «Kultur der Reichen». Dieses rebellische Potential kann leicht ferngesteuert werden.
Die Volksabstimmung über den dringend nötigen Umbau der Zürcher Oper gab die Initalzündung von Jugendunruhen, die Oper wurde Ende Mai/Anfang Juni 1980 zur belagerten Festung, Scheiben klirrten, Farbbeutel und Steine flogen, die Polizei umstellte in Kampfanzügen das Haus: Bilder, die jeder Fernsehzuschauer in Erinnerung behält.
Die Zürcher Theaterjahre sind trotz dieser Scherben zu den künstlerisch erfolgreichsten meines Theaterlebens geworden. Nicht nur der Gastspielerfolg, sondern auch die eigene Regiearbeit hat das Gefühl einer großen Theaterfamilie entstehen lassen, in der jeder

dem andern in Vertrauen und Achtung begegnet. Es wird schwer fallen, auf dieses Heimatgefühl zu verzichten.

Mir ist die Ehre widerfahren

Nach Zürich reist man, um die Banken aufzusuchen, nach Wien, um in die Oper zu gehen, hat kürzlich eine böse Zunge behauptet. Die Pointe ist zu gut, um wahr zu sein – und trotzdem trifft sie einen richtigen Kern. Das Kulturbewußtsein, das in Zürichs öffentlicher Meinung unterentwickelt ist, gibt sich in Wien als Selbstzweck. Diese glänzende Kulturmedaille hat jedoch ihre zwei Seiten. Die Institution der Wiener Staatsoper zum Beispiel hat sich dank Gustav Mahler, Richard Strauss, Clemens Krauss, Karl Böhm, Herbert von Karajan, dank all der berühmten Sänger zu einem Über-Ich entwickelt, das bei den Nachgeborenen einen Minderwertigkeitskomplex verursacht, der sich in Vorurteil, Besserwisserei oder Fatalismus abreagiert. Wer ständig die «unvergesslichen» Vorbilder vor Augen oder Ohren hat oder zu haben vorgibt, wird blind und taub für die künstlerischen Möglichkeiten der Gegenwart. Am Ende können nur noch hochdotierte Namen als Surrogat für die Illusion der Träume dienen. Hans Weigel erkennt in Wien «die gestörte Relation von Möglichkeit und Verwirklichung», «die versagte Erfüllung». An die Stelle der Realisierung trete das «Spiel der Gedanken», eine «konjunktivische Lebenshaltung: man sollte, man müßte, man könnte». – Wenn Hans Weigel recht hat – und nur wenige können es an Kennerschaft mit ihm aufnehmen –, so steht der Wiener Staatsoperndirektor vor einer unlösbaren Aufgabe. Alles, was er anpackt, unterliegt konjunktivischer Betrachtungsweise. Setzt er den Tenor X an, läßt er sich die ungeheure Chance entgehen, mit dem Tenor Y die Sternstunde der Oper herbeizuzaubern; läßt er Wagners «Ring» von einem traditionellen Regisseur inszenieren, überwirft er sich mit all denen, die gehört haben, daß er anderswo phantastische moderne Konzeptionen geben solle. Die Oper wird zur Spekulation der ungeahnten Möglichkeiten, sie ist ein unerschöpfliches Gesellschaftsspiel – und die Kritik trägt das ihre dazu

bei, das Gespräch mit Gerüchten und Sensationen in Fluß zu halten und die entsprechenden Noten auszuteilen.
Die Wiener Staatsoper selbst bleibt der ruhende Pol im Fluß der Meinungen. Die Qualität des Orchesters, des Chores, der Sänger, die Leistungsfähigkeit des technischen Personals sind unbestritten, und kaum ein anderes Opernhaus der Welt kann sich mit diesem seit Generationen gewachsenen und gepflegten Kunstorganismus vergleichen. Marcel Prawy, der Chronist des Hauses, resümmiert: «Noch kein großer Operndirektor hat die Wiener Staatsoper aus der Mittelmäßigkeit zur Weltklasse gehoben und noch kein schlechter hat sie von der Weltklasse in die Mittelmäßigkeit gestoßen. Dazu ist ihre innere Kraft zu groß. Die Direktoren setzen nur ihre Lichter auf».
Um dies zu tun, bedarf es sicher der Contenance, der Unmittelbarkeit und der Fähigkeit – wie Hugo von Hofmannsthal sagt – manches zu «perorieren».

Theater, Theater . . .

Theater ist nicht nur Bühne, Theater ist auch Recherche, Reflexion, Resonanz. Nicht «Theatertheater» als ästhetische Selbstbespiegelung in Sinne von Peter Handke ist gemeint, sondern die Vielfalt der Prismen eines ebenso unerschöpflichen wie kostbaren Phänomens unserer urbanen Kultur: Theater, Theater . . . Ihm zu dienen, es zu umschreiben und zu verteidigen, ist der literarische Sinn dieser Präsentation.
Die in diesem Buche zusammengestellten Vorträge, Aufsätze und Kommentare entstammen einem Zeitraum von mehr als dreißig Jahren. Sie sind Zeugnisse des dramaturgischen Bemühens «im Strome und Strudel des Augenblicks» den eigenen Standpunkt und das Verständnis des Zeitgeistes zu suchen. Goethes Wilhelm Meister sieht den Sinn des Theaters in Unterhaltung, Aufklärung und Erhebung. Davon ist in den verschiedenen Beiträgen, wenn auch mit wechselnden Perspektiven und aktuellen Bezügen – die Rede. In den Erfahrungen des Dramaturgen, Regisseurs und Intendanten spielt immer wieder das Publikum eine große Rolle.

Ohne Publikum ist Theater sinnlos. Es geht deshalb darum, dem Theater das Publikum zu erhalten und trotzdem den künstlerischen Veränderungen Raum zu geben. Nur im Wechselspiel von Bewahren und Erneuern kann Theater lebendig bleiben. Gerne reiche ich dabei Jean-Louis Barrault die Hand: «Unsere Aufgabe ist die Verwandlung, und niemand kann uns darum verübeln, wenn wir nicht immer so denken wie unsere Vorgänger, und wir wiederum dürfen uns nicht bekümmern, wenn die Jüngeren nicht mehr so denken wie wir. Theater heißt: immer unterwegs sein.»

Die zehn Gebote des Theaterdirektors

Der ideale Theaterdirektor hat folgende zehn Gebote zu erfüllen:

1) Er muß immer anwesend sein; möglichst im Theater essen und schlafen, um bei allfälligen Turbulenzen sogleich das Steuer in die Hand nehmen zu können –
andererseits muß er viel reisen, sich im In- und Ausland informieren, neue Künstler entdecken und Kontakte pflegen.
2) Er muß ein aktiver Künstler sein, Ideen haben, seine Phantasie walten lassen. Kreativität ist gefragt –
andererseits muß er etwas von Administration verstehen, Verträge machen können; kurz ein Manager sein, der modern und rationell arbeitet.
3) Er muß über einen ausgeprägten Sinn für das Publikum verfügen, sich an vollen Häusern und vollen Kassen freuen, Sponsoren und Mäzene ausfindig machen –
andererseits muß er den Mut haben, sich unbeliebt zu machen, wenn es um neue Werke, neue Interpreten geht, an die er glaubt.
4) Er muß das Ensemble pflegen, den Nachwuchs fördern, das Repertoire richtig besetzen –
andererseits muß er große Stars so oft wie möglich einsetzen, denn er weiß, daß sie Magneten für das Publikum sind.
5) Er muß freundlichen Umgang mit der Kritik pflegen, Ratschläge beachten, gute Rezensionen propagandistisch auswerten –
andererseits muß er selber sein schärfster Kritiker sein, er muß sich immunisieren gegen Lob und sich eine Hornhaut wachsen lassen, an der die giftigsten Pfeile abprallen.
6) Er muß in der Öffentlichkeit repräsentieren, seine gesellschaftlichen Verpflichtungen wahrnehmen, Orden tragen und Bälle eröffnen –
andererseits muß er die Vaterfigur des Theaters sein, jovial und zugänglich für jedermann, nicht hinter Vorzimmern verschanzt, sondern stets um das beste Betriebsklima bemüht.

7) Sein Wort sei: ja – ja; nein – nein; er muß sich engagieren, politisch Stellung nehmen, an den moralischen Imperativ glauben –
andererseits muß er ein Diplomat sein, mit vielen Worten nichts sagen können, ein Meister des Vielleicht. Als Pragmatiker ist er sich der Relativität aller Erscheinungen bewußt.
8) Bei allen Aktivitäten muß er wissen, daß Sparen oberstes Gebot ist – denn er verwaltet ja Steuergelder –
andererseits soll er Verschwender sein, denn die Kunst ist – nach Brecht – der Überfluß, für den wir leben.
9) In allen kritischen Situationen muß er stets das Richtige tun; die Vorschriften beachten und trotzdem zaubern –
andererseits muß er viele kleine Brötchen backen.
10) Vor allem muß er das Glück haben, daß das Theater nicht abbrennt, der Tenor nicht durchbrennt, er selbst sich nicht die Finger verbrennt an den vielen heißen Eisen, die er täglich anzupacken hat – kurzum: Er braucht «fortune» –, dann wird er die Nerven behalten und in den unvermeidlichen Katastrophen seinen Mann stehen.

Es ist klar: Der ideale Theaterdirektor muß die Quadratur des Kreises zustandebringen oder er wird – mit Sicherheit sei's vorhergesagt – an mindestens einem der zehn Gebote scheitern. Was ihm bleibt, ist die Kunst der Seiltänzerei ohne Netz. Wenn es ihm einigermaßen gelingen sollte, das prekäre Gleichgewicht zu erhalten, ohne seinen Charakter zu verlieren, hat er es in dieser schwierigen Profession weit gebracht.

Entgegen allen modischen Parolen sollte die konkrete Theaterarbeit für eine Stadt und für das Publikum zu den bevorzugten Pflichten eines Theaterdirektors zählen. Das heißt: mit der Kunst des Möglichen das künstlerische Bewußtsein der Menschen, denen Theater noch etwas bedeutet, erweitern, ohne den Boden der Tradition zu verlieren.

Ein Theaterdirektor dieser Professionalität wird vielleicht keine Theatergeschichte machen, aber er wird dafür sorgen, daß auch in der nächsten Generation noch Schauspieler und Sänger ihr Publikum haben.

Jugend – Musik – Theater

Am 30. Mai 1980 fand in Zürich der sogenannte «Opernhauskrawall» statt. Jugendliche, die sich als «Kulturleichen» bezeichneten und «Freiraum für sich und ihre Kultur» forderten, demonstrierten gegen die Vorlage zur Renovation des Opernhauses und gegen die städtische Kulturpolitik. Es fand eine Konfrontation zwischen «Jugendkultur» und «etablierter Kultur» statt. Die Zürcher Krawalle waren nicht ohne Vorbild: Im Jahre 1976 hatten die «autonomi» versucht, die Mailänder Scala zu stürmen. Die gleichen Bilder: Farbbeutel gegen das «Elite»-Publikum und anschließend Chaotisierung des Verkehrs, Plünderungen, genannt «spesa proletaria».* Der Entschluß, auch in Zürich mal «einen unvergeßlichen Opernabend», wie es in einem Flugblatt hieß, zu veranstalten, war zwei Wochen vorher auf einem Jugendfest, bei dem die Gruppen «Rock als Revolte» und «Theater am Friitig» spielten, gefaßt worden. Die Demonstranten, die sich mit der schwarzen Anarchistenfahne vor dem Opernhaus einfanden, waren nur eine kleine Gruppe; es gelang ihnen jedoch bald die Auseinandersetzung zu emotionalisieren und beträchtlichen Zulauf zu finden. Die Opernhaus-Vorlage bildete den Anlaß, die Öffentlichkeit – und sei es mit Gewalt – auf das Vorhandensein einer jugendlichen Subkultur aufmerksam zu machen.

Rock gegen Rechts

Das Entstehen dieser Subkultur ist international untrennbar mit einer bestimmten Musikentwicklung verbunden. Zu ersten Handgreiflichkeiten kam es in Zürich bereits bei Rockkonzerten, genauer bei Polit-Rock, bei einem Gastspiel von Nina Hagen mit der linksradikalen Gruppe «Lokomotive Kreuzberg». Der Widerspruch von politischer Aussage und Vermarktung erregte die Gemüter.

Bis vor wenigen Jahren galt in der Musikszene die Meinung, daß Rock mit Politik nichts zu tun habe, aber Beispiele von Frank

* Literaturverzeichnis siehe Seite 198

Zappa und Rock against Racism machten auch in Europa Schule. Daß Rock immer eine rebellische Sache sei, wurde bald auch linken Veranstaltern klar; sie nutzten Rockmusiker aus, um die Säle zu füllen. Dann wurden auch die Texte politisch. «Die Wut, die du im Bauch hast»*, ist das Motto für die 1979 gegründete Vereinigung «Rock gegen Rechts». Rocktexte richteten sich gegen die reaktionären Tendenzen der siebziger Jahre, gegen die Etablierten, gegen Konsum und Korruption, sie begleiteten die Demonstrationen. «Wie wird unsere Welt morgen aussehen, wenn alles so bleibt wie es ist» ... «Die Sonne herunterholen, damit die Erde wieder heller wird», heißt es in Texten politischer Gruppen. Die totale Verweigerung ist das zentrale Thema.

«Ich mache jetzt die große komplette, totale Verweigerung
gegen den ganzen deutschen Mief und Stunk
ich habe keine Lust mehr in diesem Lande Angst zu haben
mich könnt ihr hier – wenn überhaupt – nur lachend begraben»*.

So sang die deutsche Gruppe «Oktober» – dazu eine Phonzahl, daß die Säle fast explodierten, der Boden bei der Baßverstärkung vibrierte. Hauptsache: «frei und kreischig losimprovisieren». Die Rolling Stones, die schon immer mit ihrem harten Sound den Beatles Konkurrenz gemacht hatten, feiern ihr großes Comeback und locken Zehntausende in die Fußballstadien. Bei dieser politisierten Rockmusik wirken die Erfahrungen und Erinnerungen der Apo-Zeit, der Vietnamdemonstrationen und Studentenunruhen von 1968 nach, aber es ist im Grunde ein anderes Publikum gemeint: die Lehrlings- und Arbeiterjugend, Schüler der Berufsschulen und kleine Minderheiten in den höheren Schulen. An den Zürcher Jugendkrawallen waren Studenten fast nicht beteiligt.

Audiophilie

Eine wichtige Komponente der Rockmusik ist ihre *psychedelische Wirkung*. Musik wird unter dem Einfluß von Drogen geschrieben und potenziert die Wirkung der Drogen. Für manche

Jugendliche ist bereits die Rockmusik ein Trip ins psychedelische Wunderland; «die Musiksucht (Audiophilie) vieler Jugendlicher mußte konsequenterweise in die Drogensucht hinüberleiten, denn schon das Hören lautstarker Beatmusik führt zur Adrenalin-Ausschüttung, zu einem gesteigerten Tonus des Sympathikus und damit zu rauschähnlichen Zuständen»*. Timothy Leary, der amerikanische Drogenapostel, prägte die Formel «turn on – tune in – drop out». In seiner Schrift «Politics of Ecstasy» heißt es «Turn on», das bedeutet, Verbindung mit den alten Energien und Weisheiten aufzunehmen, die in das Nervensystem eingebaut sind; «tune in» heißt, sich diese neue Perspektive nutzbar zu machen und in einem neuen, harmonischen Tanz mit der äußeren Welt verbinden. «Drop out» bedeutet, sich vom Stammesspiel zurückzuziehen*. Der psychedelische Stil hat nicht nur den Rhythmus der Musik verändert, sondern auch eine neue dekorative Optik, einen neuen Film und eine neue Literatur zur Folge gehabt. Musik als Rauschmittel, als Pforte zum Traumparadies, als Fluchthilfe aus dieser materialistischen und rationalistischen Welt. Da Sinnzusammenhänge nicht mehr erkannt oder akzeptiert werden, der Glaube an Weltveränderung oder Verbesserung nicht mehr relevant ist, bietet sich der Rückzug auf narzistischen Selbstgenuß an. Und viele fallen ihm zum Opfer. Darunter auch zahlreiche Rockidole wie z. B. Jimi Hendrix mit 28, Janis Joplin mit 27, Brian Jones mit 25 Jahren.

Das Niemandsland der Hippies

Der psychedelische Rock ist nur als Underground, als Subkultur möglich. Es bildeten sich Niemandsländer wie Haight Ashbury in San Francisco, Hippiekommunen wie Charles Mansons «Family». Sie praktizerten das Drop-out, doch nach kurzer Zeit mußten sie, wie die ganze Hippie-Bewegung, scheitern am Mangel an Geld und Organisation. Aber bei den großen Rockmusik-Festivals in Monterey, Woodstock, auf der Isle of Wight, auf Fehmarn kamen Zehn-, ja Hunderttausende zusammen, um ein «wir» zu erleben. Musik zur Kommunizierung, um den Rausch des Kollektivs zu fühlen und die Welt zu vergessen. Immer wieder sind heute solche Massenphänomene möglich. Die Anziehungskraft der Rockmusik hat einen Markt erzeugt, der international allein auf dem Gebiet von Schallplatte und Tonbandkassette 1973 einen Umsatz von etwa 5 Milliarden Dollar aufweisen konnte*. Hinzu kommt der Markt der Mode und leider auch der Markt der Drogen, der ähnliche Umsätze verzeichnen dürfte.

Die Beatle-Manie

Ausgangspunkt dieser Musikentwicklung war das Auftreten der *Beatles*. Am 13. Oktober 1963 bei einer Show im Londoner Palladium, die vom Fernsehen übertragen wurde und etwa 15 Millionen Zuschauer hatte, sangen sie ihre Schlager: «Please, please me» und «She Loves You» und waren mit einem Schlag berühmt. Drei Jahre dauerte die Beatle-Manie. «Drei Jahre lang wurde unaufhörlich gekreischt und yeah, yeah geschrien. Eine endlose Folge hysterischer Teenager aus allen Schichten und von jeder Hautfarbe brüllte völlig außer sich drauflos. Jeder einzelne dieser jungen Menschen war seelisch, geistig oder sexuell hochgradig erregt. Sie hatten Schaum vor dem Mund, brachen in Tränen aus oder fielen reihenweise in Ohnmacht.»* Dieses Fieber breitete sich rasch in allen Ländern der westlichen Welt aus. Die Beatles wurden zu einer Institution, geehrt von der britischen Königin und mit Millioneneinkünften honoriert. «Sie standen für Hoffnung, Optimismus und Unvoreingenommenheit. Jeder kann unabhängig von seiner Herkunft zu etwas kommen.» Die Beatles repräsentieren das Erwachen einer neuen Generation in Romantik, Zärtlichkeit, Einsamkeit. Sie kamen aus den Slums von Liverpool und hatten es geschafft.

Ihre Gegenwelt war nicht revolutionär, sie glaubten an Entwicklung und Zukunft: «There will be an answer: Let it be, let it be.» – Oder: «You say you want a revolution, well, you know, we all want to change the world... But when you talk about destruction, don't you know that you can count me out?» Wie hat sich in den letzten zehn Jahren die Tonart geändert! Die Beatles sind

Klassiker geworden, sie haben Musikgeschichte gemacht. Ihre einfachen Gitarrenlieder, vom Schlagzeug begleitet, zählen – und darüber sind sich Komponisten wie Kritiker einig – zu den bedeutendsten Musikschöpfungen des 20. Jahrhunderts. Gerade in ihrer Simplizität liegt ihr Charme, in der Melodie ihre Suggestion.

Schwarze Ursprünge

Natürlich waren die Beatles nicht möglich ohne die Voraussetzungen von *Rhythm-and-Blues,* ohne das neue Aufblühen von Folk-Musik und die Rock'n-Roll-Welle mit Elvis Presley. Die ganze Ausbreitung einer neuen Unterhaltungsmusik ist nicht denkbar ohne die Musik der Afro-Amerikaner, ohne den schwarzen originalen Jazz, ohne die Negro-Schwermut des Blues von New Orleans. Die Rassenkämpfe in den USA, die Unterdrückung der schwarzen Kultur, ihre heimliche Faszination und die Nachahmung durch weiße Musiker und schließlich ihr großer Siegeszug in den schwarzen Radiostationen, das ist die Frühgeschichte dieser Bewegung. Sie wird begleitet von der amerikanischen Pop-Kultur, also einer generellen Umkehr der geltenden Kunstrichtungen.

Pop-Art

Amerika entdeckt sein alltägliches Gesicht. Dazu gehören Coca-Cola-Flaschen, Elvis Presley-Portraits, Campbells' Tomato-Soup-Cans, Pin-up-Girls, Comic-Strip-Figuren und Marilyn-Monroe-Posters.

Pop, das heißt: populär, Popcorn, Poppies, Popeye, Lolly-pop ... das heißt alles, was knallt, platzt, süß schmeckt, sich lutschen läßt*. Pop ist zunächst Reklame. Andy Warhol, Roy Lichtenstein, Jasper Johns, Robert Rauschenberg, Richard Lindner machten daraus pop-art! Diese neue Kunstwelle hat bald die Galerien und Museen überflutet. Im Sog amerikanischer Kunst und Musik entsteht ein neues Bild der Wirklichkeit, das von der Jugend spontan akzeptiert wird. Die Orientierung an Tradition, Idealismus, großen Vorbildern wird abgelöst durch die Faszination des Trivialen, der grellen und lauten Oberfläche, der technischen Dynamik und natürlich auch durch den Horror vor der Kehrseite dieser Realität – vor dem Kaputten, vor Müllhalden und Betonwüsten. Die Jugend erträgt diesen Prozeß der Ernüchterung und Entzauberung, beginnt jedoch schon bald nach Ersatzparadiesen Ausschau zu halten. Jugend wird kommerzialisiert, wird Mode und sucht nach Auswegen, dieser Markthypnose zu entrinnen. Das ganze Zeitalter wird an seiner Jugend gemessen. Jugend uniformiert sich in Jeans, bestimmt die Trends, von den Rockern bis zu den Punks.

Die neue Klasse

Es hat sich in den letzten zwanzig Jahren eine neue Klasse entwickelt – die Jugend. Sie lebt in ihrer eigenen Kultur, einer Subkultur, die nur teilweise der Gesellschaft integriert ist, teilweise offenen oder latenten Dissens übt. Über nichts gibt es heute soviel Literatur wie über Jugendsoziologie und Jugendpsychologie. Namhafte Schriftsteller stellen sich in den Dienst dieser Bewegung und erleben ihre Enttäuschungen, wenn «die Jugend» von einem Tag auf den anderen ihre Tendenzen, ihr Verhalten ändert. Das Problem der *Adoleszenz* ist unergründlich, weil innere Entwicklung und äußere Ansprüche in diesem Alter inkongruent sind! Momentane Stimmungen und Parolen sollten nicht überschätzt werden; sie können zwar starke Unruhe verbreiten, aber ebenso überraschend schnell verschwinden oder ins Gegenteil umschlagen.

Die neue Jugend-Musik

Wenn man die Grundlinien der Entwicklung der «U-Musik» in den letzten 20 bis 30 Jahren zurückverfolgt, kommt man zu der Erkenntnis, daß wir uns mit einem neuen Phänomen konfrontiert sehen: mit einer Musik, in der *Text und Musik übereinstimmen,* in der *Darsteller und Hörer sich miteinander identifizieren,* in der Musik *unmittelbarer Ausdruck ihrer Zeit* ist. Vor allem aber: diese Musik wird als ein *notwendiger Bestandteil des Lebens* angesehen*. Nikolaus Harnoncourt, der in seinem Buch «Musik als Klangrede» diese Feststellungen macht, sieht darin gewisse Übereinstimmungen zur Barockmusik. Auch dort diente der Klang dem Ausdruck der Sprache, die Zuhörer waren musikkundig und verstanden in der Musik die Affekte, die Bedeutung mythischer Inhalte, und sie hörten nur Musik, die in ihrer Zeit komponiert war. Sie konnten deshalb ihr Leben aus dem Geiste der Musik heraus gestalten. Die französische Revolution hat dieser aristokratischen Musikkultur ein Ende bereitet und Musik nur danach gewertet, ob ihr Klang schön und damit für jedermann verständlich sei. Dieses «Programm des Conservatoires» führte zur bürgerlichen Musikkultur mit ihrer Klangsensibilität und ihrem Virtuositätskult. Unser tradiertes Musikverständnis in Opern- und Konzertaufführungen ist in den ästhetischen Vorstellungen der Klassik und Romantik stehengeblieben und hat im wesentlichen die Aufnahme der Neuen Musik verweigert. Die Anhänger der gegenwärtigen E-Musik bilden eine sehr kleine Minderheit, während die Anhänger der gegenwärtigen U-Musik die Musikszene dominieren. Dies ist die oft beklagte und heftig diskutierte gespaltene Musiksituation unserer Zeit, in der sich Fronten auf beiden Seiten gebildet haben, die zu überwinden eine der wichtigsten kulturellen Aufgaben der Zukunft darstellt. Die Komponisten der E-Musik haben sich, gestützt auf das Innovationsprinzip und ermutigt von der Kritik der großen Presse und dem Management der Rundfunkanstalten, ins Ghetto ihres elfenbeinernen Turms manövriert. Sie müssen mitansehen, wie neben ihnen eine populäre Musik entstanden ist, die Gefühle und Hirne der Massen, vor allem der Jugendlichen, beherrscht.

Musik der Adoleszenz

Die Gründe für den Welterfolg der neuen Jugend-Musik liegen in der *soziologischen, physiologischen* und *technischen* Übereinstimmung zwischen den Komponisten und ihrem Publikum. Daß das Alter der Adoleszenz in besonderem Maße für Musik prädestiniert ist, ist keine neue Erkenntnis. Schon die *Wandervogel-Bewegung,* die 1896 in Steglitz begründet worden war, ging vom Musikbedürfnis der Jugend aus. Der «Zupfgeigenhansl» von Hans Breuer war das Liederbuch einer lautenspielenden Jugend, die der Großstadt entfliehen und in der neuentdeckten Natur, beim gemeinsamen Feiern und Singen – in der zünftigen Wandervogelkluft – eine neue romantische Lebensgemeinschaft suchte. Schon hier wurde Jugend als selbständiger Wert empfunden, aber die Forderungen nach Selbsterziehung und Selbstverantwortung zeigen, daß die Wandervogel-Bewegung und die aus ihr entstehende «Musikantengilde» den heutigen Musiktendenzen diametral entgegengesetzt war. Auch damals standen die Musizierformen in Opposition zur bürgerlich-individualistischen Musikkultur, aber sie suchte ihr Ziel: «die Veredelung des völkischen Gemeinschaftslebens durch die Kraft der Musik»* im Chorgesang und in der Wiederbelebung alter Volksmusik zu erreichen. Damit schloß sie sich von den gesellschaftlich-politischen Prozessen aus und wurde zwangsläufig ein Opfer nationalsozialistischer Ideologie. Nach dem Kriege war die Jugendmusikbewegung desavouiert. Der neue Ansatz erfolgte soziologisch aus den unteren Schichten der Gesellschaft und nicht vom konservativen Bürgertum aus.

Musik der Unterschicht

Liverpool, die Heimat der Beatles, besaß die höchste Arbeitslosenziffer und den niedrigsten Lebensstandard Englands. 43% aller Wohnungen trugen Slumcharakter. Aus dieser Atmosphäre entstand eine Musik des Protests, aber zugleich erfüllt von den Tendenzen zur Wirklichkeitsflucht.

«Die Reduktion auf elektrisch verstärkte Gitarren und Schlagzeug, Instrumente, die nicht mit einer philharmonischen Vergangenheit belastet sind, hat etwas Zwangsläufiges.»* Das trifft auch für den Rock'n Roll der fünfziger Jahre zu. «Rock ist ein Mulatte, entstanden durch die unheilige Allianz zwischen weißer Country Music und Rhythm and Blues», sagt ein Kenner dieser Musikformen (Richard Goldstein). Und Rhythm and Blues wurde zunächst nur für Schwarze komponiert. Erst 1941 – im Kriege – durfte diese schwarze Untergrundmusik zum erstenmal für eine breitere Öffentlichkeit gesendet werden. Danach war das Schlagwort von der Race Music verschwunden. Die Beat- und Rockmusik stellt also eine Verschmelzung von Musikformen einer sozialen und rassischen Unterschicht dar. Sie entwickelt sich als Befreiungsbewegung. Die kulturelle Emanzipation der Schwarzen übertrug sich auf eine Jugend, die darauf wartete, sich von den Klangvorstellungen ihrer Eltern zu lösen. Der Inhalt der Texte, wenn manchmal auch noch so primitiv, war mit dem musikalischen Gefühlsgehalt, der rhythmischen Energie, identisch.

Musik als Selbstgenuß

Musik ist heute für das Alter der Adoleszenz fast zu einer *physiologischen* Notwendigkeit geworden. Die durch moralische Konventionen gedrosselte Vitalität sucht ein Ventil in der Musik. Deshalb die Veitstänze auf den Rockpodien, in den Discotheken, die unerträgliche Lautstärke, die zu sagen scheint: «Leute, die Welt ist am Ende. Wenn wir laut genug spielen – vielleicht können wir sie ganz auslöschen» (Jimi Hendrix)*. Musik wird von der Jugend als notwendig empfunden, um das Gefühl der *Einsamkeit* zu übertönen. Jeder lebt für sich. Die Kinder sind oft genug nicht mehr zu Hause bei den Eltern, die Gesellschaft zeigt sich von der hermetischen Seite. Man hat keine Zeit mehr füreinander. Aber der Jugendliche braucht Partner, will Mittelpunkt sein.

Da ihm seine Rolle verweigert wird, schafft er sich einen eigenen Klangraum, in dem er zu Hause ist, in dem er seine Hilflosigkeit vergessen kann. Musik wird zur Kulisse des täglichen Lebens. Beim Lernen, beim Sport, bei der Arbeit und im Verkehr wird das Ohr musikalisch abgedichtet gegen die Umwelt. In lustvoller Isolation transzendiert man die Realität und genießt sich selbst. Der Psychoanalytiker Erik H. Erikson sieht die regredierten jungen Leute von allgemeinen Haltungen besessen, «die ein Mißtrauen gegen die Zeit als solche darstellen: jede Verzögerung scheint ein Betrug zu sein, jedes Warten ein Erlebnis der Impotenz, jede Hoffnung eine Gefahr, jeder Plan eine Katastrophe... Daher muß die Zeit gezwungen werden, stillzustehen...»* Musik ist das magische Mittel, Zeit auszulöschen. Mißtrauen trifft die Welt der Erwachsenen und ihre Kultur, nicht aber die Klänge und Parolen, die aus Lautsprechern tönen.

Auswahl des Klangbildes

Freilich besteht eine große Bandbreite in der Auswahl des individuellen Klangbildes. Sozialpsychologische Tests haben gezeigt, daß es eine Kausalkette gibt: Sozialstatus bedingt Schultypus, Schultypus bedingt Hörtypus. Die Schüler der Grund- und Hauptschulen haben ein eindimensionales Urteilsverhalten und damit die Vorliebe für das Bekannte und Durchschaubare. Ältere Schüler der Mittel- und Oberschulen zeichnen sich durch kognitives Hören aus und suchen das Neue, Komplizierte. Jugendliche Hörer, die bereits in den Arbeitsprozeß eingespannt sind, neigen zu affektivem Hören. Der Konsum von Popmusik bei Jugendlichen ist zwar massenhaft, aber keineswegs undifferenziert*. Es ist deshalb bei vielen damit zu rechnen, daß Popmusik eine transitorische Erfahrung darstellt. Andere hingegen werden von ihrer affektiven Beziehung zur Musik nicht loskommen.

Die Macht der technischen Musik

Jugendmusik verdankt schließlich der Technik ihre Entstehung und Verbreitung. Zu einer Rockgruppe gehört heute ein kostspieliges *Equipment* von Mikrophonen, Verstärkern, Lautsprechern, Elektrogitarren, Synthesizern, Schlagzeugbatterien. Um den gewünschten Sound zu erzeugen, bedarf es mehr des Toningenieurs als des Musikers. Die Entwicklung der Elektronik hat hier unausschöpfbare Möglichkeiten geschaffen. Aber auch die Verbreitung der Rockmusik, ihr Waren- und Massencharakter ist ohne Schallplatte, Radio und Fernsehen nicht denkbar. Der Erfolg eines Musikproduktes hängt von den Kriterien des Marktes ab, und selbstverständlich tun die Produzenten alles, um die Erwartungen zu manipulieren und den Absatz zu steigern. Pop- und Rockmusik wird heute in der Regel von kleinen Gruppen produziert. Trotz des teuren Equipments ist der Aufwand gering, die Gewinnaussicht jedoch groß. Millionenvermögen können in kurzer Zeit verdient werden. Die kommerzielle Spekulationsabsicht ist branchentypisch. Der wesentliche Unterschied zu den personalintensiven Theater- und Orchesterbetrieben liegt darin, daß diese ohne erhebliche Subventionen nicht existenzfähig sind, während Pop- und Rockgruppen auch ohne Subventionen große Gewinne machen können. Freilich ist auch in der Popmusik der Weg der Karriere dornig und oft von Zufällen abhängig. Jede neue Gruppe, jeder neue Stil hat es schwer, sich im Konkurrenzverhalten des Marktes durchzusetzen. Letztlich ist Popmusik im kapitalistischen Kultursystem die demokratischste aller Kunstformen. Sie ist dem ständigen Plebiszit der Hörer ausgesetzt. Natürlich gibt es auch Kräfte, die dieses Marktreglement politisch verändern oder unterwandern wollen. Dazu brauchen sie Subventionen.

Der neue Kulturbegriff

Das Musikverhalten der Jungen ist Teil eines anthropologischen Gesamtbildes, für das ein neuer Kulturbegriff eingeführt wurde. «Kultur wird nicht auf ideell-imaginative, künstlerisch-ästhetische Phänomene eingeengt, sondern ... als die gesamte Lebensweise einer Gruppe verstanden ...»* (Rolf Lindner). Damit kann unter diesen Sammelbegriff die ganze Vielfalt kollektiver Eigenart subsumiert werden, und Kulturelles ist nur noch schwer von Sozialem zu unterscheiden. «Kultur» wird zum Beispiel von der Eidgenössischen Kommission für Jugendfragen «als kreative Möglichkeit, seine Erfahrungen, sein Weltbild, seine Gefühle auszudrükken»*, definiert. Das bedeutet die Anwendung ethnologischer Prinzipien, die sich bei der Erforschung der Papuas oder Eskimos wissenschaftlich bewährt haben, auf subkulturelle Zustände der westlichen Zivilisation. Das ethnische Grundverhalten der neuen «Jugendstämme» wird konfrontiert mit der tradierten Werk- und Leistungskultur, die – um bei der Musik zu bleiben – von Johann Sebastian Bach bis Bernd Aloys Zimmermann reicht. In der Terminologie der bereits zitierten Kommission heißt diese jedoch «Elite- und Prestigekultur». Mit dieser Polemik werden alle Kunst- und Musikstudenten, alle Kunstschaffenden, die eine langjährige Ausbildung absolvieren, denunziert, während Gemeinschaftserlebnis einen «kreativen» Wert darstellen soll. Kreativität bedeutet Kreation einer kulturellen Leistung, eines künstlerischen Werkes, nicht aber irgendwie geartete kommunikative Stimmung. Kultursubventionen sind auf allen Gebieten – auch in der U-Musik – nur dann gerechfertigt, wenn individuelle Arbeitsergebnisse zu erwarten sind. Alles andere ist Sozialpädagogik. Soziale Jugendarbeit kann nicht hoch genug eingeschätzt und unterstützt werden, doch sollte Kulturförderung Leistungsförderung bleiben – auch in der Jugendmusik, nicht aber Verhaltensprämie. Rock- und Popmusik unserer Tage stellt keine Alternative zur tradierten Musik dar, sie ist *komplementär* zu verstehen als Ausdruck einer neuen Generation, die selbst wieder Tradition bilden wird.

Gegenseitige Befruchtung

Vor allem ist die gegenseitige Befruchtung der beiden Musikstile mit größter Aufmerksamkeit zu verfolgen. Bei heutigen Rockmusikern ist eine Abkehr von Meinungen zu beobachten, mit Rockmusik könne man die alte offizielle Kultur ersetzen und eine neue, repressionsfreie entstehen lassen. Das wirkt sich in der Praxis so aus: Barockmusik wird uminstrumentiert, technisiert, rhythmisiert; es gibt Synthesizer-Fassungen von Debussy, Mussorgsky, Strawinsky. Und wichtiger noch: in vielen Rockkompositionen tauchen klassische Zitate auf. Die Collagetechnik wird strapaziert, um eine Bachfuge, Regen- und Donnergeräusche mit Wortfetzen zu einem Soundeffekt zu komprimieren. Es fehlt nicht an Beispielen dafür, daß Rockmusiker sich kompositorischen Ordnungen zuwenden, um ein Thema zu variieren.

Umgekehrt ist auch festzustellen, daß Komponisten der E-Musik Anregungen des Rock aufnehmen und verwerten. Maurizio Kagel (Kantri Miusik), Luciano Berio und György Ligeti seien hier besonders genannt. Karl Heinz Stockhausen hat mit seinen elektronischen Kompositionen nicht nur Anregungen des psychedelischen Sounds aufgenommen, er war vielmehr der Rock-Entwicklung künstlerisch und technisch um Jahre voraus. Insgesamt scheint sich bei der jungen Komponistengeneration die Einsicht herauszubilden, daß Musik nicht ausschließlich dem Fortschrittsprinzip zu folgen habe, wie es in Kranichstein und Donaueschingen jahrzehntelang erwartet wurde, sondern daß die Musikentwicklung auch in Sprüngen oder Mutationen stattfinden kann, zum Beispiel auch durch Einschmelzen von Poperfahrungen oder fremden Musikkulturen. Der Begriff Unterhaltung hat für manche junge Komponisten seinen pejorativen Charakter verloren. Man erinnert sich daran, daß Mozart und Beethoven keine Bedenken hatten, Gebrauchsmusik für die verschiedensten Zwecke zu komponieren.
Die Rehumanisierung der Musik (Wolfgang von Schweinitz), die Sehnsucht nach tonalem Denken (Detlev Müller-Siemens), die Notwendigkeit der direkten Rede («Ich muß künstlerisch im Indikativ reden können», Wolfgang Rihm) – diese Tendenzen junger Komponisten eröffnen einen neuen Horizont, der verständlichere Darstellungsweise möglich erscheinen läßt.

Die Aufgabe des Musiktheaters

Was hat das *Musiktheater* für Möglichkeiten, die Gräben zwischen U- und E-Musik zu überbrücken, die Publikumserwartungen in beiden Lagern einander anzunähern? Zunächst die Feststellung, daß die Bemühungen um eine *Rockoper* bisher nicht erfolgreich waren. Die Gruppe «The Who» hat ihre Nummern-Serie «Tommy» als Oper bezeichnet und auch mit Hilfe von Beleuchtungseffekten szenisch wirksam zu machen versucht. Aber es blieb bei einer Art Rock-Oratorium; das Publikum mußte die fehlenden Handlungselemente hinzudenken. Es fehlte das, was in der Oper

vom Rezitativ vermittelt wird. Zu größern Rockzyklen ist es nicht gekommen, wohl aber gewinnen die Show-Elemente bei Rockkonzerten eine immer größere Bedeutung; sei es, daß aufwendige Dekorationen und Lichteffekte verwendet werden, sei es, daß die Musiker sich in Kostüm und Pantomime keine Phantasiebeschränkungen auferlegen. Zu vergessen ist dabei nicht, daß die Popmusik zum Teil in Music-halls geboren wurde und das Publikum optische Unterhaltung erwartete.
Das amerikanische Musical hat sich ebenfalls mit kommerziellem Erfolg der neuen Welle angenommen: «Hair» und «Jesus Christ Superstar» sind die bekanntesten Produkte aus der Hippiezeit, allerdings nur schwer auf unsere Bühnen übertragbar. An Jugendthemen mangelt es im Musical nicht. Das bedeutendste Beispiel ist die «West Side Story» von Leonard Bernstein. Aber auch Stücke wie «Pippin» oder «Grease» sprechen direkt jugendliches Publikum an. Einer der größten Musicalerfolge in Amerika der letzten Jahre, «Chorus Line», wirkt wie die Psychoanalyse einer ganzen Generation.

Minimal Music

Ernsthafter jedoch sind die beiden bisherigen Versuche von *Philip Glass* zu beurteilen: «Einstein on the Beach» und «Satyagraha». Jedenfalls üben sie auf ein jugendliches Publikum eine starke Anziehungskraft aus. Voraussetzung ist allerdings, daß Raumgestalter die breit dahinströmenden additiven Klänge des Komponisten zu gliedern und visuell zu deuten verstehen. Bob Wilson und Achim Freyer ist dies eindrücklich gelungen. Philip Glass wählt nicht nur Themen, die bei einer kritischen Jugend sehr assoziativ wirken: die Raumzeiterfahrung des geigenden Philosophen Einstein und der Weg der Gewaltlosigkeit von Mahatma Gandhi – er weiß formale Elemente und Zitate traditioneller Musik mit indischen Klängen zu verschmelzen. Für den an Mozart, Wagner oder Verdi gewöhnten Opernbesucher wirken die endlosen Wiederholungen einfacher Akkordfolgen als Herausforderung, für den an psychedelische Rockklänge gewöhnten

jungen Besucher dagegen entstehen befreiende Phantasiewirkungen. Der *Minimal Music* von Philip Glass gelingt es, die musiksoziologischen Barrieren zu überwinden. Vater dieser Entwicklung ist John Cage. Sein Leitsatz war «Life is music, music is Life». Das gilt ebenso für das Hören wie für das Produzieren. Die Konsequenz dieser Haltung war politisches Engagement*. Ähnliche Wirkungen suchte der holländische Komponist *Peter Schat* zu erreichen, wenn auch mit anderen kompositionstechnischen Methoden.
Der Tanz als Ausdruckskunst der Jugend müßte eine besondere Affinität zu den Tendenzen der Pop- und Rockgeneration haben. Neben dem Jazztanz, der eine eigene Schule entwickelt hat, wirken die Versuche, die heutige Musik der Jugend choreographisch zu gestalten, kärglich. Maurice Béjart hat in seiner «Messe für die heutige Zeit» den Beat der sechziger Jahre aufgegriffen; auch Hans van Manen machte den Versuch, den Rock seiner holländischen Umgebung zu gestalten. Ein typisches Rockballett läßt jedoch auf sich warten. Vielleicht liegt es daran, daß die Kunst des Balletts von Chaos und Anarchie am weitesten entfernt ist.

Jugend im Theater

Das Theater hat es jedoch nicht nur mit einer Jugend der Subkultur zu tun, die ihre Aggressionen am Establishment abreagieren will, auch nicht mit *der* Jugend, sondern mit jugendlichen Individuen der verschiedensten Herkunft und Interessenlage. Die größere Mehrzahl der Jugendlichen ist für das Theater erreichbar, sei es mehr für musikalisches, sei es für Schauspieltheater. Genauen Aufschluß über die Erwartungen jugendlicher Besucher ergibt eine Umfrage an Berliner Schulen*. Voraussetzung ist allerdings, daß der Kontakt zum Theater, sei es durch das Elternhaus, sei es durch die Schule, so früh als möglich hergestellt wird. Das musikalische Märchenspiel im Theater als Primärerlebnis kann die Schwellenangst schon im Unbewußten verhindern. Wichtig ist bei den Zehn- bis Vierzehnjährigen das Kennenlernen des Instrumentariums des Theaters. Ein hervorragendes Beispiel hierfür ist das didaktische Spiel «Papagenos Zauberflöte» von Christian Boesch. Der Musikunterricht in den Schulen, oftmals ungenügend und pädagogisch verfehlt, kann mit der Einbeziehung und Analyse von Pop-Musik Vorurteile abbauen und die Front gegen E-Musik verhindern. Jedes früh erlernte Instrument ist der erste Schritt auf der Leiter der Differenzierung des Musikanspruchs.

Das historische Bewußtsein

Das Theater hat der Jugend gegenüber eine sehr wesentliche Aufgabe: dem Verlust der historischen Kategorie entgegenzuwirken. Das Rockbewußtsein ist im Grunde geschichtslos*, nur der Augenblick des Hörens wird gewertet. Das Theater dagegen vermittelt den Augenblick in geschichtlicher Dimension: die Gegenwart der Darsteller, den Zeit-, Musik- und Sprachstil des jeweiligen Autors und möglicherweise die fiktive Zeit der Handlung.

Jede Inszenierung hat die Aufgabe, diese Zeitebenen zu analysieren und bewußt zu machen – und nicht, sie zu nivellieren oder zu ignorieren. Auch die musikalische Interpretation kann nicht einfach von überlieferten Notationen ausgehen, ohne zu wissen, was sie in früherer Zeit bedeutet haben. Die vorklassischen Kompositionen sind in einer «Fremdsprache» geschrieben, die erst erlernt werden muß, bevor Temperament und Spontaneität dazu verhelfen, sie zu vergegenwärtigen. Akademischer Historismus ist dabei ebenso fehl am Platze wie gedankenlose Modernität. Einäugiges, besserwisserisches Zeigefingertheater schadet der Rezeption eines Werkes bei Jugendlichen auf die Dauer ebenso wie popartige Anbiederung. Regisseure, Bühnenbildner und Darsteller können nicht aus der Verantwortung gegenüber der Geschichtlichkeit unserer Literatur und Musik entlassen werden. Zwischen historischem Museum und Pop-Art liegen viele Möglichkeiten der Vergegenwärtigung.

So wie wir um die Erhaltung unserer ökologischen Ressourcen kämpfen, sollten wir auch das historische Bewußtsein unserer Kultur verteidigen – gegen jede Form von Gleichmacherei und

Ignoranz; auch gegen die neuen Bilderstürmer unter der Jugend. Der wahre Fortschritt liegt heute nicht in kulturrevolutionären Parolen und Sgrafitti – mögen sie noch so phantasievoll sein –, sondern darin, die Werke der Vergangenheit vor steriler Repräsentanz zu bewahren. Nur wenn das Theater sich seiner Vergangenheit bewußt ist, wird es Zukunft haben. Ein Theater, das sich den Tagesmoden hingibt, wird bald sein Publikum verlieren, wie zahlreiche Beispiele in den letzten Jahren gezeigt haben.

Die Pop- und Rockmusik hat die Chance, sich zu einer neuen Volkskultur weiterzuentwickeln. Das kann ihr nur gelingen, wenn sie ihrer ziellosen «Kreativität» eine Gestalt zu geben versucht.

Der Affekt der Antikultur hat sich bald verbraucht, so berechtigt er als seismographisches Zeichen auch gewesen sein mag. Die Integration der beiden Musikschichten unserer Zeit ist eine utopische Aufgabe. Aber der Versuch, die Fronten abzubauen, wird immer wieder von uns gefordert, sei es, um Mozart auch kommenden Generationen zu erhalten, sei es, um unseren oft sterilen Musikkonsum neu zu beleben.

Vom Nutzen und Nachteil der Geschichte für das Theater

Wenn man den Auguren der Kritik Glauben schenken darf, wird das deutschsprachige Theater – vielleicht sogar das Welttheater – wieder einmal von einer *Sinnkrise* geschüttelt. Das heißt, daß es weithin an signifikanten Aufführungen mangelt, daß bei den wichtigsten Regisseuren eine große Unsicherheit über die Intentionen und Maßstäbe des Theaters herrscht und vor allem, daß es an neuen Stücken fehlt, die den Spielplänen die aktuellen Akzente geben könnten. Wenn ich in diese Betrachtung die Oper einbeziehe, so muß man auch hier die Gefahr der Eintönigkeit und Abnutzung des Repertoires feststellen, auch hier sind Routine, Leerlauf und äußerliche Betriebsamkeit am Werk, und die Zahl neuer Opernwerke ist auch nicht eben groß. Trotzdem ist etwas eingetreten, was etwa Ende der sechziger Jahre niemand vorausgesagt hätte: Die Oper hat eine große Anziehungskraft gewonnen – nicht nur für das Publikum, das wohl überall auf der Welt heute dem musikalischen Theater volle Häuser beschert, sondern auch für Regisseure und Bühnenbildner. An vielen großen Häusern sind Kräfte tätig, die vom Schauspiel kommen, dem Schauspiel in seiner derzeitigen Verfassung den Rücken gekehrt haben oder zumindest gerne periodisch sich mit musikalischen Aufführungen beschäftigen. Regisseurnamen wie Ruth Berghaus, Patrice Chéreau, August Everding, Hans Hollmann, Jorge Lavelli, Hans Neuenfels, Rudolf Noelte, Giorgio Strehler, Peter Stein, die beliebig vermehrt werden könnten, belegen diese Tendenz. Was ist es, das diese Entwicklung zum musikalischen Theater begründet hat?

Neues Musiktheater

Die alte Oper, trotz großer Regieexperimente in den zwanziger Jahren, immer noch vornehmlich von Sängern und Dirigenten bestimmt, fand in den Produktionsmethoden und in der darstellerischen Differenzierung immer mehr den Anschluß an die Schauspieltheater. Das ist nach dem letzten Krieg vornehmlich das

Verdienst von drei sehr verschiedenartigen, aber gleich konsequenten und dynamischen Regisseur-Persönlichkeiten: Walter Felsenstein, Günther Rennert und Wieland Wagner. Die Komische Oper Berlin, die gegründet wurde, um die Ideen Walter Felsensteins vom Musiktheater zu realisieren; die Opernhäuser Hamburg, Stuttgart und München, wo Günther Rennert viele maßstäbliche Aufführungen erarbeiten konnte und schließlich das neue Bayreuth, das Wieland Wagner seine große Ausstrahlung verdankt – sie sind in den fünfziger und sechziger Jahren zu Zentren eines neuen Opernverständnisses geworden. Alle drei Regisseure haben Schule gemacht; ihre Nachwirkungen sind bis in die entlegensten Provinzbühnen spürbar. Sänger brauchen heute den Regisseur ebenso wie den Dirigenten; sie wollen nicht nur stimmlich ihre Partien meistern, sondern Menschen in bestimmten Situationen auf der Bühne darstellen, wollen die Konzeption einer Aufführung mittragen. Es hat sich ein neuer Typ eines Sängerdarstellers entwickelt, der trotz der Absurdität des Singens die Realität eines musikalischen Werkes ernstnimmt. Obwohl der Opernbetrieb diese Grundvoraussetzungen schauspielerischer Arbeit keineswegs immer erfüllen kann, ist in den deutschsprachigen Opernhäusern das Ziel einer ernsthaften szenischen Interpretation aller Werke des Repertoires nicht mehr wegzudenken. Dabei bildet die Musik mit ihrer festliegenden formalen Struktur, mit ihren Notenwerten und ihrer Instrumentation die Basis aller künstlerischen Arbeit.

Resignation im Schauspiel

Ein kurzer Rückblick auf die Entwicklungen im Schauspiel in den letzten 10 bis 15 Jahren zeigt die zunehmende Politisierung der Ensembles, der Regisseure, der Spielpläne in den deutschsprachigen Theatern, aber nicht nur hier: Auch in England, Frankreich und Italien gewinnen die aufklärerischen Tendenzen die Überhand. Neue Ensembles mit ideologischer Gemeinsamkeit bilden sich: in Berlin die Schaubühne am Halleschen Ufer, in Paris das Theater der Ariane Mnouchkine, in Italien das Volkstheater um Dario Fo. Auch die etablierten Theater werden erfaßt von der

Unruhe der studentischen Jugend; gesellschaftskritische Relevanz ist das Ziel, dem alle Stücke und Inszenierungen dienen müssen. Aber dieser Aufbruch, mit großer Energie in Diskussionen und Aktionen verfochten, erweist sich trotz einzelner hervorragender Aufführungen als ein Fehlschlag für die politisch besonders engagierten Ensembles. Die Veränderung der Gesellschaft bleibt aus. Das Publikum läßt sich von dem neomarxistischen Elan nicht anstecken und überläßt die Revolution den Theaterrevolutionären. Im Laufe der Jahre wird die Ideologiekritik dialektisch verfeinert; Volkstheaterideen sollen die Entfremdung zum Publikum überwinden helfen. Aber der Exodus der angestammten Besucher läßt sich nur schwer aufhalten; neue Schichten, insbesondere Arbeiter und Jugend, zu gewinnen, gelingt nur sehr bedingt. Resignation macht sich breit. Die einen geben die Stadt- und Staatstheater ganz auf und versuchen, außerhalb in Gruppen neue Experimente zu starten; andere spinnen sich in ästhetischen Spielen ein oder warten auf Regisseure, die den Freiraum der enttabuisierten Theater durch Exzesse und Skandale zu nutzen wissen. Die deutschen Autoren der siebziger Jahre – vor allem Franz Xaver Kroetz, Thomas Bernhard und Botho Strauß – bringen dem zerstrittenen, gespaltenen, ratlosen Schauspiel wenig Hilfe. Klassiker dienen als Ersatz für aktuelle Impulse und sollen wieder Publikum anlocken. Aber die Schauspieler sind verunsichert, untereinander zerstritten; viele haben den Glauben an sich und ihren Beruf verloren. Es fehlt an Ausdruck des Individuellen, weil kollektive Ideen und Themen seit Jahren – auch in den Schauspielschulen – den Vorzug haben. Der Kritiker Peter Iden – bekannt für sein politisches Engagement – zieht in der «Frankfurter Rundschau» die Bilanz: «Das gesellschaftliche Klima... ist geprägt von einer gewissen Traumlosigkeit. Durchzuhalten wird als wichtigste Aufgabe propagiert – aber das ist kein wirkliches Ziel... Das Bedürfnis nach Entwürfen der Phantasie ist groß, aber es wird abgedrängt; wir geben uns im wörtlichen Sinne kaum noch Spielräume. Das Theater kann in solcher Umwelt auch keine Wunder vollbringen. Andererseits hat es seine Schwierigkeiten auch selbst mitgeschaffen: Ideologische Versteifungen zuerst, dann die Selbstsucht vieler Regisseure, die Neigung zur Verkleinerung, Privatisierung der Stoffe, die intolerante Gruppenbildung innerhalb einzelner Ensembles, die geringe Förderung junger Autoren: Mit all dem haben sich die Bühnen selbst behindert und manchmal gelähmt.» (10. XII. 79) Diese summarische Zustandsschilderung trifft selbstverständlich nicht alle Theater; aber die Symptome sind in den meisten Häusern spürbar.

Einerseits haben sich die Wege von Oper und Schauspiel in dem verflossenen Jahrzehnt stärker als je zuvor in der Theatergeschichte getrennt, andererseits wird spürbar, wie sehr beide Kunstgattungen auf einen Austausch ihrer Erfahrungen angewiesen sind. Die heutige Oper ist undenkbar ohne den Regisseur, der die Begriffe und das Handwerk szenischer Interpretation im Schauspiel gelernt hat; das Schauspieltheater hat die historische Dimension der Sprache und den Sinn für das Formale, die im Gesamtkunstwerk der Oper erhalten geblieben sind, um inhaltlicher Werte willen unterdrückt. Das Theater als politische oder moralische Anstalt mit dem Anspruch der Erziehung oder Umerziehung seines Publikums, der Veränderung der Gesellschaft, war jedoch immer nur *eine* Form des Theaters. Demgegenüber gibt es die reichen Facetten sinnlicher Wahrnehmung, die sich in dem Theater der freien Phantasie, der Träume und Bilder des komischen und virtuosen Spiels, der Sprach- und Bewegungsformen entwickelt haben. Dieses große Erbe unserer Theatergeschichte, das zum Teil verdrängt und vergessen wurde, wartet darauf, wiederentdeckt zu werden. Das Kräftespiel der Progression und der Regression, der revolutionären und konservativen Tendenzen stellt das Theater immer wieder vor die Frage nach seinem Selbstverständnis. – «Die Wahrheit im Theater ist», laut Peter Brook, «immer auf der Wanderschaft.» Es gilt, unseren heutigen Standort zu bestimmen, Vergangenes zu erkennen, Zukünftiges anzuvisieren, damit das Theater als künstlerischer Ausdruck seiner Zeit lebendig bleibt.

Entstehung des Opern-Repertoires

Wir sind heute die Erben von 2500 Jahren Theatergeschichte, von den großen Tragödien der Antike über das elisabethanische und das Barocktheater, die französische und deutsche Klassik, das europäische 19. Jahrhundert der Romantik und des Naturalismus bis hin zu den verschiedenen Ismen unseres Jahrhunderts. 350 Jahre Operngeschichte stehen uns zur Verfügung, um das Repertoire zu bilden, das in unseren Theatern, wie man sagt, «gepflegt» wird. Gegenüber diesem gewaltigen Vorrat an großer Literatur, an Meisterwerken aller Epochen, machen die Theaterprodukte zeitgenössischer Autoren und Komponisten nur einen Bruchteil aus, und sie müssen sich ständig stilistisch und ideengeschichtlich an den bekannten Meistern und Vorbildern messen lassen. Je mehr das historische Bewußtsein anwächst, desto schwerer haben es Künstler der Gegenwart, ihre Eigenart, ihre Novität zu entwickeln und zu behaupten. Man macht sich das klar, wenn man sich in die Zeit Bachs, Händels oder Mozarts zurückversetzt. Damals gab es nur zeitgenössische Musik zu hören; der Komponist arbeitete für bestimmte Anlässe, im Auftrage des Mäzens, bei dem er angestellt war, im Auftrage einer Opern- oder Musikgesellschaft. Er war abhängig von diesen Aufträgen, neue Werke zu schaffen; die Zahl der Wiederholungen oder Aufführungen an anderen Orten war sehr klein. So sind in der kürzesten Zeit aus der Sicherheit des Handwerks heraus für bestimmte Anlässe großartige Werke in Fülle entstanden. Die Komponisten arbeiteten im Schüler-Lehrerverhältnis, kannten ihre Konkurrenten und bestenfalls die wichtigsten Werke der vorangegangenen Generation. Unter welchem Überdruck des Wissens, in welcher Beziehungslosigkeit und stilistischen Freiheit muß heute ein Komponist die eigene Sprache suchen! – Noch bis in die Anfänge unseres Jahrhunderts überwog der Anteil zeitgenössischer Literatur und Musik in den Spielplänen der Theater bei weitem. Jede zweite Premiere war eine Ur- oder Erstaufführung; das Publikum nahm das Neue als Selbstverständlichkeit, weil es ja an effektvollen, erfolgreichen Stücken nicht mangelte. Erst in den zwanziger Jahren läßt sich der Umschlag ins Historische erkennen. Die Novitäten fanden nicht mehr den vollen Anklang beim Publikum. «Der Rosenkavalier» (1911) von Richard Strauss und «Turandot» (1926) von Giacomo Puccini gelten heute als die letzten Werke ihrer Gattung, die vom bürgerlichen Publikum uneingeschränkt angenommen werden. Das heißt nicht, daß seitdem keine bedeutenden Opern entstanden wären, es sei nur an «Wozzeck» oder «Lulu», «Cardillac» und «Mathis der Maler», «The Rake's Progress», «Moses und Aron» und «Die Soldaten» erinnert. Aber diese Werke fallen bereits unter den Begriff «E-Musik», das heißt, sie finden mehr oder minder nur bei dem Teil des Publikums Zugang, der sich der Differenzierung und Erneuerung der Tonsprache seit Schönberg und Webern auszusetzen bereit ist. Die große Mehrheit wird auf das harmonische Erbe des 18. und 19. Jahrhunderts zurückverwiesen oder fällt der «U-Musik» anheim, die sich immer stärker kommerzialisiert hat und heute alle unsere Lebensgewohnheiten begleitet. Der Marktbegriff der Klassik in der Musik dehnt sich nur sehr langsam ins 20. Jahrhundert aus. Moderne Musik beginnt immer noch bei Schönberg und Webern, d. h. 1908. Unser harmonisches Empfinden stagniert an einer bestimmten Schwelle, und es ist allen Musica-Nova-Bemühungen erstaunlich wenig gelungen, den atonalen Schock zu lindern. Wenn wir heute am erkennbaren Ende einer musikalischen Entwicklung sehen, wie junge Komponisten sich um Empfindung und Subjektivität bemühen, wird uns bewußt, daß Ferruccio Busoni bereits 1916 die «Meisterung, Sichtung und Ausbeutung aller Errungenschaften vorausgegangener Experimente, ihr Hineintragen in feste und schöne Formen» gefordert hat. Damit ist sicher kein Historisieren, kein oberflächlicher Eklektizismus gemeint, sondern vielmehr die Erfahrung der Notwendigkeit einer Rückbindung. Zufall, Willkür, graphische Semantik oder elektronische Rauschzustände werden überwunden durch eine neue Handwerklichkeit. Gerhard Wimberger hat von dem Gefühl einer elementaren Verantwortung gesprochen, das heute den Komponisten leiten müsse: «das Gefühl einer Verantwortung den aufgeschriebenen Noten gegenüber..., die Forderung, innere Vorstellung und klingendes Ergebnis mit Hilfe des Könnens zur Deckung zu bringen, die Forderung nach Klarheit der harmonisch-melodischen Strukturen». Der Komponist hat diese Forderungen vom Studium Mozarts abgeleitet. Es ist bezeichnend, daß die Präsenz der Klassiker in unserem heutigen Musikbetrieb diese Rückwirkungen auf zeitgenössisches Schaffen hat. Das historische Bewußtsein führt sicher nicht nur zur «Einschüchterung vor den

Klassikern», wie Brecht befürchtet hat, sondern auch zu neuer Animation. Die Rückbesinnung auf die Oper des 18. Jahrhunderts beginnt mit den Reformen in der Aufführungspraxis durch Gustav Mahler; in den dreißiger Jahren erfolgt die große Händel-Renaissance, und schließlich wird dann in unseren Tagen auch das Werk von Claudio Monteverdi wieder voll erschlossen. Das 19. Jahrhundert erweist sich immer mehr als das Zeitalter der Vollendung der romantischen und veristischen Oper. Verdi und Puccini, Wagner und Richard Strauss haben das Fundament unseres heutigen Musiktheaters geschaffen. Aber auch die Kleinmeister, die Vergessenen, die Wegbereiter und Epigonen haben heute im Repertoire wieder eine Chance – nicht in der Form der «Ausgrabungen», weil das nur das Vorspiel der erneuten Beerdigung wäre, sondern als echte Revitalisierung, die das Urteil der Geschichte als ein Vorurteil erweist. Keine Angst vor einem allmählichen Aussterben der Oper! Selbst wenn keine neuen Werke geschrieben würden – das Erbe der 350 Jahre europäischer Operngeschichte ist so reich, daß wir nicht genügend Premieren haben, alle unsere Wünsche zu erfüllen. Die Geschichtlichkeit der Oper ist ihre neue Chance.

Historischer Aspekt des Schauspiels

Im Schauspiel vollzieht sich die Bildung eines deutschen Nationaltheaters in der zweiten Hälfte des 18. Jahrhunderts von Anfang an unter historischem Aspekt. Der Spielplan des ersten stehenden deutschsprachigen Theaters wird zwar beherrscht von zeitgenössischer Trivialliteratur, aber zugleich beginnen die Bemühungen, Shakespeare zu adaptieren, Calderon wiederzuentdecken, die französischen Klassiker zu übersetzen und sogar antike Tragödien aufzuführen. Das deutschsprachige Theater steht damals ganz im Zeichen der Weltliteratur. Übersetzen und Bearbeiten umfaßte einen großen Teil der Theaterarbeit von Goethe und Schiller, Wieland, Hölderlin, Schlegel, Tieck. Die große Zeit der deutschen Klassik und Romantik versteht sich als Einklang mit dem Weltgeist; der Gedanke der Metamorphose fremder

Literaturen in die eigene Sprache ist ebenso notwendig wie die Entfaltung des eigenen dichterischen Werkes. Natürlich war die Theaterwirklichkeit in Gera, Weimar, Mannheim, Hamburg oder Wien viel bescheidener; die Aufführungen lebten von der Improvisation, benutzten typisierte Dekorationen; die Kostüme waren bis auf wenige Phantasieformen dem Kleid der Epoche entlehnt. Das Theater nahm sich mit größter Naivität die Freiheit, die geschichtlichen Stoffe der Gegenwart anzupassen. Erst in der zweiten Hälfte des 19. Jahrhunderts begann die Bemühung um den historischen Stil, eine Bestrebung, die man mit dem Namen des Herzogs Georg von Meiningen verbindet. Die Distanzierung vom Altvertrauten war die erste Leistung eines Regisseurs im heutigen Sinne. Als sich aus der Meiningerei der Stil des alten Hoftheaters entwickelte, waren es Otto Brahm und Max Reinhardt, die sich wiederum distanzierten und das Theater in ihrem Sinne erneuerten. In unserem Jahrhundert entsteht dann die bekannte Acceleration der Theaterstile, eine immer schnellere Kontrastierung der Inszenierungsprinzipien. Die Traditionen und Konventionen lösen sich auf; der Regisseur als Einzelpersönlichkeit wird bestimmend. Man kann von einer zunehmenden Subjektivierung der Interpretation sprechen, die im letzten Jahrzehnt zur Willkür geführt hat.

Freiheit und Grenzen der Interpretation

Damit sind wir beim Thema: Freiheit und Grenzen der künstlerischen Interpretation. Hat das Theater und in ihm der Regisseur, die Freiheit, mit den Stoffen und Texten, die ihm im Laufe seiner Geschichte zugewachsen sind und natürlich auch den zeitgenössischen, zu machen, was er will, was er aufgrund seiner Heutigkeit für richtig hält? Wo sind die moralischen und ästhetischen Prinzipien und Normen, die die Freiheit von der Willkür trennen? Ist alles erlaubt, was vom Publikum – wenn auch mit Widerspruch – konsumiert wird, von der Kritik – wenn auch mit Einschränkungen – gelobt und mit Preisen versehen wird? Wer kann ein Institut, einen Regisseur daran hindern, Skandale zu veranstalten, die sei-

nem Image nützen, auch, und gerade dann, wenn das Publikum buht, pfeift und tobt? Ist es nicht besonders verdienstvoller Avantgardismus, der da produziert wird, den das Publikum heute noch nicht versteht, aber vielleicht in Zukunft zu einer selbstverständlichen Gewohnheit machen wird? Die Auguren sind immer da, die das Unverstandene und Unverständliche zu interpretieren bereit sind. Es bleibt also nur, dem Zeitgeist zu opfern, der Entwicklung einen Schritt voraus zu sein und im übrigen seine Toleranz so weit zu machen, daß alles darin Platz hat? – Viel Unmut und Aufbegehren steckt in diesen Fragen, negative Erfahrung und zukünftige Befürchtung. Es bleibt der Versuch, ein wenig Ordnung in das Chaos des Erlaubt-Unerlaubten zu bringen.
Zunächst gibt es ein Urheberschutzgesetz, das den Autoren und ihren Erben erlaubt, den Entstellungen ihrer Werke juristisch zu begegnen. Es hat genügend Prozesse gegeben, die geistiges Eigentum definiert und die mißbräuchliche Nutzung, die Entstellung, die Persiflage eines Werkes verhindert haben. Natürlich gibt es auch Fälle, in denen die Selbstverliebtheit und Sturheit eines Autors der Aufführung schaden; vielleicht hat der Regisseur die hellsichtigen Ideen, die das Werk erst zum Erfolg werden lassen? Die Lebenden können sich selbst verteidigen, aber wer schützt die Klassiker? – so tönt die Frage aller derer, die ein Werk besser zu kennen glauben oder die heiligen Werte – der Gewohnheit? Bildung? Ideologie? – in Gefahr sehen.

Mord an den Klassikern

Die Frage vom Mord an den Klassikern existiert, seitdem es «Klassiker» gibt. Erwin Piscator ist dadurch bekannt geworden, daß er 1926 Schillers «Räuber» in der Uniform von Soldaten des 1. Weltkrieges inszenierte. Leopold Jessner folgte ihm im gleichen Jahr mit «Hamlet» in Frack und Uniformen. Wer hätte nicht in der Gestalt des Königs Claudius die kaiserliche Majestät wiedererkannt? Was in den zwanziger Jahren als Zeittheater in Mode kam, wurde nach Ende der Hitlerzeit, die den Klassikern durch Zensur ihre Aktualität auszutreiben bemüht war, willig wieder aufgegriffen. Die expressive Hektik der Klassikerbenutzung für aktuelle Anlässe und der Sturm der Entrüstung darüber haben ihren Grund darin, daß man zu Zeiten «an eine Hierarchie innerhalb der Künste und an die Vollkommenheit glaubte. Die Klassiker bestimmten die Gesetze des Geschmacks und forderten zur Nachahmung auf. Sie waren unwandelbar, sie existierten außerhalb der Zeit» (Jan Kott). Insbesondere der deutsche Idealismus, die Schillernachfolge, hat die Klassiker zum Monument gemacht – und die Sehnsucht des Menschen nach dem Guten, Schönen und Wahren tut ein übriges, um die Klassiker unverletzbar erscheinen zu lassen. Sie werden zu den letzten Göttern (der Bildung), denen man auf seinen Hausaltären zu opfern bereit ist. Das Theater hat solche Adoranz seit Generationen verloren. Bertolt Brecht sagt 1929 auf die Frage, wann die Klassiker gestorben sind: «Die Wahrheit ist, sie sind im Krieg gestorben. Sie gehören unter unsere Kriegsopfer. Wenn es wahr ist, daß Soldaten, die in den Krieg zogen, den ‹Faust› im Tornister hatten, die aus dem Krieg zurückkehrten, hatten ihn nicht mehr.» Was für den Wissenschaftler mit den Mitteln der historisch-analytischen Philologie erkenn- und interpretierbarer Text ist, als solcher unantastbar, bleibt für das Theater totes Material, solange nicht ein Schauspieler dem Geschriebenen zum Leben verhilft. Damit beginnt der Prozeß der Vergegenwärtigung. Selbst wenn sich alle Beteiligten bemühen würden, streng historisch zu agieren und deklamieren, sie können es nicht verleugnen, daß sie *nicht* Zeitgenossen Shakespeares sind. Und diejenigen, die ihnen zuschauen und zuhören, sind eben aus dem Auto gestiegen, haben telefoniert und Radio gehört und meistens einen Alltag voller Streß und Entfremdung hinter sich. Interpreten und Empfänger verständigen sich nur mit den Begriffen ihrer Zeit. Damit beginnt das Dilemma. Sollen sie versuchen, Shakespeare oder Schiller zum Zeitgenossen zu machen und ihre eigenen Sorgen und Probleme durch die Klassiker vortragen zu lassen? – oder sollen sie Geschichtsunterricht erteilen, den schönen Schein der Vergangenheit beschwören und darüber sich selbst und die Gegenwart vergessen? Engagement das eine – Eskapismus das andere. Veränderung findet in jedem Fall statt. Willentlich oder unwillentlich. Seit die Aufklärung unseren Intellekt beherrscht, sind wir entschlossen, dem Fortschritt zu dienen, für Freiheit und Emanzipation einzutreten. Das bedeutet, daß wir Partei nehmen und die Klassiker wie vor Gericht geladene Zeugen (J. Kott) zu unserer Be- und Entlastung benutzen. Sie sind die Autoritäten im Kampf um Humanität, und da sie tot sind, können sie sich diesem Engagement nicht entziehen. Wo die Beweise, die wir suchen, nicht schlüssig sind, müssen wir nachhelfen und ändern. Brecht gab die salomonische Antwort auf die Frage, ob wir die Klassiker ändern können: «Wir können sie ändern, wenn wir sie ändern können.» Er selbst hat sich in seinen Bearbeitungen und Inszenierungen für die List der Verfremdung entschieden, um dadurch soziales Verhalten erkennbar zu machen. Brechts Schüler und Nachfolger haben dieses didaktische Prinzip im Sinne der Gesellschaftsveränderung auf die ganze Theaterliteratur angewendet. Sie wollten kritische Auflehnung gegen Konsumtheater erzeugen und verhindern, daß das Publikum sich wieder mit den Stücken versöhnt. Ein Wort von Adorno dient solchen Tendenzen als Begründung: «Rechte Aktualisierung ist nicht Willkür am Werk, sondern bessere Treue.» Diese «bessere Treue» artet zu Besserwisserei, Bevormundung und doktrinärem Zeigefingertheater aus. Es tritt, da dieses Theater sich am Ende nur auf den kleinen Kreis der Gleichgesinnten stützen kann, eine hermetische Wirkung ein. Aber auch, wer nicht der Weltverbesserung durch das Theater das Wort redet, kann Klassiker nicht unverändert vom Blatt spielen. «Tödliches Theater» ist für Peter Brook die Auffassung, «daß irgendwo irgendwer entdeckt und festgelegt hat, wie man so ein Stück aufführt». Traditionelle Schauspieler, die in traditioneller Weise alte Texte rezitieren, tun es nur in Erinnerung an den Stil eines Vorgängers. «Das echte Alte ist ganz verloren.» Um zu lebendiger Darstellung zu gelangen, ist es auch nach Peter Brook nötig, tabula rasa zu machen, immer wieder von vorne anzufangen als Menschen unserer Zeit, das Spiel der alten Legenden immer neu zu spielen. Diese tabula rasa gibt jedem die Möglichkeit, sich auf dem Theater zu verwirklichen, der eine tut es in respektvoller Annäherung an alte Texte, der andere, indem er «mit allem seinen Scherz treibt und nichts ernst nimmt» ... als «virtuoser, skrupelloser Entertainer», «chaotischer Romantiker» (Volker Canaris über

Peter Zadek). Raum und Zeit der Schauplätze werden belanglos, die Sprache wird heutigem Jargon angepaßt, die Rollen entstehen aus den Improvisationen der Schauspieler; jeder Gag, jede Klamotte, jede Manier wird eingebaut in eine Collage von ordinär-zynisch-brutalen Verhaltensmustern, in denen der Zeitgenosse sich wiedererkennen soll; daß die Stücke von Shakespeare sind, ist nicht mehr wichtig. Das Theater hat sich von seinen Vorlagen emanzipiert; es spiegelt die Gesellschaft der Neurosen, das kaputte Leben unserer Zeit. Die Regisseure sind die Spielmacher, das Spiel ist die effektvollste Beliebigkeit, die gekonnteste Austauschbarkeit; der Zufall wird zum Gesetz dieser ad-libitum-Ästhetik.

Wiederkehr der Formen

Was kommt danach? Was läßt sich dieser äußersten Libertinage entgegenstellen? Nichts als die Hoffnung auf das dialektische Gesetz der Geistesgeschichte, daß der Pendelschlag in die andere Richtung folge, daß das leergelaufene Gefäß des Theaters sich wieder mit neuen Inhalten fülle! Es gibt keine Verbote, und jede normative Ästhetik trägt den Kern des Übels in sich: verordnete Kultur, sozialistischer Realismus, Blut und Boden, Gesetz und Ordnung, heile Welt! Alle bisherigen Versuche, die Freiheit des Intellekts zu zügeln, schufen schlimmere Unfreiheit. Die Grenzen der Freiheit, alles zu tun, was wir können, liegen einzig und allein in uns selbst; in der Bereitschaft zum Verzicht, in dem Gefühl der Verantwortung für historische Werte. Bisher hat der Schwerpunkt unserer theatralischen Aktivitäten in der Befreiung von leeren Formen, überlebten Werten, falschen Göttern gelegen. Die Gegenwart verlangte nach Wahrheit, nach mehr Gerechtigkeit – nicht nach dem Geist der Geschichte. Geschichte und die in ihr entstandenen Kunstwerke wurden als Vor-Schein der Zukunft gedeutet, der klassenlosen Gesellschaft. Daß Geschichte die Summe individuellen Lebens und Sterbens, genialer Schöpfertaten und tragischer Untergänge ist – dieses Geschichtsbild ist in den Meisterwerken der Kunst wiederzuentdecken. Geschichte als Nach-Schein unserer Gegenwart, als ihr Schatten – weil kein Lebendiges ohne Schatten existieren kann. Der Charakter Wallensteins in der Sicht Schillers, das Dämonische Egmonts als Teil der Goetheschen Entelechie, das unergründliche Geheimnis der Musik Mozarts, der unbewußt-mythische Grund der Selbstdarstellung Richard Wagners in seinen Werken: Das sind jenseits aller utopischen Theorien geschichtliche Ursachen unserer künstlerischen Existenz. Und die Formen der dramatischen Kunst in ihrer Autonomie und Autorität: das Chorlied der «Antigone» des Sophokles «Ungeheuer ist viel, und nichts ungeheurer als der Mensch», Monteverdis Doppelgesang aus dem «Orfeo», als dieser von Apollo ins Sternbild verwandelt wird, der Chor «Oh voto tremendo!» aus Mozarts «Idomeneo», die Schlußfuge des «Fidelio», die Monologe aus Goethes «Torquato Tasso» ... Wo soll ich anfangen, wo zufällig enden in der Aufzählung der großen Augenblicke, die durch die Form der Vergänglichkeit widerstehen? Kann die «Entkunstung der Kunst», wie es Adorno einmal formuliert hat, die Distanzverkleinerung bis zur Zeitgenossenschaft – den Verlust der Formen durch irgendeine neue Spontaneität wieder wettmachen? Oder bringen Goethes Blankverse Langeweile ins Ohr? Dann sind auch die Arien in «Così fan tutte» langweilig, weil sie keinen Mehrwert an Aufklärung bringen. Es soll zwar schon vorgekommen sein, daß ein Regisseur diese bitterste Komödie Mozarts an den Strand von Miami verlegt hat – Fiordiligi und Dorabella im Bikini –, aber als Beitrag zur Frauenemanzipation konnte er sie wirklich nicht verwenden. Bedenkenswert das Wort Hugo von Hofmannsthals im Buch der Freunde: «Starke Phantasie ist konservativ.» Heißt die Umkehr: Progressives Engagement schwächt die Phantasie? – Was virtuose Koloraturen für Sänger, ist die Rhetorik für Schauspieler – Sprache als Sprache, seit langem verpönt als altmodisches Stilmittel des «tödlichen Theaters». Könnte es nicht sein, daß man den unterspielenden, verfremdenden oder heiser geschrieenen Schauspieler einmal leid wird, um statt der vorgetäuschten Realität Sprachbeherrschung bewundern zu können? Damit sind dann die alten «affirmativen» Vokabeln vollends wieder aufgewertet: Also nicht einäugiges, schielendes oder besserwisserisches Theater – sondern das *ganze* Theater, das Vergangenheit und Gegenwart integriert! Das Theater muß nicht immer in Tiefsinn baden, es darf gelacht werden; die Spaßmacher sind wieder da mit ihrer bösen Parodie und ihrem Vergnügen am Unsinn. Theater-Theater findet statt, weil sonst bald überhaupt kein Theater mehr möglich ist und das Zeitalter des Absterbens der Kunst, das Hegel vorausgesehen hat, beginnt. Oder hat es schon längst begonnen?

Museale Oper

Ich möchte mit diesem Appell an die ästhetische Verantwortung der Theaterleute keiner Wortoper die Parole liefern. Aber gewiß hat die Oper, die sich schon seit langem daran gewöhnt hat, totgesagt zu sein, einige Kunststücke der Wiedergeburt vollbracht, die weithin Beachtung verdienen. Musik taugt nicht für Ideologie-Kritik, und selbst den politisch engagiertesten unter den Komponisten – wie Paul Dessau und Hanns Eisler – ist es nicht gelungen, der Lehre Arnold Schönbergs die Gunst der Werktätigen zu verschaffen. Die Oper, Relikt des Feudalsystems und der Gegenreformation, im 19. Jahrhundert Ausdruck einer bürgerlichen Ersatzreligion in der Kunst, hat im technologischen Zeitalter keine unmittelbare Funktion mehr. Sie macht nur mit einigen schüchternen Experimenten Anstalt, sich dem Maschinenzeitalter anzupassen und beharrt ansonsten wie ein Museum, das die positive Aufgabe hat, «dem zum Verstummen Bedrohten zum Überdauern zu verhelfen» (Adorno), auf der Historizität ihrer Exponate. Und gerade darin liegt der Keim des Rettenden. Ist es nur die vielzitierte Nostalgie, wenn Ausstellungen historischer Kunst heute überfüllt sind – von Tut-ench-Amun bis Picasso? Oder ist es nicht auch das wachsende Bedürfnis, in einer Zeit der Reproduktion und Multiplikation das einmalige, originale Kunstwerk zu sehen? Theater kann nicht Museum sein, da seine Aufgabe die *Darstellung,* nicht die *Ausstellung* ist. Aber auch in der Darstellung kann die historische Qualität eines Werkes transparent werden; museal ist nicht gleichbedeutend mit verstaubt und unwirksam. Die negative Bedeutung des Museumsbegriffes wird heute ständig widerlegt.

Musik widersteht den Veränderungen hartnäckiger als das Wort.

Die Verwirklichung der Musik bedarf des handwerklichen Könnens. Ihre Chiffren müssen entschlüsselt und zum Klingen gebracht werden. Mozart, Verdi und Wagner sind nur mit dem musikalischen Instrumentarium aufzuführen, für das diese Werke komponiert sind. Jazz-, Pop- und Rockgruppen können zwar einzelne Themen variieren und transponieren, aber sie können keinen «Figaro» oder «Parsifal» spielen; sie wollen dies auch nicht, weil sie andere Ziele haben. Die Notation des Komponisten ist die prinzipielle Voraussetzung der Kunst der Oper. Damit ist natürlich nicht gesagt, daß die Interpretation des Notenbildes immer gleich sein muß. Für die Musik des 17. und 18. Jahrhunderts bis etwa Beethoven gibt es moderne Adaptationen und Hörgewohnheiten – andererseits auch die Versuche, sich dem historischen Klangbild anzunähern. Dabei darf nicht übersehen werden, daß ein Musiker, der sich um historische Verständniszusammenhänge bemüht, kein wissenschaftlicher Historiker ist, sondern ein Künstler unserer Zeit, der seine Sensibilität, sein Temperament und sein Wissen alter Musik dienstbar macht. Das Ergebnis ist – wie etwa bei Nikolaus Harnoncourt – ein neues Spannungsverhältnis und damit eine ungewohnte Intensität des Erlebens. Auch in der Interpretation der Musik bewirkt ein ständiger Innovationsprozeß des Denkens und Fühlens die Lebendigkeit der Aufführung. Das gilt nicht nur für alte Musik, wo die Notation ein besonderes Problem darstellt, sondern für jede musikalische Aufführung, besonders der Oper. Die Tempi liegen im Bereich des Subjektiven; aber nicht nur ein Andante oder ein Allegro hat unterschiedliche Bedeutung – auch die Phrasierungsart, die Zäsuren, die Akzente bestimmen den Charakter einer Aufführung. Letztlich ist es die Persönlichkeit des Dirigenten, die unter den richtigen Probenverhältnissen und mit entsprechend qualifizierten Musikern eine Opernaufführung prägt. Alle Opernfreunde wissen, wie groß die Unterschiede zwischen Wilhelm Furtwängler und Otto Klemperer, Georg Solti und Herbert von Karajan sind. – Mehr noch als die Dirigentenfrage steht heute die optisch-szenische Interpretation im Mittelpunkt der Diskussion. Ist Wieland Wagners Entrümpelung der Bayreuther Festspielbühne ein Sakrileg? Stellen die modernen Chiffren von Patrice Chéreau und Joachim Herz, die den «Ring» in den soziologischen Zusammenhang des 19. Jahrhunderts rücken, eine revolutionäre Aktion dar oder sind es nur notwendige Korrekturen des Wagnerbildes, die schon Bernard Shaw gefordert hatte? Schmerzliche Verstörungen treten bei der Gemeinde ein, die zum Fest gekommen, sich durch ein Experiment mißbraucht sieht. Wo liegen auch hier die Grenzen des Erlaubten? In der Oper ist die Musik die entscheidende Instanz, an der sich Richtig oder Falsch, Gut oder Schlecht erweisen müssen. Das Kostüm und der Raum können sich ändern, die szenischen Vorgänge sind der Musik untergeordnet, und kein noch so verblüffender Einfall darf einen Regisseur dazu verführen, die Kongruenz zur Musik aufzugeben und etwa gegen die Musik zu inszenieren. Auch das beginnt Mode zu werden, wenn musikunkundige Regisseure ihre Visionen der Partitur aufzwingen oder die Libretti umfunktionieren – und sie finden den Beifall einer nur auf Veränderung bedachten Kritik. Wer für eine barocke Oper barocke Bildsymbole verwendet, wird heute bereits der Einfallslosigkeit und des Manierismus verdächtigt. Giorgio Strehler sieht die Aufgaben der Opernregie darin, «die richtige Mitte zu finden zwischen Tradition und Wirklichkeit, den Einklang zwischen Stoff und Komposition, besser noch: eine mitvollziehbare Logik aufzudecken». Walter Felsenstein hat sein Regisseurleben der Suche und Begründung des richtigen szenischen Ausdrucks für eine Arie, ein Rezitativ, einen Chor gewidmet. Wie leicht machen es sich dagegen alle die, denen es nur darauf ankommt, die Antiquiertheit des Librettos durch die Musik zu dekouvrieren oder das Pathos und die Gebärde des Sängers der Ironie auszuliefern.

Prinzipien der Regie

Ein Regisseur, der heute in der Oper wie im Schauspiel ein historisches Werk zu inszenieren hat, sieht sich grundsätzlich vor einen Katalog von Fragen gestellt: Zu welcher Zeit soll ein Stück – nennen wir es «Troubadour» – spielen? In der Zeit, die das Libretto angibt – also im 15. Jahrhundert –, in der Zeit des

Komponisten, aus der das Klangbild und die geistigen Impulse des Werkes stammen – also 1852 –, in irgendeiner anderen Zeit oder vielleicht sogar in der Gegenwart – sind es doch heutige Sänger, die das Werk darzustellen und einem heutigen Publikum verständlich zu machen haben. Das gleiche gilt für den Schauplatz, ob Spanien, Italien oder irgendein anderes Land, vielleicht wird er sogar einen abstrakten Raum vorziehen oder eine Traumvision realisieren wollen. Keine der Lösungen ist grundsätzlich auszuschließen, es kommt auf die Imagination und Musikalität des Regisseurs und seines Bühnenbildners an. Vielleicht wird sogar der Bühnenbildner dominieren, den Bühnenraum als Environement benutzen, Material, Licht und Technik in ihrem künstlerischen Eigenwert einsetzen. Auf diese Weise sind Bühnenbildner zu Regisseuren geworden. Es entspricht dem Wesen eines bedeutenden Kunstwerks, daß es vielschichtig und vielfältig zu deuten ist.
Eine weitere wichtige Frage, die der Regisseur beantworten muß, ist die historische Bedeutung des Werkes in seiner Epoche, seine Vor- und Wirkungsgeschichte. Der Grad der Innovation des Werkes in seiner Zeit oder bewußten Verwendung alter Stilmittel. Damit wird die Soziologie, die Biographie des Autors und die Geschichte der künstlerischen Formen einbezogen.
Was dann noch bleibt, ist das Talent, das Handwerk und das persönliche Bekenntnis des Regisseurs – die richtige Wahl seiner Mitarbeiter, vor allem die Besetzung der Darsteller und die Probenbedingungen. Nicht zu vergessen die «Fortune», weshalb alle Theaterleute bis auf den heutigen Tag nicht ganz frei sind von Aberglauben.

Theater der Verantwortung

In all diesen Entscheidungsprozessen erweist sich das Verantwortungsbewußtsein des Interpreten. Verantwortung gegenüber der Gegenwart? Verantwortung gegenüber der Vergangenheit, dem Autor, dem Kunstwerk? Verantwortung gegenüber dem Theater? Dieses Verantwortungsbewußtsein kann sehr verschiedene Auswirkungen haben. Es kann ihn zu Veränderungen stimulieren in einer Phase der Stagnation und des Verfalls – es kann ihn dazu veranlassen, zu erhalten, zu bewahren und zu verhüten. Die Diagnose der künstlerisch-politischen Gegenwartssituation wird den Ausschlag geben. Dabei berufen wir uns auf Goethe: «Die größte Achtung, die ein Autor (ein Interpret) für sein Publikum haben kann, ist, daß er niemals bringt, was man erwartet, sondern was er selbst auf der jedesmaligen Stufe eigener und fremder Bildung für recht und nützlich hält.» – Nach einer Phase auswuchernder Befreiung, die den Verlust unseres historischen Bewußtseins befürchten läßt, scheint mir jetzt – und alles, was hier gesagt wird, bleibt subjektiv – eine Phase der Wiederentdeckung unserer historischen Quellen und unserer ästhetischen Formen notwendig zu sein. Genauso wie die öffentliche Diskussion entbrannt ist über ökologische Probleme und die Vergeudung der natürlichen Ressourcen, genauso sollte die Erhaltung der historischen Ressourcen der Kultur diskutiert werden. In Abwandlung eines Satzes des Philosophen Hans Jonas: «Nur das geschonte Leben offenbart sich», kann auch nur die geschonte Kunst sich offenbaren – zumindest solange, bis neue kreative Kräfte spürbar werden, die in Literatur und Musik das Theater prägen. Der interpretierende Künstler ist nicht nur dem verantwortlich, was er selber schafft, sondern auch dem, was ihn geschaffen hat. Wenn er der «prometheischen Euphorie, dem galoppierenden Vorwärts die Zügel anlegt» (Hans Jonas) hilft er der Gegenwart, sich selbst zu finden. Keine befreienden oder lähmenden Erfahrungen des letzten Jahrzehnts gehen darüber verloren; sie werden nutzbar gemacht für den künstlerischen Auftrag unserer Stunde.

Eine Apologie des Musiktheaters

Es gibt einige Schlagworte, die man ausräumen muß, wenn man dem Musiktheater helfen will. Diese Schlagworte sind: *Die Oper ist elitär, die Oper ist reaktionär, die Oper ist museal, die Oper ist teuer, die Oper ist (manchmal) provinziell.*
Ich will im dialektischen Verfahren die Argumente der Gebildeten unter den Verächtern des Musiktheaters aufführen und dann einen Versuch unternehmen, sie zu widerlegen.

1. *Die Oper ist elitär.* Die Oper sei die Kunst für eine Minderheit, höchstens 10% der Bevölkerung gehe in die Oper. Die Oper sei eine Sache des Establishments, und nur für Leute mit Elitebewußtsein geeignet. Oper sei eine Show der Garderoben und Frisuren, die Repräsentation im Foyer sei die Hauptsache, das Bürgertum feiere seine Selbstbestätigung – und das sei in einer offenen Gesellschaft nicht mehr zumutbar: so sagen die Widersacher.
Nun die Gegenargumente: Jede Gesellschaft besteht aus Minderheiten. Da gibt es die Minderheit der Sportler, der Kranken, der Schüler, der Tierfreunde, der Sammler, der Radfahrer, der Bastler, der Bücherleser oder auch der Sänger; alle diese Minderheiten erheben irgendwelche Ansprüche. So gibt es also auch die Minderheit der Musikliebhaber und Opernfreunde, die glauben, privilegiert zu sein. Worin liegt dieses Privileg, mit dem sie an den Staat herantreten und für ihre Minderheitsinteressen eine besondere Unterstützung verlangen können? Die Antwort ist die, daß Musikkultur in unserer europäischen Tradition eine nicht wegzuleugnende, bedeutende Rolle spielt, insbesondere in der deutschen kulturellen Entwicklung; es ist die Aufgabe des Staates – und sie ist im Grundgesetz verankert –, die Tradition zu pflegen. Dadurch entsteht die Verpflichtung, in Schulen und Hochschulen die Sache des Theaters, die Sache der Musik so zu fördern, daß Ausbildung zur Bildung wird, die Verständnisbereitschaft für die tradierte Kultur wächst und weitergegeben wird an die nächste Generation. Diese Aufgabe des Staates gehört zu den zentralen Themen des

kulturellen Selbstbewußtseins eines Gemeinwesens, und ganz sicher gibt es zu Kultur keine Alternative! Es fragt sich nur, wie Kultur definiert wird: als leistungsbezogener Dienst an einem geistigen oder künstlerischen Werk oder im Sinne gewisser Ethnologen als neue Lebens- und Gesellschaftsformen, die sich dadurch auszeichnen, daß sie bei den Troglodyten wieder anfangen wollen. Es ist nicht die Sache de Staates, kulturelle Alternativen zu entwikkeln, wenn dies nicht dem Willen der Mehrheit seiner Bürger entspricht. Sollte sich eine soziologische oder politische Bewegung in kulturellen Leistungen manifestieren, wird sie sich – wie die Geschichte lehrt – von selbst in die kulturelle Entwicklung integrieren. Kulturrevolutionen haben kurze Beine – wie das Beispiel China zeigt.
Nun, was die Zahlen betrifft: Nur 10% der Bevölkerung besuche Theater! Gegen Statistiken bin ich grundsätzlich skeptisch. Kürzlich ist eine neue Statistik gemacht worden, und man hat festgestellt, daß etwa 25% der Erwachsenen der Stadtbevölkerung zu den Befürwortern des Theaters zählt. Wie man in den Wald hineinruft, so schallt es heraus. Die Frage ist, ob dieses Potential, das in Großstädten zweifellos vorhanden ist, ausgeschöpft wird und ob es verschreckte oder verscheuchte Theater- und Musikbesucher gibt, die erst wieder reaktiviert werden müssen. In diesem Fall besteht die Aufgabe darin, zu versuchen, mit äußerster Qualität und mit äußerster Zielstrebigkeit möglichst viele Besucher jeden Abend zu begeistern.
Jede Minderheit, also auch die Minderheit der Musiktheaterbesucher, hat ein bestimmtes Image, hat ein Sozialprestige. Im Hoftheater früherer Jahrhunderte war der erste Rang dem regierenden Adel, der zweite Rang dem Kleinadel vorbehalten, im Stehparterre standen die Bürger. Daraus ist schließlich einmal das Stadttheater geworden; das Bürgertum hat die Rolle des Adels übernommen; aus dem Stadttheater ist heute das Volkstheater entstanden, wie wir es kennen, das Theater, das für alle offensteht, ohne Rücksicht auf Herkunft und Einkommen. Das heutige Volkstheater mit seinen niedrigen Eintrittspreisen ist nur möglich, weil die öffentliche Hand den größten Teil der Kosten für das Musiktheater übernommen hat. Wenn das Musiktheater kostendeckend arbeiten

müßte, wären die Eintrittspreise drei- bis viermal so hoch, und nur wenige finanziell Privilegierte kämen in den Genuß der Aufführungen. Der Arbeit der Volksbühne ist es wesentlich mitzuverdanken, daß der Gedanke «Theater für alle» sich durchgesetzt hat. Wenn man von einer Elite der Opernbesucher reden will, so kann damit nur die Gruppierung der Menschen gemeint sein, die Musik und Theater anderen Unterhaltungsarten vorziehen, weil sie – aus welchen persönlichen Gründen auch immer – auf die tradierte Kultur nicht verzichten können und wollen. Ich verstehe nicht, weshalb eine solche Elite negativ verdächtigt wird. Jede Gesellschaft – auch die sozialistische – hat ihre Eliten, und eine elitelose Gesellschaft kann nicht einmal Karl Marx in seiner kommunistischen Utopie gemeint haben.

Nun heißt es, die Elite der Opernbesucher bestehe auf einer bestimmten Kleiderordnung, und dadurch werde die oft zitierte «Schwellenangst» der Nicht-Besucher gefördert. Natürlich gibt es noch bürgerliche Usancen von festlichem Theater, aber unsere Mode ist viel zu individualistisch, um uniforme Langeweile aufkommen zu lassen. Protest-Look kann viel phantasievoller sein als das elegante Abendkleid, und selbst Jeans soll es bereits als Gala-Dreß geben. Kleider machen Leute – so oder so: Daß der Opernbesuch international nicht eine Kleiderfrage ist, zeigt ein Besuch in Verona, wo die Oper so populär ist wie hier der Fußball.

In London ist es üblich, daß man in das königliche Opernhaus Covent Garden den Mantel mitnimmt und sich auf den Schoß legt. Von diesem Punkte aus haben wir die geringsten Schwierigkeiten, Exklusivität abzubauen. Das Musiktheater hat sich längst demokratisiert. Ich zitiere abschließend ein Wort von Th. W. Adorno: «In der Oper transzendiert der Bürger zum Menschen.» Und füge hinzu: Der Mensch gewinnt Transzendenz durch die Musik.

2. Zweites Vorurteil: *Die Oper ist ideologisch reaktionär,* nicht verwendbar für Klassenkampf, Sozialismus oder gar Revolution, sie ist ihrem Wesen nach affirmativ, nicht progressiv, kein Aufklärungsfaktor, sie ist die Repräsentation des Sinnlosen, das da heißt «Singen»; dumpfe Schicksalsgläubigkeit macht sich breit, der

Prunk der Kostüme und Masken lenkt ab vom Wesentlichen, Oper ist historischer Plunder unter der Herrschaft der Tenöre. Und alles in allem ist es höchste Zeit, in einer Kulturrevolution damit aufzuräumen.
Das ist eine unglaubliche Simplifikation – aber Simplifikationen haben bekanntlich nachhaltige Wirkungen und erfreuen sich bei den Meinungsmachern größter Beliebtheit. Die Wahrheit ist viel komplizierter. Ein oberflächliches Beispiel: In den Ländern des Sozialismus herrscht der größte Opernkult. Das Bolschoi-Theater Moskau ist das größte und personalreichste Operntheater der Welt. Aber, werden die Gegner sagen, das ist der falsche Sozialismus, den meinen wir nicht. Welchen Sozialismus meinen sie denn?
Das Musiktheater steht im Spannungsfeld zwischen Mythos und Aufklärung. Das kann ich am besten erklären dadurch, daß ich fünf Sinnbilder der Oper zitiere.
Das erste Sinnbild der Oper ist Orpheus. Orpheus von Monteverdi, von Gluck bis zu «Orpheus in der Unterwelt» von Offenbach. Die Orpheus-Gestalt ist eine Schlüsselgestalt für den musikalischen Ausdruck im Theater. Die Klage um die verlorene Eurydike, die die Götter rührt, so daß sie dem Sänger erlauben, in die Unterwelt vorzudringen, Eurydike wiederzufinden, sie an die Oberfläche der Erde zurückzuholen – dann die allzu menschliche Schwäche, Eurydike mit Augen sehen zu wollen, und die Verzweiflung über den endgültigen Verlust der Geliebten. Orpheus verflucht seine Leidenschaft, seine Liebesabhängigkeit, und verwandelt sein Leid in Gesang. Die Götter anerkennen diese Kraft der künstlerischen Metamorphose und verwandeln ihn in ein Sternbild. In dieser Mythe offenbart sich der Gesang als Ausdruck einer Utopie: Kunst erschließt das verlorene Paradies. In alten Theatern hat es oberhalb des Rahmens der Bühne eine Lyra als Symbol des Orphischen. Damit wird die beseelende Kraft des Musiktheaters beschworen. Orphisches Musiktheater heißt Teilnahme am Ursprung und zugleich Erfüllung des Prinzips Hoffnung.
Zweites Sinnbild: «Die Zauberflöte» von Mozart. Die «Zauberflöte» hat Anteil am Mythischen: im Mutterrecht und im Vater-

recht – Mutterrecht: Königin der Nacht, Vaterrecht: Sarastro – und zugleich an der Aufklärung, denn das Freimaurertum in der «Zauberflöte», die Prüfungen, die Tamino und Pamina durchmachen müssen, sind Stationen der Menschwerdung. Am Ende geht aus der Verbindung des mythischen mit dem aufklärerischen Element der Humanismus Mozarts hervor.

Drittes Sinnbild: «Fidelio». Die ewige Hölle des Kerkers wird hier gezeigt, die Ungerechtigkeit politischer Weltordnung. In diese Ungerechtigkeit hinein ertönt die Fanfare der Freiheit, und mit der Erlösung aus dem Kerker und der Befreiung der Unschuldigen entsteht die Utopie: Es ist ein Gegenbild zur ungerechten Welt, in ihm erfüllt sich zugleich Gottes Wille. Das ist Beethovens Botschaft.

Viertes Sinnbild: «Parsifal». In Wagners Bühnenweihfestspiel wird der christliche Mythos neu beschworen und auf die Bühne projiziert. Der christliche Mythos, die Erlösung von Schuld durch Opfer: reine Menschlichkeit überwindet das Leiden. Musik steigert sich zu Religiosität. Gewollt hat Richard Wagner die Integration des Musiktheaterbesuchers in eine religiös gestimmte Kunstgemeinde.

Fünftes Sinnbild: «Falstaff». Verdis Alterswerk als ein Beispiel der Weisheit, der mediterranen Umanità. Humor, Spott über menschliche Schwächen, Eitelkeit, Liebeswahn, all das kommt im «Falstaff» in schönster und zugleich künstlerischster Weise zum Ausdruck. Die Summe des «Falstaff», die für uns heute auch als Testament Verdis zu verstehen ist, heißt «Tutto nel mondo è burla». Alles ist Spaß auf Erden. Aus dem Humor, aus der Skepsis über Menschlich-Allzumenschliches entsteht die Philosophie der Heiterkeit.

Fünf Beispiele, die beweisen können, daß die Oper mit der Phraseologie einer ideologisch reaktionären Kunstgattung nichts zu tun hat. Das Musiktheater ist Abbild der Realität, indem es zum Beispiel den Verfemten, den Zigeunern, den Dissidenten zu Freiheit und Gerechtigkeit verhilft – und damit wirkt es emanzipatorisch. Es ist mehr als realistisch, indem es Mythos, Magie, Utopie auf der Bühne verwirklicht durch die Kraft der Musik. Die Archetypen des Märchens und der Legenden werden im Musik-

theater zitiert und transformiert, das kollektive Unbewußte findet seinen künstlerischen Ausdruck und seine theatralische Form. Wieder zitiere ich Adorno: «Gesang ist in der Oper die Sprache der Leidenschaft, und die Oper hat ihre eigentliche Bedeutung darin, daß sie die reine Unmittelbarkeit heute möglich macht.»
Die reine Unmittelbarkeit, das ist etwas, was unserer Zeit abhanden gekommen ist, indem wir in Konfektion und Vorprogrammierung zu leben und denken gewohnt sind.
Die Musik geht allem Sprechtheater voraus. Es muß nur daran erinnert werden, daß die antike Tragödie mit Musikinstrumenten begleitet und im Sprechgesang vorgetragen wurde. Die Ursprünge der Musik sind der Ritus, der Tanz und natürlich die Naturlaute, die der Sprache eigen sind. Also bedeutet Musiktheater nicht nur Genuß, ein oberflächliches Sich-Erfreuen an schönen Stimmen, am Belcanto, sondern geistige Anteilnahme. Das Opernpublikum oder, wie wir es heute verstehen, das Publikum des Musiktheaters, erlebt in dem, was ihm geboten wird, die größte Herausforderung des Verstehens und Mitdenkens. Es muß den Text verstehen oder kennen, es muß die Musiksprache, die diesen Text gestaltet, aufnehmen. Und wenn es zu alledem noch lernt, die Form zu analysieren, dann ist der höchste geistige Anspruch, der an ein Publikum überhaupt gestellt werden kann, erfüllt, und niemand kann behaupten, das Opernpublikum sei dumm.

3. Ich komme zum dritten Schlagwort: *Die Oper ist museal,* eine Kunstform der Vergangenheit ohne Zukunft, sie erschöpft sich mit Wiederholungen von «Madame Butterfly» oder «Tosca» ad infinitum, das Repertoire schrumpft immer weiter zusammen. Der Apparat diktiert, ohne Geist, ohne Kreativität die Aufführungen des Repertoires. «Sprengt die Opernhäuser in die Luft», hat Pierre Boulez gesagt – und bald darauf dirigierte er in Bayreuth und in Paris.
Die Oper, die alte Oper ist noch nicht 400 Jahre jung. Das Theater ist fast 3000 Jahre alt, und an ihm partizipiert die Musik, aber die Oper als Kunstgattung ist erst 400 Jahre jung; das bedeutet, sie hat noch viele Entwicklungsphasen, noch viele Metamorphosen vor sich. Sie hat angefangen mit dem Stile concitato Monteverdis, mit

dem «Orfeo», und das letzte große Meisterwerk, das wir kennen, sind die «Soldaten» von Bernd Alois Zimmermann. Wenn ich wissen möchte, welche Werke der Oper zur Verfügung stehen, schlage ich einen Opernführer auf, zum Beispiel das englische Buch von Kobbé. Dort sind ausführlich beschrieben die Werke, die im europäischen Repertoire gespielt werden, es sind 320 angeführt. Wenn man zurückdenkt, bis in die Tage der Erfindung der Oper, so mögen es gegen 60000 Werke sein; das ist natürlich eine Schätzung, denn genau läßt es sich nicht feststellen. Früher wurden die Opern ja nur einmal als Auftrag gespielt und dann wieder beiseite gelegt und vergessen. Erst seit den Tagen Mozarts beginnt die Wiederholung bestimmter Opern in neuen Inszenierungen und neuen Aufführungen in verschiedenen Städten. Heute noch werden jedes Jahr mindestens 100 Opern uraufgeführt.
Welch unendlicher Reichtum ist in diesem Kompendium der europäischen Opernliteratur zu finden! Selbst wenn keine neuen Opern mehr geschrieben würden, wir hätten Jahrhunderte damit zu tun, den Bestand an großen Werken aufzuarbeiten, sie wieder aufführbar zu machen. Es ist also falsch, von einem Schrumpfungsprozeß des Opernrepertoires zu sprechen – im Gegenteil: Das Opernrepertoire ist in ständiger Erweiterung begriffen! Ich begründe das damit, daß wir heute frei sind von Vorurteilen früherer Epochen. Das bedeutet, daß wir uns dafür einsetzen müssen, bestimmte Stücke unserer Musikgeschichte wieder zu entdecken; dazu brauchen wir die besten Sänger und Regisseure. Der Erfolg der Monteverdi-Renaissance ist inzwischen bekannt. In der Nachfolge von Monteverdi gibt es viele große Komponisten der venezianischen Epoche, die wiederzuentdecken sind. Die Barockoper ist Trumpf. Der ganze Bereich des Belcanto steht wieder offen.
Vom 19. Jahrhundert und dem Verdikt des Verismo befreit, ist nun wieder Zeit für die Primadonnen – wenn es sie gibt! Wir können Donizetti, Bellini, Rossini wieder spielen, wenn wir ihre Werke musikalisch bewältigen. Dazu bedarf es der Bemühungen, die richtigen Sänger zu finden und auszubilden. Viele französische Opern, die im Geiste Richard Wagners verdrängt wurden, sind heute wieder spielbar. Dann gibt es interessante Stücke aus der

neuromantisch-symbolistischen Epoche um die Jahrhundertwende; sie ist durch die Aufwertung des Jugendstils aktuell geworden. Warum spielen wir nicht Delius, Dukas, Rimsky-Korsakow, Respighi, Florent Schmitt, Max von Schillings, Pfitzner? Es kommen die großen zwanziger Jahre, die uns im Repertoire so viel Umbruch, so viel Neuerung gebracht haben mit Křenek, Weill, Zemlinsky, Korngold und anderen. Ich brauche nur an die slawischen Opern zu erinnern – an Janáček, Martinů, Prokofieff. Es stimmt einfach nicht, daß der «Rosenkavalier» die letzte Repertoireoper gewesen sein soll; es gibt Klassiker der Moderne wie Alban Berg, Hindemith, Schönberg, Britten, Orff, Honegger, Strawinski, die mit Erfolg heute gespielt werden, und zwar immer wieder.

Neue Opern existieren, doch leiden wir unter den musikalischen Ansprüchen der Komponisten, die die Aufführung ihrer Werke oft verhindern. Bei manchen jungen Komponisten stellt sich in Gesprächen heraus, daß die Oper als Form für sie wieder interessant wird. Es hat den Anschein, als ob sie im Begriffe sind, sich aus der – wie wir heute rückwirkend feststellen – Sackgasse der Zwölftontechnik und Webern-Nachfolge freizumachen. Sie emanzipieren sich vom mathematischen Geist der Kompositionstechnik, wie er in Kranichstein oder Donaueschingen dominiert, und suchen wieder das Publikum in unseren Häusern.

Die Oper ist kein Museum, weil zum Musiktheater lebendige Interpretation gehört, lebendige Darsteller. Aber wenn sie ein Museum wäre, brauchten wir uns dessen gewiß nicht zu schämen. Denn in Museen sind herrliche Kunstwerke ausgestellt, und die Museen haben einen Zulauf wie nie zuvor. So auch, wenn es dann ein Museum sein soll, das Museum des Musiktheaters! Wir fühlen uns verpflichtet, lebendige Arbeit an der Tradition zu leisten, und stehen in ähnlicher Weise wie in der Ökologie unserer äußeren Lebensumstände vor dem Problem, unser historisches Bewußtsein zu retten. Das bedeutet: alles zu tun, um die Ressourcen unserer geistigen Vergangenheit lebendig zu erhalten für die Zukunft. Wir stehen also Seite an Seite mit den Ökologen, wenn wir für das Erhalten des Geschichtsbewußtseins eintreten. Das Zentralproblem unserer Zukunft ist es, die Indolenz und den sich ausbreitenden Nihilismus zu bekämpfen. Die Nostalgie ist nur ein modisches Symptom für die Sehnsucht nach geistiger Substanz und nach Form.

4. Das vierte Thema ist am schwersten zu beantworten: *Die Oper ist teuer* oder zu teuer, sie verschlingt hohe Subventionen, sie hat immer geringer werdende Einnahmen und höher werdende Kosten. Dabei sind die Kassen der öffentlichen Hand leer, das Sparen ist groß geschrieben, und die Gefahr besteht darin, daß, wenn schon gespart werden muß, es bei der Kultur anscheinend am wenigsten wehtut. Wenn heute die Personalkosten fast 90 % eines Betriebes ausmachen, so ist daran der Apparat des Musiktheaters schuld mit Orchester, Chor, Ballett, Solisten, Technik, Werkstätten und Verwaltung. Hinzu kommen die verkürzten Arbeitszeiten, die Sozialprobleme, Altersvorsorge, immer neue Tarifverträge und nicht zuletzt die steigenden Materialpreise.
Diese Kostenentwicklung kann nicht aufgefangen werden durch höhere Einnahmen. Deshalb arbeitet die Zeit gegen die großen Apparate, gegen die Musiktheater; aber wir müssen uns deswegen auch um so intensiver Gedanken machen, wie wir diesen programmierten Selbstmord des Theaters verhindern können. Auf die Gefahr hin, mißverstanden zu werden, spreche ich es hier an dieser Stelle aus: Es gibt nach meiner Meinung eine Radikalkur: den stärkeren Rückgriff auf das privatwirtschaftliche Denken, auf die Ökonomie im Betrieb. Das Stadttheater mit seinen drei Gattungen ist unrentabel, weil es seine Kapazität nicht ausschöpfen kann. Deshalb ist das nächste Gebot die Trennung der Gattungen und die Ausnutzung der Kapazität in jeder einzelnen Gattung. Das setzt als zweites voraus: publikumswirksames Theater, volle Häuser, volle Kassen, mehr Mobilität und Attraktivität im Spielplan. Die Situation erfordert unsere Bereitschaft, auf hohem Niveau auch Unterhaltung zu bieten. Dazu gehören der Tanz, das klassische Ballett, das Musical und die wenigen uns noch verbleibenden klassischen Operetten. Den Unterhaltungscharakter der Kunst sollten wir akzeptieren! Notwendig ist aber auch, die künstlerische Arbeit besser zu verkaufen! Notwendig auch Rationalisierung, Zusammenarbeit der Bühnen untereinander. Die Gefahren des

Musiktheaters sind heute: Verlust an Publikum, zunehmende Verbeamtung des Betriebs, übermäßige Spezialisierung und dadurch Unbeweglichkeit.

5. *Die Oper ist zu provinziell!* Wir haben Schallplatten, wir besitzen eine Stereoanlage zu Hause, wir schalten Radio und Fernsehen ein als Ersatz für die zu teure Oper, oder, wenn wir Oper einmal richtig sehen wollen, dann reisen wir in die Zentren nach Hamburg, München, Mailand, London, Wien und sehen dort optimale Vorstellungen.
Nun, dieses Vorurteil kann ich kurz abtun. Die Originalität der Aufführung ist unersetzbar, jede Aufführung des Theaters live hat ihre besondere Atmosphäre, hat ihr besonderes Fluidum. Oper im Fernsehen ist eine Reduktion im Format, in der Tonqualität und nur ein Schatten dessen, was Oper wirklich als Erlebnis sein kann. Ich halte ganz ehrlich nichts von dem Vorschlag meines sehr geschätzten Kollegen Rolf Liebermann, daß die Theater zum Filmproduzieren übergehen sollen und daß damit eine Demokratisierung der Oper eingeleitet werden soll. Ich glaube, das ist nur die Übertragung der Oper in ein anderes Medium und keine endgültige Lösung. Die Oper hat heute auch in den mittleren und kleineren Theatern eine Chance.
Erstens, weil der internationale Sängernachwuchs eine bessere mittlere Qualität, ein höheres Niveau im Laufe der Jahrzehnte erreicht hat. Es gibt weniger Spitzensänger, aber in der Breite der Theater ist ein höheres Niveau erreicht. Für die Entwicklung von Talenten braucht man die Pyramide aller Theater – von den kleinen zu den mittleren bis zu den Spitzenbühnen.
Und zweitens, weil die Oper sich zum *Musiktheater* entwickelt hat. Inszenierung und Dirigat zusammen mit der Ensemblewirkung haben eine Chance, selbst wenn es an Spitzenkräften fehlt. Felsenstein, Rennert, Wieland Wagner haben das Musiktheater entwikkelt. Die Ensembleleistung, die Gesamtinterpretation des Werkes bieten auch kleineren Bühnen die Möglichkeit, überzeugende Aufführungen zustande zu bringen.
In der Interpretation gibt es zwei Wege: Die einen sind der Meinung, daß nur eine divergierende Interpretation zwischen

Musik und Regie die zukünftige Lösung sei. Nach Adorno soll die «Spannung zwischen dem musikalischen Medium und dem szenischen erweckt» werden, damit «die Oper aufs neue die Kraft eines geschichtlichen Bildes erlangen» kann. Die Spannung besteht darin, dem Regisseur die Freiheit zu geben, unabhängig von Text und musikalischer Form, seine eigenen Visionen zu entwickeln – auch wenn diese neurotisch sind –, zu aktualisieren, zu entmythologisieren und zu schockieren. Die andere Version ist größtmögliche musikalische Kongruenz, Interpretation eines Musikwerkes aus der Musik heraus. Die Musik soll dominieren, die Szene interpretiert die musikalische Form. Regisseure dieser Art sind Ponnelle, Schenk, Strehler und viele andere. Es gibt die beiden Wege; man muß sich entscheiden, welchen man gehen will. Jedenfalls: an Spontaneität, Dynamik und Phantasie fehlt es dem Musiktheater nicht. Je mehr das Schauspiel sich in die Rationalität zurückzieht, desto mehr Bedeutung gewinnt Musiktheater als Ausdrucksform der menschlichen Ganzheit: des Bewußtseins und der unbewußten Kräfte.

Es steht trotz allem, wie ich meine, nicht schlecht um unser Musiktheater: Wenn wir uns alle, die wir Musik auf der Bühne lieben, für dieses Musiktheater einsetzen! Die Zeit ist günstig. Die vielen Opernproduktionen im Fernsehen haben ihre Wirkung getan und neues Publikum mobilisiert. In Amerika gibt es ein eigenes Fernsehprogramm mit klassicher Musik und Oper, es werden in vielen Städten jetzt neue Stagione-Theater gegründet. In England ist Musiktheater so populär wie nie zuvor – selbst bis in die kleinsten Provinzstädte hinein werden Operntourneen organisiert. Die Musik wird immer wichtiger für unser Leben. Mit dem Auftreten der Beatles hat die Musik der Jugend ein neues, sich immer wieder modisch wandelndes Lebensgefühl vermittelt. Noch nie zuvor war so viel Musik in der Welt – triviale, mißbrauchte, kommerzialisierte Musik, die unser Leben durchdringt oder verändert, ohne daß wir etwas anderes dagegen tun können als abzuschalten – oder den gedankenlosen Konsum durch bewußtes Hören zu ersetzen. Aussteigen aus der akustischen Manipulation und sich Qualitätsmaßstäbe aneignen! Diese Tendenz ist ganz deutlich in der Entwicklung zur klassischen Musik hin spürbar. Sie zeichnet sich im Schallplattengeschäft ab. Irrationale Werte gewinnen für unsere Existenz an Bedeutung. Das mag zusammenhängen mit der wachsenden Furcht vor dem Fortschritt, mit der Abwehr gegen die Zubetonierung unserer Existenz. Das utopische Bewußtsein verlagert sich nach innen in die Welt der Phantasie, des Mythos, der Seele und in religiöse Bereiche. Woran das liegt? Unsere Welt zeigt undurchschaubare sinnentfremdete Strukturen. Aus der Schwierigkeit, die Zukunft vorauszusehen, entsteht die Frage nach der Herkunft, nach den Konstanten im Wandel der Zeiten. Da bieten sich wieder die Archetypen an, von Ödipus, von der großen Mutter, vom Über-Ich – all diese Urbilder, die in der Musik am ersten ihre Gestaltung finden und durch die Musik den Zugang eröffnen zum Unbewußten, in dem wir alle Trost und Hilfe brauchen. Die Klage des Orpheus wird gehört in unserer Zeit, und Mozart erfüllt uns mit jener höchsten Seligkeit, die wir in unserem trostlosen Alltag vermissen. Die Aufgabe scheint mir, der Verödung der Individualität entgegenzuarbeiten. Dies können wir unter anderem dadurch, daß wir der Musik mehr Vertrauen schenken in unserem Leben, die vox humana wieder zum Klingen bringen.

Die Erneuerung des Musiktheaters aus dem Geiste des Barock

Eine Untersuchung der Spielpläne der europäischen Opernhäuser hat ergeben, daß sich in den letzten Jahren in stark zunehmendem Maße eine Tendenz ausgeprägt hat, die man als die *Wiederentdeckung der Barockoper* für das Repertoire bezeichnen könnte. Selbstverständlich hat es auch in den fünfziger und sechziger Jahren bemerkenswerte Aufführungen von Opern des 17. und 18. Jahrhunderts gegeben; besonders die Festspiele von Aix-en-Provence, Glyndebourne, Herrenhausen, Schwetzingen, die Händelfestspiele in Göttingen und Halle und die englische Händel-Society haben um die Wiederentdeckung barocker Opernwerke große Verdienste. Diese Festspiele waren und sind auf die Pflege barocker Musik spezialisiert; im alltäglichen Repertoire der Opernhäuser dagegen blieben Werke vor Gluck und Mozart seltene Ausnahmen. Wenn es zu solchen Aufführungen kam, wurden meist modernisierende musikalische Bearbeitungen gespielt. Dirigenten und Orchester fühlten sich nicht kompetent für «alte Musik»; Regisseure und Dramaturgen scheuten die Auseinandersetzung mit der Mythologie in barockem Gewande; Opernsänger hielten die Einstudierung barocker Rezitative und Arien für eine mühselige und undankbare Aufgabe, die sie gerne einigen wenigen Spezialisten überließen. Obwohl zahlreiche Kammerorchester längst Erfahrungen mit barocker Instrumentalmusik gesammelt hatten, blieben die Opernhäuser zurückhaltend.

Dieser Zustand beginnt sich in den siebziger Jahren zu ändern. Während in den Spielzeiten 1970 bis 1975 durchschnittlich etwa 7 Neuinszenierungen barocker Opern an europäischen Bühnen feststellbar sind, steigt diese Zahl von 1976 bis 1979 auf durchschnittlich 12 Neuinszenierungen. In den Spielzeiten 1980 bis 1983 springt die Zahl dann überraschend auf 21 Neuinszenierungen. Eine deutliche Spielplanwende zeichnet sich ab. Die Scheu vor den Stilproblemen der Barockoper scheint sich zu verlieren.

Das Hauptinteresse unter den barocken Komponisten gilt *Claudio Monteverdi*. In den letzten 10 Spielzeiten können 15 Inszenierungen von «L'Incoronazione di Poppea», 10 Inszenierungen von «Il Ritorno d'Ulisse in Patria» und 6 Inszenierungen von «L'Orfeo» nachgewiesen werden. Der erste große Meister der Oper ist dank verschiedener dem Geiste des 17. Jahrhunderts verpflichteten Interpretationen für das Opernrepertoire neu erschlossen worden. Auch das Werk von *Georg Friedrich Händel* setzt sich immer stärker im Repertoire durch. Das betrifft sowohl die Opern «Julius Cäsar» (6 Inszenierungen), «Xerxes» (6 Inszenierungen), «Alcina» (5 Inszenierungen) und «Agrippina» (5 Inszenierungen) – aber auch die Oratorien, die szenisch interpretiert werden: «Saul» (4 Inszenierungen), «Jephta» (4 Inszenierungen), «Belsazar», «Semele», «Heracles» (je 2 Inszenierungen).

An weiteren barocken Erfolgskomponisten sind zu nennen: *Francesco Cavalli,* dessen Opern «L'Ormindo» und «La Calisto» je 4mal inszeniert wurden, *Henry Purcell,* dessen «Fairy Queen» und «Dido and Andreas» 4mal Premiere hatten, und *Jean Philippe Rameau,* von dem «Hippolyte et Aricie», «Platée», Castor et Pollux» und «Dardanus» je 2mal neu herauskamen.

Erwähnt werden müssen noch die frühen römischen Kirchenopern: «La Rappresentazione di anima e di corpo» von *Emilio de' Cavalieri,* die sogar von fünf verschiedenen Bühnen gezeigt wurde, und «Il Sant'Alessio» von *Stefano Landi* mit drei Inszenierungen.

Es tauchen in der Liste der aufgeführten Barockopern weiter folgende Komponistennamen auf: Johann Christian Bach, Biber, Caccini, Caldara, Campra, Cesti, Graun, Keiser, Lully, Pepusch, Scarlatti, Stradella, Telemann, Vinci und Vivaldi. In zehn Jahren sind in Europa mindestens 165 von der Fachpresse registrierte Inszenierungen von Barockopern nachweisbar; wahrlich eine bedeutsame Trendwende in den Spielplänen.

Das vom Geiste Richard Wagners geprägte Vorurteil des späten 19. Jahrhunderts gegenüber dem Kastraten- und Primadonnenkult der barocken Oper mit ihrem Rezitiv-Arien-Schema, ihren Haupt- und Staatsaktionen, ihren Göttern, Heroen, Nymphen und Hirten, scheint sich zu verlieren. Statt dessen zeigt sich ein Wetteifer von Dramaturgen und Dirigenten, in Archiven und Bibliotheken unbekannte Werke zu entdecken und zu entschlüsseln. Immer

mehr Erst- und Neueinspielungen barocker Opern kommen auf den Schallplattenmarkt. Jede Schallplattenfirma von künstlerischem Renommee hat jetzt ihre besonderen Interpreten für Opern der Frühzeit. Die wichtigsten sind: Michel Corboz, John Eliot Gardiner, Nikolaus Harnoncourt, Raymond Leppard, Jean-Claude Malgoire, Neville Marriner, Vittorio Negri.
Ganz gewiß ist dieser neue Trend nicht ohne Vorgeschichte. Im Werke von Richard Strauss werden barocke Motive wieder aufgenommen und einverwandelt in den Reichtum spätromantischer Harmonik. Der «Rosenkavalier», «Ariadne auf Naxos», «Daphne» sind die bekanntesten Beispiele für eine Metamorphose barocker Spielvorlagen in die Opernästhetik der nachwagnerischen Epoche. Hugo von Hofmannsthal war der große Erneuerer des barocken Theatergeistes, Max Reinhardt sein kongenialer Szeniker. Carl Orff hat in den zwanziger und dreißiger Jahren aus ganz anderen Ursprüngen heraus viel zur Wiederentdeckung von Monteverdi beigetragen. In England hat Benjamin Britten die Formen und Motive der Barockmusik in sein musikalisches Werk integriert.
Daß die barocke Oper sich neu ins Bewußtsein drängt, ist indirekt eine Folge der Krise der Neuen Musik. Die Opernpraxis der letzten Jahrzehnte hat ergeben, daß von den vielen Uraufführungen neuer Werke des Musiktheaters nur wenige beim Publikum Anklang gefunden haben. Der Graben zwischen den Hörgewohnheiten des Opernpublikums und den Klangvorstellungen zeitgenössischer Komponisten wurde immer tiefer. Die Institutionen des Musiktheaters sind jedoch auf Publikum angewiesen. Da die Zahl der publikumssicheren Werke ständig zusammenschmilzt, müssen immer neue Ausgrabungs- und Wiederentdeckungsversuche gemeldet werden, um die Oper lebendig zu erhalten. Die Zahl der existierenden Werke wird auf etwa 60 000 geschätzt, davon etwa 20 000 aus dem 17. und 18. Jahrhundert. Es besteht also – auch wenn keine neuen Werke komponiert werden würden – kein Grund, den baldigen Tod der Oper zu befürchten.
Hinter diesem pragmatischen Repertoire-Ersatz ist jedoch fraglos auch eine Tendenz spürbar, die auf Wandlungen des Zeitgeistes schließen läßt.

Theodor W. Adorno hat in seinem Aufsatz «Der mißbrauchte Barock» Barock als einen Prestige-Begriff definiert. «Wer heutzutage von Barock schwärmt, stellt dadurch unter Beweis, daß er zur Kultur und überhaupt dazugehört... Die allgemeine Rede vom Barock ist Ideologie im genauen Sinn falschen Bewußtseins.»* Mit diesem Verdikt Adornos muß sich heute jeder auseinandersetzen, der die Wiederentdeckung der Barockmusik und des Barocktheaters zu ergründen versucht. Adorno glossiert die Konzerte mit alten Instrumenten bei Kerzenlicht, die Festspiele mit ihrem elitären Publikum, kurz: die restaurativen Tendenzen des Musikmarktes und die affirmativen Praktiken der Musikmacher. Aber Adorno und die Theaterkritiker aus seiner Soziologenschule machen es sich zu leicht, wenn sie dekretieren, was richtiges und falsches Bewußtsein in Sachen Barock sei. Sie setzen ein ideologisches Wertsystem voraus, das alles beargwöhnt, was nach Lust und Einverständnis, Rückfall und falscher Entspannung aussieht. Hinter dieser kritizistischen Haltung, vertreten mit dem Gestus der Aufklärung und dem utopischen Blick des Fortschritts, verbirgt sich eine Sensibilität des Schmerzes, der Verweigerung, die in die intellektuelle Isolation führen muß. Dieses Wertsystem ist durch die traumatischen Erfahrungen Adornos und seiner Generation bedingt. Sein «Widerwillen gegen das Leichengift der Normalität»* erzeugt eine geradezu allergische Abwehrhaltung gegenüber Publikumserfolgen, hinter denen Marktmanipulationen und Propagandaeffekte vermutet werden.
So wichtig die kritische Sonde Adornos für die Bewußtseinsanalyse sein mag, seine Ideologiekritik kann keinesfalls als alleinige Erklärung geistesgeschichtlicher Vorgänge dienen. Denn ganz gewiß vollziehen sich Wandlungen des Weltbildes nicht nur nach Klassengesetzen, sondern auch aus den Motivationen des kollektiven Unbewußten heraus. Auch kollektiv werden psychische Verdrängungen und Kompensationen wirksam. In Mythen, Märchen, Legenden und Bräuchen spiegeln sich Vorgänge des kollektiven Unbewußten. Die Welt der Seele findet ihren symbolischen Ausdruck in der Welt der Dinge. «Das universale Symbol ist in den Eigenschaften unseres Körpers, unserer Sinne und unseres Geistes verwurzelt, die allen Menschen gemeinsam und daher nicht auf

* Literaturverzeichnis siehe Seite 198

einzelne Individuen oder spezifische Gruppen beschränkt sind.»*
Die Sprache der Symbole mag für Generationen unverständlich werden, an der Wahrheit und Wirksamkeit dieser Sprache, wie sie in Mythen und Träumen aller Kulturen vorkommt, ist jedoch nicht zu zweifeln. Nach Claude Lévi-Strauss hat die Musik sich in dem Maße entwickelt wie das mythische Denken seine Rolle im öffentlichen Bewußtsein verlor. «Es sieht tatsächlich so aus, als habe die Musik damals, als sie die einzelnen Satzformen einführte, nur jene Strukturen wiederentdeckt, die bereits im Bereich des Mythos vorhanden gewesen waren.»*

Wir vergessen nur zu leicht, daß unser Denken von Emotionen abhängig ist. Das, was wir «mit dem Herzen» denken, sagen, tun, prägt sich unserem Bewußtsein ein, das intellektuelle Erlernte unserer Schulweisheit verflüchtigt sich nur allzu rasch. Das rationale Verhalten unseres Geistes, das heute nur zu sehr überschätzt und überfordert wird, ist nicht zu trennen von den Regungen unserer Seele.

Von größtem Einfluß auf unsere psychische Existenz kann Musik sein. Sie ist nach barocker ebenso wie heutiger Erkenntnis ein Schlüssel zur Seele. Daß Musik eine psychosomatisch heilende Kraft hat, wußten schon die alten Griechen. Bei Martin Luther lesen wir: «Musik ist die Kunst der Propheten, die einzige Kunst, welche den Aufruhr in der Seele besänftigen kann...» In der Barockmusik sollte die Darstellung der Affekte clemenza und temperanza, Milde und Mäßigung, erzielen. Johann Mattheson, in seinem Werk «Der vollkommene Capellmeister», schrieb 1739: «Musica ist eine Wissenschaft und Kunst, geschickte und angenehme Klänge kluglich zu stellen, richtig aneinanderzufügen und lieblich heraus zu bringen, damit durch ihren Wohllaut Gottes Ehre und alle Tugenden befördert werden.»*

Die Wirkungen der Musik sind unserer Zeit nur allzu bewußt geworden. Musik beeinflußt unser Konsumverhalten, Musik macht Menschen abhängig und süchtig; Musik ist besonders für viele Jugendliche zu einem Rauschmittel geworden, ohne das sie die Welt nicht mehr ertragen können. Es ist Musik, die seelisch abstumpft und das Nervensystem zerrüttet. Dagegen die Heilkräfte der Musik neu zu entdecken, ist eine wichtige Aufgabe unserer Zeit. Die Psychotherapie versucht heute wieder anzuknüpfen an das barocke Wissen um das Affektsystem der Klänge. Was ist der Grund für die unvorstellbare Begeisterung der Besucher barocker Aufführungen, etwa der Monteverdi-Aufführungen des Zürcher Opernhauses? Sicher nicht nur die Bewunderung bravouröser Leistungen von Sängern und Musikern. Das Publikum wird ergriffen von einem elementaren Staunen über Klänge und Bilder, die neu sind und zugleich alt, die eine fremde Sprache sprechen und einen einfachen Sinngehalt ausdrücken. Musik hat versunkene Urbilder wiedererweckt, seelische Harmonien zum Klingen gebracht.

Das ist mehr als ein humanistisches Bildungserlebnis oder eine historische Erkenntnis: Es entstehen psychische Energien, die über den Abend hinaus weiterwirken. Adorno verdächtigt diese Faszination als Flucht in eine heile Welt, als restaurative Tendenz. Aber sind nicht alle Kulturepochen bestimmt durch die Faszination einer Vergangenheit, in der der Vor-schein der Zukunft gesucht wird? Die verschiedenen Formen der Wiederentdeckung antiker Kunst, Literatur und Philosophie in der Wende von der Romanik zur Gotik (um 1300), in der italienischen Renaissance (16. Jahrhundert), im Barock, im Klassizismus, im Symbolismus zeigen, daß die Rückwendung zu geistigen Quellen der Vergangenheit immer wieder neue Kunst entstehen läßt.

Vielleicht ist die Wiederentdeckung der barocken Oper ein Symptom für das Wiederauftauchen mythologischer Bilder in unserem Bewußtsein. Die langjährige Verdrängung der Märchen, Legenden, Götter- und Heldensagen durch die Dominanz der Rationalität führt zu einer neuen unbewußten Affinität für den Klang- und Bildzauber der barocken Oper.

Aus der menschlichen Emotion entsteht der Gesang. Wir freuen uns, den Augenblick mitzuerleben, in dem das Gefühl sich in Musik verwandelt. Orpheus rührt die Natur mit seinen Klagen ebenso an wie die Götter. Eurydike, in die Unterwelt verbannt, kann ihre Liebe nicht vergessen. Daphne, die von Apollo in einen Lorbeerbaum verwandelt wurde, vertraut ihre Gefühle den Winden an. Ariadne, von Theseus verlassen, auf einsamer Insel, sucht Trost in Träumen und Gesängen, bis Dionysos ihre Sehnsucht

stillt. Auch die Sage von Alkestis, die sich für ihren Gatten Admet opfert und für ihn in die Unterwelt geht, von Herakles auf die Erde zurückgeholt wird, bietet reiche musikalische Anlässe. Jasons Argonautenzug mit seinen Kämpfen und Abenteuern, die Heimkehr des Odysseus zu seiner treuen, von Freiern umworbenen Penelope, die untrennbare brüderliche Freundschaft der Dioskuren Kastor und Pollux: dieses sind die von Göttern geleiteten, verbannten, befreiten Helden der barocken Oper; um sie herum Nymphen, Erinnyen und selige Geister, zuweilen auch komische Domestiken, Ammen, verliebte Schäfer und Schäferinnen.
Griechische Götter- und Heldensagen werden ergänzt durch römische Poesie. Vergils Erzählung von der Liebe Didos zu Aeneas gibt den Stoff zu Purcells erster englischer Oper. Auch die Geschichte der Kreuzzüge in der poetischen Vision Torquato Tassos ist ein beliebtes Opernthema. Die Gestalt Tancreds vor Jerusalem, seine Abenteuer, vor allem seine Liebe zur tapferen Clorinda, ihre Taufe und ihr rührender Tod haben nach Monteverdi viele Komponisten angeregt. Ariosts «Orlando furioso» ist bis zu Joseph Haydn eine beliebte Operngestalt.
Die hellenistische und römische Geschichte mit ihren Feldherren und Kaisern, ihren Heldinnen und Kurtisanen eröffnet ein weiteres Bilderbuch barocker Opern und Oratorien. Die Barockoper verwendet historische Gestalten, wie Alexander, Xerxes, Julius Cäsar, Nero, Agrippina, als mythische Figuren, um an ihnen ihre Affekte musikalisch zu demonstrieren. Liebe und Haß, Freude und Trauer, Eifersucht und Großmut sind wichtiger als die Darstellung historischer Ereignisse. Die barocken Helden tragen geschichtliche Namen, leben jedoch im Kostüm und in der Kulissenwelt des 17. und 18. Jahrhunderts. Oftmals – besonders bei Händel – dienen sie als Synonyme für Personen der Zeitgeschichte.
Als die barocke Oper in England in eine Krise geriet, schuf Georg Friedrich Händel aus einer Mischung englischer und italienischer Chor- und Oratorientraditionen seine großen theatralischen Oratorienwerke, die vorwiegend alttestamentarische Stoffe gestalten: Saul, Jephta, Samson, Belsazar, Judas Makkabäus sind die Helden dieser als geistlich mißverstandenen Dramen, in denen der Chor die gleiche Rolle wie in der griechischen Tragödie übernimmt.

Das Theater hat zu Recht diese Werke adaptiert und sie aus dem sakralen Rahmen herausgelöst.
Wenn die barocke Kunst als eine Initiative der Gegenreformation nach dem Tridentinischen Konzil gilt, und der jesuitische Stil für den Kirchenbau in Mitteleuropa bestimmend wurde, so ist die Entstehung der Oper unabhängig von dieser religiösen Erneuerungsbewegung. Die Oper ist eine weltliche Kunst, sie diente dem Unterhaltungs- und Repräsentationsbedürfnis der Höfe. Eine Ausnahme davon bildet die römische Kirchenoper, in der das geistliche Oratorium szenische Formen annahm. Die Werke von Cavalieri, Landi, Stradella, die ebenfalls in den letzten Jahren wiederaufgeführt wurden, zeigen die Vita eines Heiligen, ausgeschmückt mit den Figuren der Versuchung und der Verherrlichung. Andere Werke versinnbildlichen die katholische Tugend- und Sakramentenlehre. Die Grenzen zwischen konzertanten und szenischen Oratorien ist fließend.
Der barocken Phantasie, die die Kuppeln und Decken der Kirchen mit einem ins Unendliche zerfließenden Himmel voller Heiligen und Engeln ausmalte und in allen Gestalten die dramatische Pose ausstellte, ist die ganze Welt Theater. Der Lebensstil, die Art, sich zu bewegen, zu kleiden, Feste zu feiern bis hin zum Bestattungszeremoniell: Alles ist Welttheater, ist Kunst des Scheins, Maskerade, Spiel mit Kulissen und Perspektiven. Die Nacht wird mit Beleuchtungs- und Feuerwerkskünsten zum Tag, der Tag im Kerzenlicht der Theater und Kirchen in Nacht verwandelt. Die Natur wirkt in den Parkanlagen und Wasserspielen als Theaterszene, auch die Jagd ist Theater der Selbstdarstellung. Das Theater weiß, «daß es nur ein Trug ist, und macht gar keinen Hehl daraus. Es will gar nichts anderes sein als ein Gemächte aus Schein. Es will die Sinne unterhalten, aber niemals die Vernunft betören. Es ist wirklicher Schein in der scheinbaren Wirklichkeit.» (R. Alewyn)*
Symmetrie ist das Gesetz dieser theatralischen Welt, dies gilt für die Architektur ebenso wie für den Tanz und die Musik. Und immer führt die Symmetrie der Kulissen, Auftritte, Musiksätze zur Zentralperspektive, dem ins Unendliche verlegten Blickpunkt. Die Unendlichkeit kann auch durch ein theologisches, heraldisches oder literarisches Symbol ersetzt werden. Der barocke

Strahlenkranz ist Ausdruck der Leibniz'schen Philosophie, nach der unsere Welt die beste aller denkbaren Welten sei. Und dies in einer Epoche nicht abreißender Religions-, Erbfolge- und Eroberungskriege, die Mitteleuropa entvölkerten.

Der barocke Geist ist in dem Gegensatz strahlender Feste und verheerender Seuchen, des Roi soleil und der verhungernden Bauern, der ecclesia triumphans und der vanitas mundi zu suchen. Alle Lebens- und Jenseitsfreude überdeckte eine latente Melancholie; die hektische Vergnügungs- und Spiellust sollte leere Zeit und Langeweile vertreiben, denn hinter den Fassaden lauerte der Tod. Man solle einen König niemals allein lassen, sagt Pascal, damit er nicht in die Lage komme, über sich nachzudenken, denn die Leute, die den König umgeben, wissen, «daß er dann – wie königlich er immer sei – unglücklich wird»*.

Das Musiktheater unserer Zeit hat diese barocke Szenerie neu entdeckt und sich durch sie befreit vom Stildiktat des Realismus. Es ist wieder möglich geworden, Götter aus dem Schnürboden oder aus der Versenkung auftreten zu lassen, ein Meer durch die alte Wellenmaschine zu imitieren: Der bewußte Rückgriff auf die Mittel der Rollen- und Versenkbühne gibt dem Theater die Naivität des Theatralischen zurück. Hier scheiden sich allerdings die Geister. Während viele Regisseure und Bühnenbildner die alten Techniken bewußt imitieren, um die Ganzheit der barocken Theatralik wiederzugewinnen, ist dies für andere ein verpönter Historismus. Sie suchen den Kontrast der barocken Stoffe und Musiken zur heutigen Welt durch die Verwendung moderner Materialien und Ausstellungstechniken herzustellen; das allzu bequeme Einvernehmen des Publikums mit dem schönen Schein soll vermieden werden. Es gilt als altmodisch, das ästhetische Material zu «verdoppeln». Beide Wege haben ihre Kritiker und Apologeten. Mit dem Begriff der Werktreue ist diese Problematik nicht zu bewältigen, da jede Interpretation subjektiv ist und eine objektive Werkgestalt in der darstellenden Kunst nicht fixiert werden kann. Den Modernisten, die das «Leichengift der Konformität» scheuen und statt dessen ihre Patienten im Publikum mit Schocktherapie und allopathischen Verfremdungen kurieren wollen, sei die Erkenntnis ins Stammbuch geschrieben, daß unser historisch entfremdetes Publikum zunächst einen Anspruch darauf hat, die Werke in ihrer Zeitgestalt kennenzulernen, bevor es die aktuellen Kommentare heutiger Inszenatoren verstehen kann. Wir haben in den letzten Jahrzehnten die Homöopathie schätzen gelernt gegenüber einer allzu fortschrittlichen Pharmazeutik. So mag es auch sein im Umgang mit historischen Kunstwerken. Das Theater der Effekte und Verstellungen, der Karrieren und Neurosen, hat nur kurzfristigen Informationswert. Die viel wichtigere Kulturaufgabe unserer Zeit liegt in der gleichsam ökologischen Erhaltung unseres historischen Bewußtseins.

Das betrifft auch das Wesen barocker Theaterwerke, das in der Homogenität und Simultaneität verschiedener Künste besteht. Jedes musikalische Thema, jede Figur und jedes Bild muß dem Ganzen verbunden sein. Barockes Denken bedeutet, wie schon Heinrich Wölfflin gewußt hat, die Macht, sich andere Künste ein- und unterzuordnen. Dies ist eine wichtige Schule für unser monomanes Spezialistentum. Die Koordination von Bild, Tanz, Gebärde, Musik macht die Qualität einer barocken Opernaufführung aus.

Musik dient im Barock der literarischen Vorlage. Claudio Monteverdi hat im Nachwort zu seinen «Scherzi musicali» seinen musikalischen «Stile concitato» als «seconda pratica» definiert: Daß die Rede die Herrin und nicht die Dienerin der Harmonie sein soll. Damit begründet er die Verwendung chromatischer Intervalle, um besondere Affekte, Charaktere oder dramatische Situationen in der musikalischen Deklamation darstellen zu können.

Die Wiederaufführung von Barockopern setzt das Studium dieser Musiktheorie voraus. Die Rhetorik der literarischen Vorlage, die den barocken Helden Gelegenheit gibt, ihre Freude und ihren Schmerz, ihren Zorn und ihre Mäßigung, ihre Tapferkeit und ihre Frömmigkeit – und in all diesen Affekten ihre besondere Humanitas – zu zeigen, diktiert Melodie, Metrik und Harmonik. Eine Ode wie das «Alexanderfest» von Georg Friedrich Händel ist ein Schulbeispiel für die Mittel, die möglich sind, um in verschiedenen Situationen die Macht der Musik zu zeigen. Händel verstand sich als echten Humanisten, der im Sinne der frühen Aufklärung durch die Darstellung der Affekte den Menschen bessern wollte.

Große Besetzungsschwierigkeiten entstehen für die musikalische Interpretation der Barockopern durch die zahlreichen Kastratenpartien. Das barocke Musikverständnis hat die Rolle des Helden in der Sopran- oder Altstimmlage gehört. In der Tradition des katholischen Kirchengesanges, die für die Ausbildung von Sängern bis zum Ende des 18. Jahrhunderts verbindlich war, offenbart die Knabenstimme den Angelus-Charakter der Musik. Die Oper ist von ihrer Entstehung an mit diesem christlichen Gesangsideal verbunden, weshalb anfangs auch Frauenrollen von Sängern dargestellt werden. Erst später trat neben den Prim'uomo die Primadonna. Bei heutigen Aufführungen von Barockopern gibt es die Alternative, die Kastratenpartien entweder mit Frauenstimmen zu besetzen (meist Mezzosopran) oder Countertenöre heranzuziehen. Dieser vornehmlich in England gepflegte Gesangsstil gewinnt immer mehr Anhänger. Die Künstlichkeit barocker Theaterrollen in der Scheinwelt der gemalten Szenerie findet in der hohen Männerstimme ihren entsprechenden Ausdruck. Die Koloraturen und Fiorituren der Barockmusik, noch zu Beginn unseres Jahrhunderts als ästhetische Entartung und Unsitte bekämpft, werden neu verstanden als Kunst der Improvisation und der Ausdrucksgestaltung. Die verschiedenen Formen der gesanglichen Verzierung dienen nicht nur selbstgefälliger Artistik, sondern vielmehr der Darstellung des Affektes – und hierin entwickelt der barocke Sänger seinen eigenen Stil. Daß die Oper nicht nur in den Gesang gesteigerte Wirklichkeit zeigt, sondern auch – und zu Recht – Belcanto ist, bedarf heute keiner Apologie mehr.
Wer barocke Menschen auf die Bühne stellt, wird sehr bald feststellen, daß ihre Bewegungen und Gebärden der Tanzkunst entstammen. Der höfische Stil des Barockzeitalters war geprägt durch die tänzerische Ausbildung, ohne die weder Geselligkeit noch Repräsentation vorstellbar sind. Gottfried Taubert, «Rechtschaffener Tanzmeister», schrieb 1717 in seiner «gründlichen Erklärung der französischen Tanzkunst»: «Tantzkunst ist die erste unter den Ritterlichen Exercitiis, welche den übrigen die Thüre auf- und zuschließt, und durch deren wohlgeordnete Ausübung der menschliche Leib zu allen Verrichtungen agil und geschickt gemacht, das Gemüth recreiret und gestärcket, die Lebensgeister

ermuntert und zu allen wichtigen Geschäfften gleichsam auf das neue beseelet werden.»* Wie man sich «proportionierlich stellen, nette gehen und eine galante Reverence machen», wie man sich mit dem Bon Air und Porte les bras «vergesellschaftet», wie man die verschiedenen Tänze – Courante, Menuet und Bourrée vor allem – lernen kann, um schließlich auch im theatralischen haute danse zu brillieren, all das lehrte der Tanzmeister, der an den meisten Höfen eine bedeutsame Rolle spielte. Wir vergessen heute nur zu leicht, daß die Formen der Barockmusik ursprünglich Tänze waren, die von der galanten Welt beherrscht und vom Bürgertum nachgeahmt wurden. Unsere Metren sind steif und akademisch gegen die fließenden, hüpfenden, springenden und schwingenden Tanzrhythmen der Barockzeit, in der der Körper in jeder Lebenslage seine eigene Ausdruckssprache hatte. Da die Tanzschrift dieser Jahrhunderte überliefert und auch längst entziffert ist, kommt es darauf an, die alten Tänze mit ihrem Charme und ihrer Eleganz wiederzubeleben.

Aufführungen von Barockopern müssen hier ein Exempel statuieren. Es geht nicht darum, etwas Manieriertes und Exzentrisches neu in Mode zu bringen, sondern darum, den seelischen Ausdruck in den Formen der Körpersprache wiederzufinden und Anschauung zu bieten für unsere Jugend, die tanzen will und sich der Ballettwelt sehnsüchtig ergeben hat.

Nur wenn die «Klangrede»* der barocken Oper kundig und intuitiv, phantasie- und temperamentvoll angewendet wird, kann die musikalische Faszination dieser Werke zustandekommen. Es ist noch nicht lange her, da galt Barockmusik als gleichförmig und langweilig. Inspirierte Musiker haben dieses Vorurteil widerlegt. Es genügt allerdings nicht, diese Musik zu dirigieren. Nicht der Taktstock ist für die Barockmusik zu gebrauchen, sondern der Zauberstab der Phantasie, der Orchestermusiker in selbstverantwortliche Interpreten verwandelt. Dazu gehört ebenso die Schule der Improvisation wie der Mut zu alten Spieltechniken. Trotzdem ist ein wirklicher Barockmusiker nie ein Subjektivist im Sinne unseres modernen Geschmäcklertums. Er weiß sich auch gefeit gegen den Positivismus alter Prägung, nur das zu spielen, was geschrieben steht. Es hat sich seit langem herausgestellt, daß zwei gleiche Noten bei verschiedenen Komponisten oder in verschiedenen Werken etwas ganz anderes bedeuten können und deshalb anders zu spielen sind. Sicher ist es auch ein Resultat barocker Musikerfahrungen, Noten als Zeichen für geistigen Ausdruck neu lesen zu lernen.

Keine Epoche scheint unserem Zeitgeist fremder zu sein als die Barockzeit. Große Repräsentation ist bei aufrechten Demokraten verpönt; die Kunst, Feste zu feiern, ist uns abhanden gekommen. Richard Alewyn, einer der genauesten Kenner der Epoche, schreibt: «Das barocke Fest ist eine sublime Form des Müßiggangs, ein zur Kunst erhobener Genuß, durchaus zu nichts nütze und damit eine Herausforderung für bürgerliche Gesinnung.»* Wer will in unserer dem Fetisch Arbeit dienenden Zeit, ohne ein schlechtes Gewissen den Müßiggang feiern? Müßiggang: Das ist heute Arbeitslosigkeit oder sogenannte Freizeit – Zeit frei von Arbeit. Zeit für Müßiggang und zu Kunst erhobenem Genuß? Wir kritisieren die maßlose Verschwendungssucht des Barock, durch die nicht selten das Volkseinkommen eines Jahres in wenigen Wochen und Tagen verspielt wurde. Aber waren diese Feste nicht auch Investitionsprogramme, um Tausende von Handwerkern, Kaufleuten und Künstlern zu beschäftigen? Schlösser, Kirchen, Paläste und Parks sind die Relikte dieser «Verschwendungssucht», die wir noch heute bestaunen. Sind wir heute in unserem demokratischen und sozialistischen Zeitalter frei von Verschwendung? Wir geben Unsummen aus für unser absurdes Militärtheater, für Waffensysteme, die nur dazu dienen, nicht gebraucht zu werden. Was bleibt davon anderes übrig als ein Schrotthaufen? Auch unsere Epoche kennt die Verschwendung – und auch heute lauert hinter den Fassaden der Sicherheitspolitik die Angst vor dem Tod. Unsere Schaulust wird durch die Flimmerkästen des Fernsehens befriedigt, das «Fest» findet in den häuslichen vier Wänden statt. Aber Vereinzelung führt zur Verstummung. Seelische Passivität ist nicht mehr fähig zur Kommunikation. Wir müssen deshalb wieder lernen, miteinander zu spielen, Feste zu feiern, zu tanzen und zu musizieren.

Braucht es noch eines Alibis für die Absicht, barockes Theater zu reaktivieren? Wir sollten versuchen, unsere barocke Tradition zu

neuem Leben zu erwecken, statt sie nur in Museen zu konservieren. Barocke Kirchen und Schlösser, Theater und Parks sind theatralische Gefäße, die mit Inhalt gefüllt werden müssen, damit das barocke Gesamtkunstwerk sich neu darstellen kann. Nicht die Flucht in eine angeblich heile Welt ist das Ziel, sondern der Versuch, unsere neurotische und sinnentleerte Zeit durch Theater, Musik und Kunst neu zu beseelen und vielleicht ein wenig zu heilen. Die Wiederentdeckung der barocken Oper kann mit dazu beitragen, unsere Augen zu öffnen für den Sinngehalt mythischer Figuren, für die Poesie der Bewegung und unsere Gefühle durch die Sprache der Musik zu sensibilisieren.
Unserer Zeit wird immer mehr bewußt, daß Fortschritt mit kulturellen Verlusten verbunden ist. Es besteht wahrlich kein Anlaß, die zivilisatorischen Errungenschaften des 20. Jahrhunderts überheblich gegen die Scheinwelt des Barock auszuspielen. Not, Krieg und soziale Ungerechtigkeit gab es damals wie heute. Nur die Ideologien haben sich geändert und mit ihnen die Maskeraden unserer privaten und öffentlichen Spiele. Es muß im ethnologischen Vergleich der Epochen eine offene Frage bleiben, wann und in welcher Form sich der Sinn unserer Menschenexistenz erfüllt. Der drohende Verlust unseres Geschichtsbewußtseins entleert unsere Zukunftshoffnungen. Der wahre Fortschritt kann nur im Bewahren unserer geistigen Ressourcen liegen. Was bleibt, wenn alle aufgeklärt sind? Ein Land der «toten Seelen»? Wehe der Generation, die Musik, Theater, Kunst nicht mehr nötig hat! «Kann man nicht endlich begreifen, daß alle äußeren Änderungen und Verbesserungen die innere Natur des Menschen nicht berühren, und daß doch schließlich alles davon abhängt, ob der Mensch, der die Wissenschaft und Technik handhabt, zurechnungsfähig sei oder nicht» (C. G. Jung).*

Das religiöse Musiktheater der Gegenwart

«Ich glaube wirklich an eine Erneuerung der liturgischen Musik. Die Ars sacra entfaltet ihre edelste Blüte in der Verfolgung. Und da man anscheinend der Kirche einiges Unrecht zugefügt hat, nehme ich an, daß die Atmosphäre für geistliche Werke günstig ist.»* Der dieses Credo abgegeben hat, ist ein Komponist, von dem man es gewiß nicht erwartet: Es ist Claude Debussy, indem er seine Musik zu «Le Martyre de Saint-Sébastien» ankündigt. Es handelt sich um eine denkwürdige Aufführung: Am 22. Mai 1911 wurde im Pariser Théâtre du Châtelet das Mystère von Gabriele D'Annunzio (in fünf Handlungen mit Gebets-Prolog), zu dem Claude Debussy die Musik geschrieben hatte, uraufgeführt. Die Tänzerin Ida Rubinstein war die gefeierte Interpretin des Hl. Sebastian. Dargestellt wurden nach dem Bericht der acta sanctorum die Versuchungen, Wunder und endlich das Martyrium dieses adonishaft schönen Jünglings, der in Todessehnsucht und masochistischer Ekstase unter den Pfeilen der Bogenschützen zusammenbricht und mit dem Gesang der Engel und Heiligen ins himmlische Paradies eingeht. Die Aufführung war Signal und Skandal zugleich. Der Erzbischof von Paris drohte dem Autor, den Interpreten und sogar dem Publikum die Exkommunikation an. Das Werk D'Annunzios wurde bald darauf indiziert. Trotz oder vielleicht gerade wegen dieser Begleitumstände war der Erfolg so groß, daß die Aufführung 1920 in das Repertoire der Grand'Opéra de Paris übernommen wurde. Die Macht der Kirche reichte nicht – oder besser – nicht mehr aus, ein Verbot durchzusetzen.

Geschichtlicher Exkurs

Religiöse Themen auf der Musikbühne – das ist ein langer kulturgeschichtlich-faszinierender Roman, der beginnt mit der Sacra Rappresentazione in Italien, den Mystères in Frankreich, den Miracles in England und den deutschen Mysterienspielen, die das späte Mittelalter zur Verkündung des Glaubens entwickelte, in der

* Literaturverzeichnis siehe Seite 199

Römischen Oper der Kardinäle seinen Höhepunkt findet und im 19. Jahrhundert vorläufig endet bei «Parsifal» und «Evangelimann» – ein Roman voll theologischer Euphorie und voll von inquisitorischen Drohungen, Verdächtigungen und Verboten. Eigentlich hätte es nie zu diesen unerfreulichen Auseinandersetzungen kommen müssen, wenn Komponisten, Librettisten und Theaterleute sich von Anfang an daran gehalten hätten, ausschließlich die antike Mythologie und die römische Geschichte theatralisch wiederzuerwecken. Orpheus, Eurydike, Daphne, Ariadne waren die apollinischen Gestalten der ersten Musikfabeln; römische Helden, deren Affekte sich in Musik umsetzen ließen, ergänzten das Personenverzeichnis der barocken Oper bis tief ins 18. Jahrhundert. Freilich war dieses Theatervergnügen der feudalen Gesellschaft während der Fastenzeit sowie an Sonn- und Feiertagen. nicht erlaubt. In dieser Zeit dominierte die musica sacra, die hervorgegangen war aus dem Betsaal des *Hl. Filippo Neri*. Die Geschichte des Oratoriums führt einerseits zurück zu der Sacra Rappresentazione des späten Mittelalters und der Renaissance und bewahrt damit einen theatralischen Keim – andererseits sind es die Laudi, aus denen sich die epische Form gesungener biblischer Berichte entwickelt hat. Das Oratorium ist damit sowohl in seiner lateinisch-liturgischen wie italienisch-volksnahen Form eine episch-dramatisch-lyrische Mischform, die verschiedene Aufführungsmöglichkeiten zuläßt. In einer so von der Theaterleidenschaft geprägten Zeit wie der ersten Hälfte des 17. Jahrhunderts, in der ein erfolgreicher Komödienautor – der Kardinal Ruspigliosi – als Clemens IX. den Heiligen Stuhl besteigen kann; in der der deutsche Kaiser – Leopold I. – als Opernkomponist gefeiert wird, in einer solchen Zeit wird auch während der Fastenzeit Theater gespielt: religiöses Theater. Es ist die Epoche der Gegenreformation, in der die römischen Kirchenopern und jene österreichischen Kirchenzeremonien entstehen, die als Santo sepolcro in die Theatergeschichte eingegangenen sind. Der ganze Kirchenraum des Barocks mit Malerei, Skulptur, Musik und zeitweilig auch musikalischen Aufführungen wird zum Teatrum Dei.

Im Jahre 1600 wurde in Rom im Oratorio S. Maria della Vallicella eine musikalisch-religiöse Allegorie aufgeführt, die den Beginn der Kirchenoper bedeutet: «La Rappresentazione di anima e di corpo» von *Emilio de' Cavalieri.* Unter den zahlreichen Werken, die in klerikaler Konkurrenz zu den weltlichen Opernaufführungen in Florenz, Mantua und Venedig während der nächsten Jahrzehnte in Rom entstanden, ragt das Drama musicale «Il Sant' Alessio» von *Stefano Landi* (1632) heraus, die erste einer Reihe von Heiligen-Viten, die nicht nur der Erbauung, sondern auch wegen der zahlreichen komischen Szenen dem theatralischen Vergnügen dienten. Auch die musikalisch bedeutenden Oratorien von *Alessandro Stradella* einige Jahrzehnte später wurden szenisch aufgeführt.

Im 18. Jahrhundert hat das geistliche Oratorium mit Rezitativ, Arie und Chorfinale ganz die Opernform angenommen, bleibt jedoch von den weltlichen Bühnen getrennt. Die Versuche von Komponisten wie Rameau und Händel, alttestamentarische Stoffe auf die Bühne zu bringen, stießen auf die Opposition der Geistlichkeit. Der Puritanismus ging so weit, daß sogar Werke von Racine – wie «Athalie» und «Esther» – mit Musik übrigens – nur im privaten Gelände von Saint-Cyr aufgeführt werden konnten. Während *Rameau* seinen «Samson» komponierte, wurde er von den Jansenisten beschuldigt, «die heilige Geschichte in den Schmutz zu ziehen, indem er sie auf einem rein profanen Theater darstellt, das nur das Liebesleben der heidnischen Götter kennt»*. Rameau bearbeitete daraufhin seine Oper neu als «Zoroastre». Und *Georg Friedrich Händel,* der nach dem wiederholten Scheitern seiner Londoner Tätigkeit als Direktor der italienischen Oper in alttestamentarischen Stoffen eine englische Form des musikalischen Dramas gefunden zu haben glaubte, mußte erleben, daß der Bischof von London die theatergemäße Aufführung von «Esther» nicht zuließ. So wurde das Händelsche Oratorium konzertant aufgeführt, «obwohl diese Oratorien überhaupt nichts mit der Kirche zu tun haben und deren Unterstützung in keiner Weise benötigen« (P. H. Lang)*.

Das 19. Jahrhundert brachte vereinzelt die Verwandlung biblischer Stoffe in den Stil der großen Ausstattungsoper: so «Mosè» von Rossini, «Nabucco» von Verdi oder «Samson et Dalila» von Saint-

Saëns. Es ging dabei nicht mehr um religiöse Intentionen, sondern vorwiegend um das exotische Milieu, um den Geruch von Weihrauch, um Säbelgerassel und nationale Hymnen. Die allgemeine Säkularisation der Kirche machte religiöse Themen bühnenfähig, wobei Trivialisierung und Sentimentalisierung die unausbleiblichen Folgen waren.

Das Bühnenweihfestspiel Richard Wagners

Vor dem Hintergrund dieser Entwicklung gewinnt *Richard Wagners* Bühnenweihfestspiel «Parsifal» richtungweisende Bedeutung. Wagner unternimmt es – wie seinem, mit teils abstrusen, teils prophetischen Gedanken überfrachteten Aufsatz «Religion und Kunst» zu entnehmen ist – durch die Kunst der Musik, «den Kern der Religion zu retten» ... «Nur ihre endliche volle Trennung von der Kirche vermochte der Tonkunst das edelste Erbe des christlichen Gedankens in seiner außerweltlichen, neugestaltenden Reinheit zu erhalten.»* Für diese missionarische Absicht kam für Wagner die Oper in ihrer damaligen Verfassung nicht in Frage. Er erbaute in der Blütezeit des geistigen Materialismus der Gründerjahre seinen Kunsttempel in Bayreuth und zelebrierte dort 1882 vor einer verzückten Gemeinde seinen selbsterfundenen musikalischen Gralskult. Die anderen Bühnen durften erst nach Ablauf der urheberrechtlichen Schutzfrist an der neuen Kunstreligion partizipieren. Die erste «Parsifal»-Aufführung außerhalb von Bayreuth fand 1913 im Stadttheater Zürich statt.
Mit «Parsifal» hat ein neues Kapitel in der Behandlung religiöser Themen auf der Bühne begonnen. Die geläuterte Ästhetik läßt die Verdammungsurteile des Augustinus und anderer Kirchenväter wider das Blendwerk des Theaters und die Gottlosigkeit der Komödianten revisionsbedürftig erscheinen. Freilich nicht alle Christen unter den Anhängern Wagners konnten sich zu der neuen synthetischen Kunstreligion bekehren. Paul Claudel zollt dem Komponisten des «Parsifal» seine Bewunderung: «Wagner ist ein Held! Das Leben der anderen Künstler des 19. Jahrhunderts gleicht nur einem Entwurf: Er allein hat eine vollständige Entwicklung

durchlaufen» – aber er zitiert auch einen Kritiker: «Es gibt etwas Schöneres als Parsifal, nämlich jede beliebige stille Messe in jeder beliebigen Kirche.»* Und auch unter den Musikern selbst fand «Parsifal» nicht nur Zustimmung. Wieder zitiere ich Claude Debussy: «Parsifal ist eine hübsche Sache. Das ist Theater – dieses Gift der Vereinfachung ... Wagner weiß zu gut den Anfechtungen der Demut zu widerstehen, als daß er der Religion zu ihrem Ruhme dienen könnte. Für das Gebet sind seine Attitüden zu dramatisch. Er löst sich nicht von seinen hochfliegenden und künstlichen Theorien.»*

«Le Martyre de Saint-Sébastien» von Debussy

Der Kreis schließt sich. *Debussy* will seinen musikalischen Traum mit der vollkommensten Selbstentäußerung schreiben, keine üppig aufgeputzte Kunsttheorie vorführen. «Ich will von dem Land in meinem Innern singen, mit der naiven Treuherzigkeit eines Kindes»*, heißt es in seinem eigenen Kommentar. Das ist neu in der Erfassung eines religiösen Themas nach «Parsifal»: die Naivität, der Kindertraum. Und so entstehen Engelschöre, Sphärenmusik neben blendenden Fanfarenklängen und Kriegslärm. Das «Martyrium des Hl. Sebastian» ist kein Chef d'Œuvre Debussys, aber ein sehr symptomatisches Werk, das in der symbolistischen Zeitstimmung starke Beachtung fand. Im übrigen ist es ein Schauspiel, dessen gesprochener Text melodramatisch unterstützt, in der Hauptrolle von einer Tänzerin pantomimisch dargestellt wird. Die mittelalterliche Legende nimmt bei D'Annunzio lasziv-erotische Züge an, die Nachbarschaft zur «Salome» von Oscar Wilde und Richard Strauss ist unverkennbar. Debussy jedoch wollte nicht die raffiniert-grausamen Klänge der Verführung malen, sondern auf seine Art der Naturfrömmigkeit sich wieder der ars sacra nähern. Sein Versuch ist aus Zeitnot in der Improvisation stecken geblieben, aber er wird «als etwas ganz Neues und Großartiges» (H. Strobel) verstanden. Und Arthur Honegger bekennt: «Ich habe nie ‹Le Martyre de Saint-Sébastien› ohne tiefe Ergriffenheit angehört. Gewisse Stellen erwecken unbestreitbar den Eindruck des Unvollendeten, des Skizzenhaften. Andere sind vielleicht das Schönste, das er je geschrieben hat... Wunder des Genies!»*

«Roi David» – bei Honegger und Milhaud

Zehn Jahre nach dem Werk von Debussy schreibt *Honegger* selbst Musik zu einem religiösen Schauspiel. In Mézières, einem Waadtländer Bauernhof in der Nähe von Lausanne existiert in einem Obstgarten das Théâtre du Jorat. Es ist echtes Volkstheater. René Morax schreibt die Texte, inszeniert und spielt selbst. Er gab Arthur Honegger 1921 den Auftrag zur Musik für sein biblisches Drama «Le Roi David». In seiner autobiographischen Schrift «Ich bin Komponist» erinnert sich Honegger: «Die Aufführungen dieses Werkes und zumal ihre Vorbereitung gehören zu meinen allerschönsten Erinnerungen. Selige Zeiten! Studenten, Bauern, Fachleute arbeiteten in Begeisterung zusammen. Drei Maler... malten die Kulissen und Kostüme. Es gab siebenundzwanzig Bilder, und es kamen Wagen auf die Bühne, von lebendigen Pferden gezogen. Der Erfolg krönte unsere Mühen.»* Aus diesem Gelegenheitsauftrag wurde eine der bedeutendsten, formal neuartigsten szenischen Bibelvertonungen des 20. Jahrhunderts – vom Theater bis heute nicht richtig adaptiert und deshalb als «Symphonischer Psalm» ein Werk des Konzertsaals. Die Konzertpraxis hilft sich heute mit einem Sprecher, der die Handlung zwischen den Solo-, Chor- und Orchesterstücken erzählt – also wieder der Testo des alten Oratoriums. Aber das Werk mit seinen dramatischen Situationen, dem Kampf mit Goliath, dem Tanz vor der Bundeslade, der Krönung und schließlich dem Tod Davids gehört auf die Bühne – nicht als psychologisch-realistisches, sondern als episches Theater einer kraftvollen religiösen Demonstration. Honegger hat mit einem ersten Zugriff eine neue Theaterform geschaffen: gesprochenes Wort, vermischt mit großen Chören und einzelnen Gesangssolisten – eine sehr reizvolle, manchmal bewußt grelle Instrumentation mit Betonung der Blasinstrumente und des Schlagzeugs. Die Mischung episch-dramatisch-lyrischer Elemente, wie sie in den frühen Kirchenopern vorkam, wird aus neuem Geiste wiederbelebt.

Darius Milhaud, Freund Honeggers und wie er Mitglied der «Groupe des Six», die für die französische Musik im 20. Jahrhundert so bedeutend werden sollte, hat 1952 ebenfalls ein Werk über den «David»-Stoff geschrieben, eine durchkomponierte Oper, die 1954 in Jerusalem uraufgeführt wurde und zum nationalen Musikdrama des jungen Staates Israel werden sollte. «Dieses Abenteuer gehört zu den bewegendsten meines Lebens ... Die Sänger sangen ihre eigene Geschichte und das Publikum nahm an der Verherrlichung seines Nationalhelden großen Anteil», heißt es in der Autobiographie des Komponisten*. «Als David sich am Ende des dritten Aktes entscheidet, Jerusalem zur Hauptstadt zu bestimmen – ebenso wie die Israeli-Regierung –, da bemächtigte sich eine kollektive Erschütterung der Zuschauer, und während sich der Chor ‹Jerusalem, Jerusalem› entfaltete, hatte man das Gefühl, daß alle von *einem* Atem erfüllt seien.» Alttestamentarischer Stoff erhält durch Milhaud – der selber jüdischen Glaubens war – höchste Aktualität und zudem eine neue integrierende Kraft. Diese spätere «David»-Oper ist undenkbar ohne den großartigen Impuls von Arthur Honegger, der einen neuen, antiwagnerianischen Weg zum biblischen Mythos gefunden hatte.

«Judith» bei Honegger und in der Barockmusik

Honeggers nächstes Stück, ebenfalls für das Dorftheater von Mézières konzipiert, war seine «Judith». Auch hier wieder Szenenmusik zum gesprochenen Text von René Morax. Diesmal nicht die Abbreviatur einer Lebensgeschichte, sondern die Konzentration auf die Tat der Judith, die Ermordung des Assyrer-Feldherrn Holofernes, durch die das Volk Israels und die Stadt Bethulien errettet werden. Honegger nähert sich mit dieser dramatischen Szene der Oper, und da die Aufführung in Mézières nicht den gewünschten Erfolg hatte, entschloß er sich zur Umarbeitung und nannte die zweite Fassung: «Ernste Oper in drei Aufzügen».

Das Judith-Thema ist alter barocker Oratorienstoff. *Antonio*

Vivaldi hat 1716 ein «sacrum militare oratorium» «Juditha triumphans» in lateinischer Sprache komponiert, das als Allegorie für aktuelle venezianische Kriegsereignisse verstanden wurde. Holofernes ist in dieser Deutung der Türkenkönig, «und alles verweist darauf, wie sicher die Flotte der Venezianer siegen wird», hieß es in dem angehängten Carmen allegoricum*. Diese vaterländische Inanspruchnahme des Alten Testamentes ist nichts Neues, wie wir sehen. Sie ist in den Oratorien Händels, in denen die Geschicke der Israeliten ein Synonym für nationale englische Interessen waren, ebenso deutlich erkennbar wie in Giuseppe Verdis «Nabucco», der Nationaloper des Risorgimento. Vivaldi-Kenner bezeichnen das Oratorium «Juditha triumphans» als die beste Oper des Komponisten. Alles ist in der Tat sehr opernhaft, nicht nur die Folge von langatmigen Rezitativen und schönen, vom Orchester begleiteten Arien, es vollzieht sich wirklich eine Handlung auf der imaginären Oratorienbühne, und Judith schlägt zu einem erregten Streichertremolo Holofernes sichtbar den Kopf ab. Dagegen ist «La Betulia liberata» – die Azione sacra, zu der der fünfzehnjährige *Wolfgang Amadeus Mozart* die Musik geschrieben hat – ein langweilig-beschaulicher theologischer Disput, obwohl kein Geringerer als *Pietro Metastasio* das Textbuch geschrieben hatte. Bei Mozart wird die grausige Tat in einen Bericht verwandelt. Giuditta schildert die Szene sehr naturalistisch in einem Rezitativ den erschüttert-erstarrten Bürgern von Bethulien und empfiehlt dann den Toten zur Nachsicht: «Wir wollen besser von ihm denken. Vielleicht ist der Schleier, der seine Sinne verdunkelte, nun plötzlich gewichen!»* Milde und Großmut entsprechen der Religiosität des späten 18. Jahrhunderts. Aus ihre konnte die Mozartsche Melodie erblühen, die den Glauben an eine bessere Welt nie verleugnet.

Was Arthur Honegger, Komponist der krisenerfüllten Zeit nach der Menschheitskatastrophe des Ersten Weltkrieges, aus diesem Stoff gemacht hat, läßt sich am besten daraus erkennen, was er *nicht* daraus gemacht hat, obwohl die entsprechende Literatur der Zeit ihm zur Verfügung gestanden hätte. Seine Judith tötet Holofernes nicht aus Liebe, Mannstollheit, Eifersucht, politischem Ehrgeiz oder Emanzipationssucht, sondern aus nachtwandlerischer Hingabe an die religiös verstandene Aufgabe, ihr Volk vor dem

Untergang zu bewahren. Wenn man das Stück aus dem Geist der Zeit interpretieren will, so ist es das pazifistische Engagement einer Frau für den Frieden, der symbolhafte Mord an einem Feldherrn. Freilich, große Kunstwerke bleiben vielen Deutungen offen – und Honeggers Oper «Judith» ist in ihrer dramatischen Ballung, in der kontrastreichen musikalischen Graphik ein leider viel zu selten gespieltes Meisterwerk. In der strengen Form der «Judith» ist bereits das religiöse Thema der «Jeanne d'Arc au bûcher» von 1935 enthalten.

Claudel/Milhaud: «Christophe Colombe»

Darius Milhaud freilich war Honegger in der weiteren Entwicklung des szenischen Oratoriums religiöser Thematik zuvorgekommen. Dabei ist der Einfluß von *Igor Strawinsky* unverkennbar. Sein 1926/27 entstandenes szenisches Oratorium «Oedipus Rex» mit statuarischem Chor und dem verbindenden Testo, für den Jean Cocteau die Texte geschrieben hatte, wirkte stilbildend. Das gilt auch für die musikalische Technik, die Themen von Bach, Händel, Mussorgsky und Verdi zu einer eigenen Form verschmilzt. Dazu Strawinsky: «Man knüpft an eine Tradition an, um etwas Neues zu machen.»* Dieser Satz könnte auch für *Paul Claudel* gelten, der der eigentliche Inspirator für Milhaud und Honegger wurde. Milhaud hatte ersten Kontakt mit Claudel gewonnen, als er das Experimentier-Theater in Hellerau besuchte, wo der Schweizer Tanzpädagoge Emile Jaques Dalcroze einen neuen Bewegungsausdruck für die Musik entwickelt hatte. Diese Ideen sind für die Gestaltung religiöser Themen auf der Bühne stilbildend geworden. Milhaud war später Claudel persönlich sehr eng verbunden, zeitweilig als sein Privatsekretär. Höhepunkt ihrer künstlerischen Zusammenarbeit wurde die Uraufführung des «Christoph Colombe» in der Berliner Lindenoper im Jahr 1930. H. H. Stuckenschmidts Bericht* über dieses Ereignis ist eine klassische Dokumentation für jeden, der heute mit dabei sein will. Paul Claudel wurde zu seinem Werk angeregt durch Max Reinhardt, der ein Gegenstück zu «Mirakel» von Karl Vollmoeller

(1911) suchte, jene berühmte Massen-Inszenierung um eine Marienstatue, die das mittelalterliche Mysterienspiel wiedererweckte; auf die dann der «Jedermann» und Hugo von Hofmannsthals «Großes Welttheater» folgen sollten. Max Reinhardt gebührt zweifellos das Verdienst, die barocke Welttheater-Idee mit neuem Leben erfüllt zu haben. Er wollte mit dem Claudel angebotenen Stück in Amerika auf Tournee gehen – und so fiel ein Scheinwerferlicht auf die Gestalt des Columbus, der von sich bekennt: «Ich bin die Taube, Christi Trägerin, Botschafter Gottes; Träger Christi ist mein Name.»* Es ist hier nicht die Möglichkeit, die 27 Bilder dieses Hunderte von Mitwirkenden umfassenden, irdischen und überirdischen Theaters näher zu charakterisieren. Der Chor wird zum eigentlichen Träger dieses aus vielen realistischen und symbolischen Partikeln zusammengesetzten Spektakels, das gesprochenes, gesungenes, pantomimisch dargestelltes Theater mit Projektion und Film zusammenbindet zu einer großen katholischen Apologie des Columbus. Die Musik von Darius Milhaud ist genauso universell in der Verwendung ihrer Mittel wie das Buch von Claudel. Tedeum und Hallelujah-Gesänge werden kontrapunktiert mit polytonalen Klängen von großer Härte und raffinierter Sprach- und Gesangsrhythmik. Milhaud hat später an der dramaturgischen Form des Werkes weitergearbeitet, die beiden sehr verschiedenartigen Teile umgestellt, so daß der gebrochene und gescheiterte Columbus am Anfang steht und die Oper dann mit der Landung in der neuen Welt unter den Klängen des Tedeums endet. Auch dies war nicht die letzte Bühnen-Variante des großen Columbus-Textes. Jean-Louis Barrault hat versucht, das Werk wieder für die Schauspielbühne zurückzugewinnen, und Milhaud war so selbstlos, hierfür aus Themen der Oper eine neue Bühnenmusik zu schreiben.

Die Zusammenarbeit von Honegger und Claudel

Die großen szenischen Entwürfe Claudels bedürfen der Musik. Dies gilt auch für den «Seidenen Schuh», zu dem Arthur Honegger die Musik komponiert hat. Honegger beschreibt die Zusammenarbeit mit Claudel so: «Was ihn fesselt ist nicht die Oper oder das lyrische Drama an sich, denn er bedauert die herkömmliche Aufteilung, nach der auf der Bühne alles gesungen werden muß, auch das, was niemals singbar ist. Er möchte, daß das Theater alle Elemente des Schauspiels vereine und ein jedes darin seinen ihm zukommenden Platz fände. Für jedes Werk, das ich mit ihm zu bearbeiten die Freude hatte, gab er mir Szene um Szene, fast könnte ich sagen, Zeile um Zeile den musikalischen Aufbau der Partitur an...» Ein Beispiel aus «Jeanne d'Arc au bûcher»: «Szene 1 – Die Stimmen im Himmel: Man hört einen Hund heulen in der Nacht. Einmal, zweimal. Beim zweiten Mal mischt sich mit dem Geheule das Orchester in einem Schluchzen oder unheimlichen Gelächter. Beim dritten Mal die Chöre. Dann Schweigen. Es folgen die Stimmen der Nacht über dem Walde, denen sich vielleicht, sehr zart, Trimazos Lied und eine helle Nachtigallenweise anfügt. Schweigen und während einiger Texte schmerzliche Versunkenheit. Dann von neuem der Chor mit geschlossenem Mund. Crescendo. Diminuendo. Dann deutliche Stimmen: ‹Jeanne Jeanne Jeanne!›»*

Damit sind wir bei dem nächsten bedeutenden Beispiel eines religiös bestimmten Werkes in der neuen Mischform von gesprochenem und gesungenem Wort, von Szene und Konzert. «Jeanne d'Arc au bûcher» ist 1938 von Paul Sacher in Basel im Konzert aufgeführt worden und 1942 in Zürich zum erstenmal auf die Bühne gekommen. An der Entstehung dieses Werkes in enger Zusammenarbeit mit Claudel ist «eine unvergleichliche Interpretin und Gönnerin» (Honegger) beteiligt. Ida Rubinstein – wie wir uns erinnern, die Darstellerin des Hl. Sebastian in der Komposition von Debussy. Ida Rubinstein, russische Tänzerin, Schauspielerin und später Choreographin, hat eine große Zahl bedeutender Kompositionen in Auftrag gegeben und kreiert, so «Bolero» und «La Valse» von Ravel, «Kuß der Fee» und «Persephone» von Strawinsky, «Amphion» und «Semiramis» von Honegger. Ida Rubinstein war eine der faszinierendsten Künstlerpersönlichkeiten der ersten Jahrhunderthälfte; sie hat sich als Medium der Literatur, Musik und des Tanzes aufgefaßt und dank ihrer reichen Mittel eine Mäzenatenrolle gespielt wie kaum eine Frau vor ihr. D'Annunzio hat sie eine Künstlerin genannt, «deren Kopf gehüllt ist in die Schleier des Traumes und des Schmerzes wie bei der Statue der Athene von Lemnos, deren Körper die strengste Form hat, die sich denken läßt, und deren ganze Persönlichkeit mystische Glut atmet»*. Diese Ardeur mystique ist es, die sie zur Muse für Honegger bestimmte. Sie hat denn auch die erste Jeanne verkörpert. Die Idee zu einem Werk über das Thema der Jeanne d'Arc ist ihr bei der Aufführung eines Mysterienspiels durch Studenten der Sorbonne gekommen. Claudel hatte sich anfangs geweigert, das Thema aufzugreifen, weil es schwierig ist, «eine historische Erscheinung in einen fiktiven Rahmen zu stellen»*. Aber dann fand er doch den Zugang, indem er die Historie mit den theatralischen Mitteln des Mysteriums behandelte. Stimmen des Himmels stehen Stimmen der Erde gegenüber; der Gerichtshof wird als Tierpantomime dargestellt (die Rolle des Gerichtsvorsitzenden übernimmt Porcus, das Schwein), das Intrigenspiel der Mächtigen wird durch Spielkarten symbolisiert; im Glockenspiel kommt die Frömmigkeit des Volkes zum Ausdruck. Und schließlich zerreißt Johanna in den Flammen ihre Ketten und damit das Band, das die Seele an den Leib bindet; sie verkündet im Tode die Liebe Gottes, und der Kinderchor jubelt wie mit Engelsstimmen: «Wohl keinem ward eine größere Gnad, denn sein Leben zu weihen dem, den er liebte.»* In diesem großen episch-meditativen und lyrisch-hymnischen Werk verbinden Claudel und Honegger katholischen Mystizismus mit französischem Nationalismus. «Jeanne d'Arc au bûcher» wurde zum dichterischen Fanal der französischen Widerstandsbewegung, und als 1950 die erste Aufführung in der Pariser Oper stattfinden konnte, fügten die Autoren einen Prolog hinzu, in dem das befreite Vaterland verherrlicht wird. Arthur Honegger, der protestantische Schweizer, hat die Musik zur katholischen Verklärung der französischen Nationalheldin geschrieben – eine Musik, die in ihrer unmittelbaren Wirkung seine eigene Forderung erfüllt, «eine Musik zu schreiben, welche für die große Masse der Hörer verständlich und doch vom Banalen so weit frei wäre, daß sie auch noch die wirklichen Musikfreunde zu fesseln vermöchte ...»*.

Aus der Klarheit und naiven Monumentalität dieser französischen Heiligenlegende zu dem grüblerisch-schwerblütigen Musikgemälde, in dem zur gleichen Zeit ein deutscher Komponist seine künstlerische Konfession theatralisierte: *Paul Hindemiths* «Mathis der Maler». Am 28. Mai 1938 – im gleichen Jahr wie «Jeanne d'Arc au bûcher» – fand in Zürich die Uraufführung des in Deutschland unterdrückten Werkes statt. Paul Hindemith steht in einer anderen Tradition: Er bekennt sich kompositorisch und rednerisch immer wieder zu Johann Sebastian Bach, durch den er die Rückkehr zur formalen Gesetzlichkeit und zur «natürlichen» Tonalität gefunden hatte. Sein «Mathis der Maler» ist jedoch auch nicht denkbar ohne die Vorbilder, die durch Hans Pfitzners «Palestrina» und Richard Wagners «Meistersinger von Nürnberg» gegeben waren.
«Palestrina» markiert dabei, obwohl 1917 uraufgeführt, nicht den Anfang einer neuen Entwicklung, sondern späte Nachblüte deutsch-romantischer Musik. Thomas Mann in seiner fast neurotischen, nur aus der Verletzlichkeit der Kriegsjahre verständlichen Pfitzner-Begeisterung bestätigt diese Einschätzung: «Dies Werk, etwas Letztes und mit Bewußtsein Letztes aus der schopenhauerisch-wagnerischen, der romantischen Sphäre, mit seinen dürerisch-faustischen Wesenszügen, seiner metaphysischen Stimmung, seinem Ethos von ‹Kreuz, Tod und Gruft›, seiner Mischung aus Musik, Pessimismus und Humor...»* «Palestrina» gehört nur indirekt in die Reihe der thematisch religiösen Opern. Obwohl «eine ganze Glorie von Engeln und Himmel... die Bühne füllt» und ihr Chor die Komposition einer neuen Messe inspiriert, ist es «das Erlebnis des Schöpfertums»*, um das es Pfitzner geht. Die Reflexion des Künstlers über die Entstehung des Kunstwerkes findet in sakralem Rahmen statt, die Messe Palestrinas, zugleich Pfitzners Messe, ist Symbol für das Wunder der Inspiration. Gegenüber der objektivierenden Tendenz der französischen Musik seit Debussy bleibt Pfitzner symptomatisch für die romantische Rückwendung ins Subjektive, die die «Sympathie mit dem Tode» dem Osterglauben vorzieht.
Das Thema des «Mathis» ist – genau wie bei «Palestrina» – die

Problematik des Künstlers in politisch-religiös zerrissener Zeit, die Spannung zwischen revolutionärem Engagement und dem meditativen Dienst am Werk. Seine eigene Situation in der ideologischen Wirrnis und Verblendung der Hitlerzeit hat er chiffriert dargestellt, und sein Bekenntnis kommt in der Metamorphose des Malers Mathis zum Heiligen Antonius, der seinen Versuchungen widersteht und von Paulus zur Lobpreisung des Himmels bekehrt wird, klar zum Ausdruck.

Erinnern wir uns an den «Fall Hindemith», jenem Versuch Wilhelm Furtwänglers, den Komponisten den Nazi-Ideologen mundgerecht zu machen, indem er ihn als «deutsch» charakterisierte «in seiner schlicht-handwerklichen Gediegenheit und gerade-kernhaften Art...»*. Die Nazis haben trotzdem auf Hindemith verzichtet. Paul Hindemith hat diese traumatische Verletzung, aus seiner Heimat verbannt zu sein, nur schwer überwunden; seine Oper spiegelt deutsche Zerrissenheit, deutsche Verinnerlichung und deutsches Künstlerethos. Romantische Stimmungen entstehen und verdichten sich zu visionärer Kraft: «Alte Märchen woben / Uns fromme Bilder, die ein Widerscheinen / Des Höheren sind. Ihr Sinn ist dir / Fern, du kannst ihn nur erahnen. / Und frömmer noch reden zu uns die Töne, wenn Musik, in Einfalt hier / Geboren, die Spur himmlischer Herkunft trägt»*. Das Engelskonzert entsteht, und die Szene verwandelt sich in ein allegorisches Spiel im Spiel, in dem wie in der barocken Kirchenoper Üppigkeit, Bettlerin, Buhlerin und Märtyrerin, Kaufmann, Gelehrter und Kriegsherr die Welt repräsentieren, um schließlich dem Heiligen Paulus das letzte Wort zur Bekehrung zu überlassen. Hindemith hat auch musikalisch in seine Sprache alte Volkslieder, die Streitgesänge der Reformation, den gregorianischen Choral und selbstverständlich die Bachsche Formenlehre integriert.

Auch Hindemiths letztes Bühnenwerk «Die Harmonie der Welt», uraufgeführt 1957, das die Gestalt des Mathematikers und Astronomen Johannes Kepler in den Mittelpunkt stellt, verwendet barocke Allegorik. Im Finale wird Kepler, ähnlich wie der Orfeo bei Monteverdi, in den Himmel entrückt. Die Szenenanweisung heißt: «Die Bühne... zeigt das prunkvolle Bild eines barocken Himmelsgemäldes, umrahmt von üppigen Säulen und Voluten...

auf der höchsten Stelle steht der Thron der Sonne»*. Die antiken Götter Venus und Merkur, Mars und Jupiter vermischen sich mit Sol, Luna und Saturn und demonstrieren die Harmonie der Welt, die Johannes Kepler entdeckt und beschrieben hat. Keplers letztes irdisches Wort freilich ist «Vergeblich – das wichtigste Wort am End, das man als Wahrheit tiefinnerst erkennt»*. In der psychischen Spannung von Melancholie und Verklärung liegt das Geheimnis der Kunsthaltung von Paul Hindemith.

Carl Orffs Welttheater

In den gleichen Jahren wie «Jeanne d'Arc au bûcher» und «Mathis der Maler» wurde auch das Welttheater von *Carl Orff* zum erstenmal sicht- und hörbar. 1937 war in Frankfurt die szenische Uraufführung seiner «Carmina burana». Keine durchgängige Handlung, sondern ein statisch-lyrisches Liederspiel, das vielseitige theatralische Möglichkeiten erschließt. Die Poesie des Fahrenden Volkes, mittelalterliche Frühlings-, Tanz- und Liebeslieder sowie höfische Szenen werden zusammengeschlossen durch den rhythmisch zündenden Fortuna-Chor. Das Rad der Fortuna wird zum Symbol dieses neuentdeckten Welttheaters. Orffs Bearbeitungen der Werke von Monteverdi, der Lukas-Passion, des Münchener Jesuitenspiels «Philothea» und der Lieder des Catull hatten die Voraussetzung geschaffen für diesen großen Wurf. Strawinskis Musiksprache in «Oedipus Rex» oder «Les Noces»hat deutlich ihre Spur hinterlassen. Aber Carl Orff ist das Verdienst nicht abzusprechen, durch seine Technik, den Rhythmus dem Melos überzuordnen, elementare Kräfte der Musikrezeption freigelegt zu haben. Sein «Weg zu den Ursprüngen» führt zu einer neuen Unmittelbarkeit, die allerdings manchmal die Gefahr der Trivialität nicht ausschließt. Gegen die «Versinnlichung» des Orchesterklanges, die Debussy erstrebt hatte, setzt Orff vor allem bei seinen antiken Tragödien und Spätwerken die «Vergeistigung». Sein Biograph formuliert: «Durch die von ihm in echt barocker Schauhaltung hier aufgebauten sinnlichen Gebilde blikken wir auf das Geistige des Lebenshintergrundes.»* Orffs Bemü-

hungen um mittelalterliche Quellen brachte ihn auch dazu, bayerische Mysterienspiele des 15. Jahrhunderts wiederzubeleben. Es handelt sich um die «Comoedia de Christi Resurrectione» (Osterspiel) und um das «Ludus de nato Infante mirificus» (Weihnachtsspiel). Beide Stücke sind hochkünstlerisch im Württembergischen Staatstheater Stuttgart zum erstenmal in Szene gesetzt worden; die Realisierung dieser Spiele kann jedoch auch mit wesentlich einfacheren Mitteln erfolgen, und jede Schule, die der musikalischen Ausbildung Orffs Methoden zugrundelegt, ist eigentlich prädestiniert, diese in ihrer Naivität so lebendigen komödiantischen Übungsstücke aufzuführen. Orff bedient sich bei der Darstellung der sakralen Szenen des Kunstgriffs, die Handlung durch beobachtende Figuren indirekt anschaulich werden zu lassen. Beim Osterspiel sind es die Soldaten vor dem Grab, die in rhythmisiertem bayerischen Dialekt – mit dem Teufel Karten spielend – die Passionsgeschichte berichten; als der Teufel sich überlistet sieht, hackt er sich mit dem Beil den Schwanz ab. Im Weihnachtsspiel sind es die Hexen, die die Christgeburt verhindern wollen, und später die Hirten, die im Schneegestöber die «Frau», den «Mann» und das «Kind» wahrnehmen und im Traum den Zug der Heiligen Drei Könige erleben. Nur am Schluß, wenn Kinder, Engel und Blumen die Ankunft des Infans mirificu feiern, erhält die Musik eine Funktion.
Nicht diese beiden kurzen, dem bajuwarischen Humus der geistigen Existenz Carl Orffs zuzurechnenden Spiele sind es, die hier volle Beachtung verdienen, sondern sein summum opus «De temporum fine Comoedia», an dem er vier Jahre gearbeitet hat, und das bei den Salzburger Festspielen 1973 eine beispielhafte Uraufführung fand. Diese Comoedia verzichtet auf jede Handlung, jede Individualität, jeden konkreten Schauplatz. Die Welt, unsere geschichtlich entstandene Menschenwelt, ist Gegenstand betrachtender Reflexion. Der Hauptdarsteller ist abwesend: Gott, der Schöpfer dieser Menschenwelt. Und alle, die mit ihren Gedanken und Befürchtungen den Raum erfüllen, stellen die Frage: «Was ist unser Ziel, ti estin to telos? Wann endet die Zeit?» Die Sonne verfinstert sich, der Himmel scheint eingestürzt mit all seinen Sternen – nihil restat. In dieser Endzeitsituation geschieht das

Einzig-Konkrete: Der Leibhaftige tritt auf, bekennt dreimal «pater peccavi». Die Trompeten schmettern. Dann heißt es in Orffs Regieanweisung: «Ein Lichtstrahl trifft die Gesichtsmaske, die herabfällt, man sieht ein blühendes Gesicht, Mantel und Krallen fallen ab. Er nimmt den Helm ab. Großes rotflutendes Haar. Es ist wieder Luzifer von einst.»* Die Menschen haben Gottes Ebenbild an den Teufel verraten, aber dieser hat unter seiner Maske die Uridee des Adam bewahrt. Und dann löst sich die Materie in Licht auf, in reinen Geist: Τα παντα νους. Wir hören ein himmlisch schönes Violenquartett in einem barocken Fugato ohne Ende – höchster und einfachster Ausdruck des Glaubens an die Harmonia mundi. Nie zuvor war die Welt selbst so zum Theater geworden, einem Theater, das mit Sibyllen und Anachoreten menschliche Mutmaßungen zitiert, um am Ende den dialektischen Gegenspieler des Creators als einen Komödianten zu entlarven: Ende der Maskerade. Die Menschen, die sich selbst zu Larven denaturiert haben, werden verschwinden; nur noch die Idee vom Ebenbilde Gottes bleibt bestehen. Carl Orff hat seinen teleologischen Menschheitstraum «Vigilia» genannt, ein neuer Morgen verscheucht den apokalyptischen Alb. Orff schreibt hierzu nicht eigentlich Musik; die Sprache selbst wird rhythmisiert, dämonisiert. Von atavistischem Stammeln bis zu den Vokalisen der himmlischen Chöre ist alle Ausdruckskraft konzentrierte Sprache. Orffs ureigener klanglicher Stil kommt in dieser Comoedia zur Vollendung. Die technischen, materiellen und geistigen Anforderungen an eine Aufführung dieses Werkes sind so groß, daß der Uraufführung der Charakter der Einmaligkeit anhaften dürfte. «In allem», sagt Orff von sich selbst, «geht es mir schließlich nicht um musikalische, sondern um geistige Auseinandersetzungen.»* Es wäre schade, wenn diese Auseinandersetzung um seine Comoedia wegen der selbstgeschaffenen Hermetik nicht zustande käme.

Das Mysterienspiel von Frank Martin

Während Honegger und Orff aus mittelalterlichen Quellen und frühbarocken Formen neue Anregungen schöpfen, läßt sich ein anderer Schweizer Komponist von den Kirchenfenstern gotischer Kathedralen inspirieren. Gemeint ist der Genfer *Frank Martin,* nahezu gleichaltrig wie Honegger und auch er in den Traditionen der französischen Musik geschult. Frank Martin ist später als Honegger zur sakralen Musik und zu Kompositionen für die Bühne gekommen. Wahre religiöse Musik mußte nach seiner Meinung einen kollektiven und fast anonymen Charakter haben. «Aber gerade auf Grund des Umstandes, daß eine allgemeine religiöse Übereinstimmung heute nicht mehr existiert, steht der Künstler, der ein religiöses Werk schaffen will, seinerseits vor der Unmöglichkeit, eine Basis für eine wirkliche und generelle Übereinstimmung mit dem Hörer zu finden. Jeder Hörer wird sein Werk von einem andern Standpunkt aus ansehen, und selbst diejenigen, die gegenüber der Religion die gleiche Haltung wie der Autor einnehmen, werden nicht durchwegs eine echte Beziehung zur Form und Bedeutung des Werkes finden ...»* Um sich von der Subjektivität so weit wie möglich zu entfernen, wählte er schließlich einen Text des späten Mittelalters: das Mysterienspiel des Magisters Gréban von etwa 1450: «Le Mystère de la Nativité». Frank Martin kommt es auf Simplicité und Pureté an, er will auch von nicht musikerfahrenen Hörern verstanden werden. Die französischen Mysterienspiele des 15. und 16. Jahrhunderts waren sehr aufwendige und kunstvolle Darbietungen, die ganze Orchester mit Trompeten, Geigen, Tamburins, Pfeifen, Lauten einsetzten, bei denen viele Lieder und Bibeltexte gesungen wurden; dazu kamen Tanzballaden und Pantomimen. Komische Episoden von derber possenhafter Manier drohten oft die Würde der heiligen Handlung zu stören. Diese Mysterienspiele, die in den Miniaturen des späten Mittelalters genau illustriert sind, enthielten in ihrer szenischen Struktur bereits alle Elemente des barocken Welttheaters: die dreigeteilte Bühne mit Paradies, Erde und Hölle; auf der Erde werden nebeneinander Simultanschauplätze aufgereiht, die später im Barock durch die Kulissenbühne ersetzt wurden. Frank Martin hat den Versuch unternommen, dieses Theater zu rekonstruieren. Sein Werk wurde konzertant 1959 in Genf und szenisch 1960 bei den Salzburger Festspielen uraufgeführt. Ein großer Erfolg blieb diesem musikalisch sehr sublimen Werk versagt, vielleicht, weil es Frank Martin nicht gelungen ist, seine mittelalterliche Vision mit gegenwärtigem Erlebnisgehalt zu verbinden.

Bohuslav Martinus Marienspiele

Zeitlich noch vor Orff und Frank Martin liegt *Bohuslav Martinus* Versuch, alte tschechische Marienspiele neu auf die Bühne zu bringen. In der Zeit seines Pariser Aufenthaltes (1923–1940) lernte er die Groupe des Six, vor allem die Werke von Honegger, kennen, wurde stark durch Strawinsky beeinflußt und konzipierte dann selbst mit volkstümlichen Themen und Texten ein neues – altes statisches Theater. Sein Streben ging nicht nach «Entfesselung der Leidenschaften oder nach dramatischen Situationen, sondern nach deren Fesselung in musikalischen Formen»*. Martinu sucht das Theater auf dem Theater und gibt deshalb genaue Anweisungen über das gesprochene und gesungene Wort, über die Gestik, den Tanz, die Pantomime. Der Chor rahmt die verschiedenen Spiele ein und ist als reagierendes Publikum gedacht. Vier Szenen werden dargestellt: «Die klugen und die törichten Jungfrauen» nach dem Evangelium des Hl. Matthäus, das flämische Mirakelspiel «Marijken von Nimwegen», für das Martinu einen Text von Henri Ghéon benutzt, die alte mährische Volksballade «Die Geburt des Henn» und schließlich das Mirakelspiel von der «Schwester Pascaline», das er als Halluzination deutet. Die Uraufführung dieser «Marienspiele» am 23. Februar 1935 im Brünner Nationaltheater war ein großes Ereignis; die Tatsache, daß das Werk den Staatspreis erhielt, zeigt, wie sehr die Tschechoslowakische Republik sich mit diesem kulturpolitischen Versuch, Brücken zur mittelalterlichen Volksgeschichte zu schlagen, identifizierte. Die deutsche Erstaufführung des Werkes in Wiesbaden 1966 bestätigte den hohen musikalischen Rang dieses heute in der Tschechoslowakei verbotenen Werkes.

Obwohl unser Thema die Behandlung religiös-bestimmter Werke auf ihren Bezug zum Geiste des Mittelalters und Barocks beschränkt, sei hier auf die Oper «Die griechische Passion» von Bohuslav Martinu verwiesen. Dieses 1961 in Zürich uraufgeführte letzte große Werk des Komponisten stellt sein Vermächtnis dar und wartet dringend auf eine Wiederaufführung. Martinu hat den äußerst schwierigen Versuch unternommen, aus dem fesselnden Roman von Niko Kazantzakis ein Musikdrama herauszuschälen. Er nannte das Resultat selbst einen «großen menschlichen Lyrismus». Die Geschichte, wie ein einfacher griechischer Schafhirte, dazu bestimmt im Passionsspiel die Rolle Christi zu übernehmen, selbst das Martyrium erleidet, indem er sich für die Flüchtlinge einsetzt und deshalb von den Dorfpopen verdammt wird, ist immer wieder von brennender Aktualität. «Christus lebt noch, er geht durch die Welt, und manches Herz harrt seines Kommens»*, singt der griechische Hirte; die Flüchtlinge beten an seiner Leiche das Kyrie eleison.

Benjamin Brittens Kirchenopern

Wie die Marienspiele der tschechischen Volkstradition haben auch die alt-englischen Miracles ihre heutige Form gefunden. *Benjamin Britten* hat es sich seit 1958 zum Ziel gesetzt, in seinem Aldeburgh Festival die Chester Miracle Plays zu neuem Leben zu erwecken. Das Ergebnis sind seine sogenannten «Kirchenopern»: «Noye's Fludde» (1958), «Curlew River» (1964), «The Burning Fiery Furnace» (1966) und «The Prodigal Son» (1968). Das englische Miracle hatte im 15. Jahrhundert seine Blütezeit. Auf Wagenbühnen wurden biblische Szenen dargestellt; die einzelnen Zünfte waren für die Ausstattung der Wagen und ihre Laien-Spieler verantwortlich. Ein Expositor, meist hoch zu Roß, übernahm die Aufgabe, eine programmatische Erklärung abzugeben. Nach jeder Szene fuhr der Wagen fort und ein neuer wurde hereingeschoben. Währenddessen mußte ein Tyrann, z. B. Herodes oder Pilatus, dafür sorgen, das Volk zur Ruhe zu bringen. Britten hat diese Spiele in die Kirche verlegt*. Zuerst versucht er, mit einer kirchlichen Hymne, wie etwa «Lord Jesus, think on me», die Bereitschaft des Publikums zu wecken. Auch das Ende jedes Spiels ist ein Choral. In diesem Rahmen wird von professionellen Sängern die Geschichte der Arche Noah gespielt – ein wegen der mockery von

Mrs. Noah beliebtes Thema. Der Chor der Tiere und das Orchester werden von den Schülern der East-Suffolk-Schulen gestellt. Sein Orchester besteht aus Glocken, Trommeln, Tamburins, Cimbals, Triangel, Gong, Windmaschinen, Sandpapierraschlern und gestimmten, aufgehängten Bechern – also in etwa das Arsenal von Orffs Schulwerk. Die Vermischung von Laien- und Berufskräften in einem primitiv und doch höchst raffiniert instrumentierten Spiel macht die Popularität dieser Kirchenopern aus. Nach dem großen Erfolg des Noah-Miracles versuchte Britten mit «Curlew River» (Fluß der Möwen) ein altes japanisches Nô-Spiel in den kirchlichen Rahmen zu stellen. Auf einer Fähre wird die Geschichte eines Kindes erzählt, das, von Barbaren mißhandelt, gestorben und am Weg zur Kapelle begraben ist. Die Leute am Fluß halten das Kind für einen Heiligen. Auf dem Fährboot befindet sich eine Irre, ebenfalls auf der Pilgerschaft. Es erweist sich, daß sie die Mutter des verschollenen Kindes ist; in diesem Erkenntnismoment erscheint der Geist des Kindes. Die Mutter ist von ihrer Krankheit geheilt. Die Mönche, die zugleich auch die Pilger des Parabelspiels darstellen, preisen das Wunder. Diese sehr viel kunstvoller angelegte Kirchenoper wird ohne Dirigenten gespielt, jeder Darsteller ist für den Fortgang der Handlung und die kammermusikalische Interpretation selbst verantwortlich. Genaue Instruktionen beschreiben die Drehung des Bootes und die Gestik der Pilger. Fernöstliche Theaterkunst dient hier christlicher Mystik.

Die erfolgreichste und zugleich opernhafteste Parabel Brittens ist das Spiel von den «Jünglingen im Feuerofen», das die Bekehrung des Nebukadnezar zum Inhalt hat. «There is no God except this God»*, erkennt der Assyrer-König, und ein Benedictus, Händel entlehnt, schließt das Spiel, das den Feuerofen symbolisch gleichsetzt mit unserer mörderischen Welt.

Es besteht kein Zweifel, daß Britten diese religiösen Aktivitäten in den letzten Jahren seines Lebens sehr ernst genommen hat. Er wollte einem religiösen Ästhetizismus ausweichen und hat sich deshalb auf die einfachsten Darstellungsmittel beschränkt. Auch die Einbeziehung von Laien entspricht seinem künstlerischen Credo.

Pendereckis Sacra Rappresentazione

Das letzte Werk, das in dieser Reihe religiös bestimmter Bühnenkompositionen Beachtung verdient, ist *Krzysztof Pendereckis* «Paradise Lost», uraufgeführt in Chicago 1978. Penderecki nennt sein Werk ausdrücklich eine «sacra rappresentazione» und knüpft damit an Cavalieris Florentiner Allegorie von 1600 an. Es ist der Penderecki, dessen Stabat mater, Lukas-Passion und Dies irae die tiefe Verwurzelung im polnischen Katholizismus, aber auch in der modernen Welt des Schreckens und der Zerstörung offenbart haben. Der Komponist unternimmt zusammen mit seinem Librettisten den gigantischen Versuch, das überdimensionale Epos von John Milton mit seinen zwölf Büchern auf einen Theaterabend zu konzentrieren. Miltons religiöser Puritanismus von 1663 wird in der Form der italienischen Rappresentazione theatralisch ad absurdum geführt. In Orffs «Endspiel» wird Satans Bekehrung demonstriert, in Pendereckis «Paradise Lost» erleben wir den Anfang jener satanischen Verschwörung, die Menschenart zu verderben und die Erde zur Hölle zu machen. Tod und Sünde werden zu Helfershelfern der Gefallenen Engel. Trotz aller Warnungen Gottes gelingt es Satan, Eva zu überreden, vom Baum der Erkenntnis zu essen. Die Stimme Gottes ertönt: Der Mensch soll für seinen Ungehorsam sterben mit seinem ganzen Geschlecht. Christus will sich für die Menschen opfern. Ein Himmelschor singt pianissimo den Choral «O große Lieb', o Lieb' ohn' alle Maßen» aus der Johannes-Passion von Bach. Die Vertreibung aus dem Paradies ist unausbleiblich. Es folgen der Brudermord Kains an Abel, Pestilenz, Krieg, Sintflut – und Satan triumphiert. Aber der Erzengel Michael führt das Menschenpaar fort mit den Worten der Ermutigung: «Seid stark im Glauben, in Hoffnung und Liebe, die stärker ist als alles, dann werdet ihr ohne Angst aus diesem Paradies vondannen ziehn und euch dafür ein Paradies in euch selbst gewinnen.»* Der Schlußchor erinnert die Menschen an die «heiligen Kräfte der Harmonie». Die musikalischen Mittel Pendereckis haben sich stark gewandelt; Tonalität und Melodie sind an die Stelle der Cluster und Glissandi der Lukas-Passion getreten. «Paradise Lost» ist eine höchst kunstvolle Mischung alter und neuer

Klangmittel; es fehlt nicht an Zitaten und barocken Mustern. Die betrachtenden Chöre haben Händelsche Ausdruckskraft.
Wie ein Satyrspiel auf Pendereckis Schöpfungsmythe wirkt Maurizio Kagels «Erschöpfung der Welt», 1980 in Stuttgart mit großem Aufwand uraufgeführt. Für Kagel «ward kein Licht. Und Gott sah, daß die Finsternis gut war». Der Fleischwolf ist Gottes Geschenk an die Menschen. Diese schwarze, als Provokation gemeinte «akustische Theologie» erschöpft sich in absurdem Theater, in kabarettistischen Gags und makabrem Divertissement. Der Mysterienspiel-Mechanismus wird dialektisch durch den Umkehr-Effekt abgenützt.
Das bisher letzte Opus dieser Thematik ist die Mysterienoper «Jesu Hochzeit» von Lotte Ingrisch und *Gottfried von Einem,* für die Wiener Festwochen 1980 komponiert – zwischen Peinlichkeit und Skandalon angesiedelt. Was in einem Musical wie «Jesus Christ Superstar» in der Erfolgsmanier des Broadway überraschend möglich wurde – die Darstellung des Wunders –, wirkt in der Kalenderspruch-Einfalt der Lotte Ingrisch wie ungewollte Travestie. Die mißlungene Hochzeit Jesu mit der «Tödin», des Lichtes mit der Dunkelheit, bleibt eine wienerische Maskerade des Unspielbaren; irgendwo angesiedelt zwischen Max Mell'schem Krippenspiel, «Jedermann» und Oberammergau – pseudobarock in der Benutzung von Engeln, Tod und Sünde. Diese theologische Melange wurde auch durch die üppigen Register der Musik Gottfried von Einems nicht genießbar.

Versuch einer Zusammenfassung

Ob das Kapitel der «Sacra Rapprentazione» damit abgeschlossen ist? Wolfgang Schadewaldt sagte in einem Vortrag über Carl Orff: «Wir stehen in einer Epoche der Rückverwandlungen. Nicht nur, daß wir die Erde allenthalben nach vergangenem Leben aufgraben, wir dringen auch in der Überlieferung des Gedankens wie der Dichtung auf das einstige Ursprüngliche und suchen es wiederzugewinnen. Die Mittel dazu sind der erkennende Gedanke des Forschers wie die nachschaffende Gestaltung des Künstlers.

Und in beiden Fällen geht es nicht lediglich um die antiquarische Richtigkeit, sondern gerade, indem wir die Wahrheit des Ursprünglichen mit unseren neuen, eigenen Mitteln der Gegenwart anzuvermählen suchen, glauben wir dem fortzeugenden Leben zu dienen.»*

So ist die Renaissance mittelalterlicher und barocker Formen und Themen in der Musik des 20. Jahrhunderts zu verstehen, als eine Abkehr von romantischer Subjektivität und eine Zuwendung zu einer objektivierenden Kunsthaltung, die darum nicht Historizismus zu sein braucht. Als Gewinn dieser neuen Impulse aus geschichtlicher Denkweise kann gelten:

1) Ein neues episches Musiktheater. Die formalen Grenzen von Oper und Oratorium werden aufgelöst. Chor und Sprecher erzählen und kommentieren die Handlung. Oder das Spiel im Spiel hat Parabelcharakter. Die verschiedensten Formen szenischer Darstellung werden in diesem Rahmen möglich. An die Stelle der Illusion tritt die offene Demonstration theatralischer Mittel.
2) Dieses neue Musiktheater sucht neue Räume. Es wird zum Festspiel- oder zum Kirchentheater. Es ist z. T. nicht an den Guckkasten gebunden, sondern läßt sich im Freien, in beliebigen Sälen, auch im Konzertsaal realisieren. Leider verhindert der große szenische und musikalische Apparat, den die Mysterienspiele von Orff, Martin oder Penderecki erfordern, die eigentlich erstrebte Breitenwirkung.
3) Das neue Musiktheater hat eine pädagogische Komponente. Es sucht die Zusammenarbeit mit Laien, Kindern, Schülern, Chören. Die Einfachheit der Notation, die Selbstverantwortung der Spieler ist ein Ziel.
4) In diesem neuen Musiktheater zeigt sich ein wiedererwachter Sinn für das Numinose. Die Erschütterung der beiden Kriege und der zunehmende Materialismus lösen eine Gegenbewegung aus: die Bereitschaft vieler Komponisten, religiöse Themen aufzugreifen.
5) Das Publikum weicht diesen Versuchen, ars sacra und ars profana zu verbinden, nicht aus, soweit die moderne Klangsprache nicht eine akustische Barriere darstellt.

Der verlorene christliche Mythos kann durch die Musik restituiert werden. Dies gilt auch für die religiös bestimmten Opern, die nicht in diesen engeren Zusammenhang fallen: vor allem «Moses und Aron» von Arnold Schönberg, die Werke von Hans Pfitzner, Francis Poulenc, Ildebrando Pizzetti und anderer.
Und das gilt natürlich auch für die sogenannte «alte» Musik, die den religiösen Zusammenhang des Welttheaters immanent vermittelt. Die Wiederentdeckung der «Rappresentazione» von Cavalieri, des «Sant'Alessio» von Landi und anderer Kirchenopern und Oratorien des 17. und 18. Jahrhunderts, die Monteverdi-Renaissance, die Händelfestspiele in Halle und Göttingen, das alles ist symptomatisch für die Veränderung unseres Geschichtsbewußtseins und die Sehnsucht nach einer ordo spiritualis, die unser technisches Aufklärungszeitalter verloren hat. Über alle Nostalgie-Mode hinaus meldet uns das Gewissen, daß «die Hütung des Erbes ... die beste Garantie der Dauer» ist. «Man wird sich also damit abfinden müssen, daß wir von der Vergangenheit lernen müssen, was der Mensch ist, das heißt im Positiven wie im Negativen sein kann, und diese Belehrung bietet allen nur erwünschten Stoff zu Erhebung und Schauder, zu Hoffnung und Furcht, und auch Maßstäbe der Wertung, somit der Anforderung an sich selbst» (Hans Jonas)*.

Religion und Theater

«Welche Verstärkung für Religion und Gesetze, wenn sie mit der Schaubühne in Bund treten...» Der diese These mit großer Beredsamkeit vertreten hat, war kein geringerer als *Friedrich Schiller* (in seiner Rede «Die Schaubühne als eine moralische Anstalt betrachtet» 1784). Er argumentiert in der Rolle eines Verteidigers vor einem imaginären Gerichtshof und führt alles an, was dem Angeklagten zu einem Freispruch, vielleicht sogar zu einer höchstgnädigen Gunstbezeugung verhelfen kann. Dazu gehört auch das Bündnis mit der Religion wider Laster und Torheit der Menschen. War die Schaubühne Ende des 18. Jahrhunderts, in einer Zeit, als sich die deutsche Nationalliteratur kräftig zu entfalten begann, solcher Hilfe noch bedürftig? Die Worte Schillers wirken nicht nur akademisch, wenn man bedenkt, daß im gleichen Jahre in Mannheim einer hervorragenden Schauspielerin (der ersten Luise aus «Kabale und Liebe»), die kirchliche Bestattung verweigert wurde. Der Schauspielerstand war trotz aller Theaterschwärmerei noch keineswegs von seiner alten Verfemung befreit. Das unzählige Male im Lauf der Jahrhunderte ausgesprochene kirchliche Verdikt über die Komödianten, Gaukler und Possenreißer wirkte sich bis ins 19. Jahrhundert aus; und im Grunde ist auch heute noch in orthodoxen Kreisen ein latentes Mißtrauen gegen die theatralischen Künste spürbar.

Eine solche Haltung gegenüber der Bühnenkunst geht zurück auf die Kirchenväter, insbesondere *Tertullian* und *Augustinus,* die das Theater ihrer Zeit als Teufelswerk ansahen und mit Streitschriften aufs heftigste bekämpften. Diese Verdammung nimmt nicht wunder wenn wir sehen, zu welchen Orgien der Mimus ausgeartet war; der «Christ» war eine beliebte komische Figur, mit der die Schauspieler des spätrömischen Theaters ihre derben Späße trieben. Der Mimus – die eine Wurzel des abendländischen Theaters – wehrte sich instinktiv gegen die Bändigung, die ihm durch die aufkommende neue Religion widerfahren sollte. Das junge Christentum machte sich später den Spieltrieb des Menschen dienstbar, indem es die Liturgie durch die Darstellung der Weihnachts- und

Passionsgeschichte erweiterte. In diese in der Kirche zunächst von Klerikern, später auch von Laienkräften aufgeführten Mysterienspiele schlich sich bald wieder der Komiker ein, was zur Verweltlichung der Spiele, damit aber auch zu ihrer größeren Wirkung beitrug. Die Kirche wußte sich des wieder aufblühenden Mimus nicht anders zu erwehren, als daß sie die Gotteshäuser für solche recht aufwendigen Aufführungen sperrte, den Priestern die Mitwirkung untersagte, mehrfach sogar die Spiele als solche verdammte. Aber der Mimus und die Schaulust des Volkes waren stärker als der kirchliche Wille zur Askese. So entfalteten die Mysterienspiele im ausgehenden Mittelalter unter Beteiligung von Tausenden von Darstellern ein reiches Schaugepränge, bei dem allmählich die Freude am Spectaculum den religiösen Anlaß vergessen ließ. Die Komödie begann sich selbständig zu entwickeln.
Diese sinnenfrohe Theaterleidenschaft wurde zunächst auch durch die Reformation nicht eingeschränkt. Martin Luther erklärte: «Christen sollen die Komödie nicht ganz und gar fliehen, darum, daß bisweilen grobe Zoten und Buhlerei darinnen seien, da man doch um derselben willen auch die Bibel nicht dürfte lesen.» Aber die Anhänger Calvins waren anderer Ansicht. Sie ächteten das Theater als Götzendienst und erklärten den Besuch aller öffentlichen geistlichen wie weltlichen Schaustellungen zur Sünde. Diese Ansicht griff auch großenteils auf das lutherische Bekenntnis über. Von da ab war für fast zwei Jahrhunderte Feindschaft gesät zwischen Komödianten und Pfarrern. Die beispiellose englische Theaterkultur, der wir das Genie *Shakespeare* verdanken, wurde 26 Jahre nach Shakespeares Tod durch die unter dem Einfluß Cromwells verordnete Schließung aller Theater abrupt abgebrochen. Der Puritanismus hat in Nordamerika bis in die zwanziger Jahre dieses Jahrhunderts die künstlerische Entwicklung eines bodenständigen Theaters verhindert.
Die theaterfeindliche Gesinnung des Protestantismus führte im Zeichen der Gegenreformation in den katholisch gebliebenen Ländern, vor allem in Spanien, zu einer neuen Theaterblüte. Die katholische Kirche benutzte das Theater in seinen vielfältigen Formen zur Verkündigung; die Liturgie selbst wurde immer theatralischer. In den autos sacramentales, die zum Fronleichnamsfest

aufgeführt wurden, entwickelten sich eine eigene geistliche Literatur. Daneben hatte jedoch im Volkstheater der Mantel- und Degenkomödien der Mimus sein Reich. Und in den Hoftheatern fanden die großen Fiestas statt, bei denen keine Kosten gescheut wurden, um versunkene mythologische Welten mit den raffiniertesten Dekorationskünsten wieder ans Licht zu zaubern. Die ganze Welt ist Bühne geworden: Griechengötter, Fabelwesen, christliche Märtyrer und Regenten, «sie alle gehören in die große Chronik des Wunders» (E. R. Curtius); die Komik wird geschickt in diesen Zauberteppich mithineingewoben. Und über allem der göttliche Lenker des Geschicks mit seinem Gnadenschatz. Er ist der Spielleiter auf diesem barocken Welttheater, zieht die allegorischen Figuren und die bunten Typen des Menschenreiches an seinen Fäden, beherrscht die magischen und kosmischen Kräfte und gibt allem Dasein geheimnisvollen Sinn. Das ist die Dichtung *Calderons,* der Gelehrter, Soldat, Theaterdirektor, Dichter und Priester in einer Person war. Religion und Theater sind eine Einheit; auch die weltlichen Spiele und Späße bleiben sinnbildlich für die katholische Hierarchie der Dinge und Werte.

In der klassischen Dichtung der Franzosen und der Deutschen ist der Mensch das Maß aller Dinge; die christlich-religiöse Bindung wird ersetzt durch den Humanismus, der sich auf die Antike bezieht. Es entsteht das Drama der sittlichen Entscheidung des Menschen. Der tragische Held des klassischen Dramas lebt nicht mehr in der metaphysischen Gewißheit des Offenbarungsglaubens; seine Seelenkräfte erfüllen die Idee, die er in seiner realen Existenz nicht verwirklichen kann. Es zeigt sich ein tragisches Lebensgefühl, das zwar die Sehnsucht nach der Erlösung kennt, aber die Harmonie des Glaubens verloren hat. – Das Theater, das dieses neue Drama verwirklicht, muß sich, vor allem in Deutschland, gegen das Mißtrauen und den Widerstand der Kirchen durchsetzen. Lessing, Schiller und Goethe haben nicht mit Kirchenspott gegeizt; die Träger des geistlichen Gewandes in ihren Stücken sind meist recht fragwürdige Charaktere. Immerhin hat die religiöse Zeremonie auch auf die Dichter der deutschen Klassik eine gewisse Anziehungskraft ausgeübt, wie etwa Schillers «Jungfrau von Orleans» und «Maria Stuart» beweisen. Doch ist dies mehr vom Ästhetischen als vom Theologischen her zu verstehen. Man spürt vor allem in den Bühnenwerken des 18. Jahrhunderts die klerikale Front, die den Gedanken der Aufklärung und Toleranz gegenüberstand. Die Schaubühne, die der Veredlung der Sitten und dem moralischen Selbstbewußtsein des Menschen dienen sollte, traf auf die Vorurteile der kirchlichen Traditionen und auf eine äußerste Reserve dem neuen Freiheitsbegriff gegenüber. Es hat Jahrzehnte gedauert, bis sich die Kirchen der nationalen Bewegung angepaßt haben.

Ein besonderes Kapitel in der Geschichte der Beziehungen des Theaters zur Religion stellt Goethes *«Faust»*-Dichtung dar. Hier gelang ein Menschheitsgedicht, das christliches und antikes Geistesgut verschmilzt, die Elemente des barocken Theaters dichterisch verwendet, ohne dabei der katholischen Dogmatik verpflichtet zu sein. Wir vernehmen sowohl die subjektive Absage des alten Faust an die Religion: «Nach drüben ist die Aussicht uns verrannt. Tor, wer dorthin die Augen blinzelnd richtet. Er stehe fest und sehe hier sich um.» – Wir erleben aber auch die objektive Rettung Gretchens und die Verklärung Fausts durch die «Liebe von oben». Goethes «Faust»-Dichtung ist in ihrer vielschichtigen und unergründlichen Weltdeutung ein einmaliges, nicht wiederholbares Phänomen der Geistesgeschichte. Das Theater gewann durch dieses große symbolische Menschheitsgedicht, das keineswegs unaufführbar ist, wie man heute immer noch lesen kann, seine höchste geistige Legitimation.

Die deutsche Romantik hat die Isolierung des klassischen Menschen im erhabenen Raum des Sittlichen gesprengt und die Tore zum Unendlichen weit geöffnet. Sie wurde erfaßt von einem ultramontanen Heimweh nach der mittelalterlichen Einheit von Kunst und Religion. «Der echte Dichter ist immer ein Priester, so wie der echte Priester immer ein Dichter geblieben ist» heißt es bei Novalis. Der romantische Künstler, der sich vom Irrationalen erfassen läßt, die Nachtseiten der Natur sucht, der Vergangenheit wundersüchtig anhängt, ist prädestiniert zum Katholizismus. Und so muß sich ihm auch das spanische Welttheater neu erschließen. August Wilhelm Schlegel beginnt in den ersten Jahren des 19. Jahrhunderts mit seiner Calderon-Übersetzung, die eine große

literarische Wirkung hat. Selbst Goethe läßt sich vorübergehend für Calderon begeistern und versucht, zwei seiner Stücke auf die Weimarer Bühne zu bringen; E. T. A. Hoffmann und Immermann folgen. Aber es gelingt nicht, Calderon für das Repertoire zu gewinnen. Ein eigenes, religiöses Theater zu schaffen, war der deutschen Romantik nicht vergönnt. Erst als die Musik hinzukam, erfüllte sich, freilich auf eine ganz unorthodoxe Weise, der romantische Traum von der Einheit des Religiösen und Ästhetischen.
Dieses in der Geistesgeschichte so umstrittene Phänomen ist das Bühnenweihfestspiel «Parsifal» von Richard Wagner, das, mitten in den dem Materialismus verschworenen Gründerjahren, 1882 in Bayreuth vor einer musikalisch entrückten Gemeinde Ereignis wurde. Der geborene Protestant Wagner vollendet seine theatralische Laufbahn mit einem Werk, das Nietzsche in seiner blinden Haßliebe mit den Worten schmähte: «Was ihr hört, ist Rom... Roms Glaube ohne Worte.» Motive aus indischen und christlichen Legenden fließen mit Elementen Schopenhauerscher Philosophie zu einer künstlerischen Lebensbeichte zusammen, die Oratorium der Erlösung, Wunderoper und Weihespiel in einem ist; ein Werk, in dem sich Wagners Anschauung, daß alle absolute Empfindung Religion wird, verwirklicht. Die Kunst wird zum Sakrament erhoben und für eine Gemeinde zelebriert. Im «Parsifal» ist etwas Neues in Erscheinung getreten: Die Erfüllung der Kunst als Religion. Das Kunstwerk nimmt zeremonialen Charakter an. An die Stelle der numinosen Erschütterung, die am Anfang allen religiösen Erlebens steht, tritt jetzt der ästhetische Reiz; die Musik wird zum Medium des Sakralen. Der «Parsifal» ist der romantische Versuch, mit hochdifferenzierten Kunstmitteln einen Zustand religiöser Ergriffenheit zu erzeugen. Dieser Zustand ist jedoch nicht mit dem *Glauben* in christlicher Sicht identisch. Richard Wagner hat einmal von sich gesagt: «Wäre diese wunderbare Gabe (das Künstlertum) nicht in mir, so könnte ich der hellen Erkenntnis nach, dem Drange des Herzens folgend, Heiliger werden.» Ein Wort, das in hybrider Deutlichkeit die Situation Wagners offenbart. Calderon war Künstler in einer religiösen Ordnung – Wagner wollte Heiliger in der Kunst sein.
Das 19. Jahrhundert hat, wenn man von diesen romantischen

Träumen und Süchten absieht, die Kluft zwischen Religion und Theater, die nach der Auflösung des barocken Weltbildes aufbrach, nur noch vertieft. Die Schaubühne diente der Emanzipation des Menschen; ihr wurde seit Molière und Beaumarchais immer stärker eine gesellschaftskritische Funktion zugewiesen. Die Psychologie trat an die Stelle des Glaubens. Der Künstler selbst isolierte sich im Ästhetischen. Der dänische Religionsphilosoph *Sören Kierkegaard* hat dieses neue Verhältnis zum Leben und zur Kunst mit all seinen Gefahren kritisch durchleuchtet und gebrandmarkt. Dem Subjektivismus des ungehemmten Gefühls und des Lebensgenusses stellte er in seinem «Entweder–Oder» die innere Notwendigkeit einer religiösen Haltung gegenüber. Das bedeutet zugleich die Abwertung des romantischen Künstlers, der sich mit mystischen Ekstasen und Apotheosen berauschte. Ist die Kunst damit einem neuen Puritanismus ausgeliefert oder besteht in der strengen Disziplin Kierkegaardscher Theologie noch eine Möglichkeit, Religion durch Kunst zu vermitteln? Das ist die Frage, der sich das 20. Jahrhundert gegenübersieht, nachdem der Positivismus den sakralen Bereich entzaubert und Nietzsche Gott für tot erklärt hat.

«Laßt uns doch aufrichtig sein, wir haben kein Theater, so wenig wir einen Gott haben: dazu gehört Gemeinsamkeit. Jeder hat seine besonderen Einfälle und Befürchtungen, und er läßt den anderen so viel davon sehen, als ihm nützt und paßt. Wir verdünnen fortwährend unser Verstehen, damit es reichen soll, statt zu schreien nach der Wand einer gemeinsamen Not, hinter der das Unbegreifliche Zeit hat, sich zu sammeln und anzuspannen.» *Rainer Maria Rilke* hat diese Sätze seinem Malte Laurids Brigge in den Mund gelegt, als er das antike Theater zu Orange besuchte. Das ist die Situation zu Anfang des 20. Jahrhunderts: keine Notwendigkeit mehr in Gott und Schicksal, die Deutung des Lebens ist subjektiver Psychologie überlassen, der Mythos wird ästhetische Attitüde oder gänzlich negiert. Auf dem Theater herrscht der Naturalismus: photographierte Oberflächenwirklichkeit, Hinterhof- und Armeleutemilieu. Sozialer Komplex des 19. Jahrhunderts, der sich mit einem Kult des Mitleids humanitär verbrämt. Bei all dem bleibt jedoch das Gefühl einer Leere, eine Art religiöser

Katzenjammer zurück. Der erste, der diese Unerfülltheit des Daseins erlitten und autobiographisch gestaltet hat, ist *August Strindberg*. In seinem dreiteiligen Bekenntnisdrama «Nach Damaskus» (1898–1904) schildert er den Leidensweg eines Unbekannten, eines «unbehausten Menschen», der auf der Flucht vor sich selbst ist und die dunkel geahnte Schuld seiner Existenz zu büßen sucht. Die «Dame», die seinen Weg begleitet, stellt die religiöse Frage und er antwortet: «Wenn es zu arg wird, gehe ich meiner Wege ... in die Vernichtung.» Als sie ihn auffordert, in eine Kirche zu gehen, sträubt er sich: «Nein, nicht in die Kirche! Die tut mir so weh und läßt mich fühlen, daß ich nicht hineingehöre, daß ich ein Unseliger bin und niemals mehr hineinkommen kann, ebensowenig, wie ich von neuem Kind werden kann.» Aber er kann sich nicht länger selbst betäuben. Sein Irrweg im Labyrinth der Wirklichkeit scheint nur den einen Ausgang zu haben: die Selbstaufgabe und Unterwerfung vor dem Kreuze. Am Ende stellt sich der «Unbekannte» dem «Confessor», wird lebend in einen Sarg gebettet, und der Chor singt «Und das ewige Licht leuchte ihm!» Das ist keineswegs die große Konversion, wie man oft gemeint hat, sondern viel eher die Resignation eines Glaubenslosen, der sich im Suchen verzehrt, der die Zerrissenheit seines Ich nicht länger aushält und sich einer neuen Medizin anvertraut, einer Medizin freilich, die sich nur in dem Frieden des Grabes auswirkt. So ist die «Erlösung» zugleich eine Art Selbstmord: Triumph des Menschen, sich selbst durch einen religiösen Akt den Tod geben zu können. Strindberg hatte «weder Weltanschauung noch Gottanschauung und mußte daher seine Gestalten in der bürgerlichen ideen- und glaubenslosen Stubenhölle der biographischen Kleinlichkeit verkommen lassen» (B. Diebold). Aber gerade dadurch wirkt er symptomatisch für ein Jahrhundert, das sich mit Nietzsche übernommen hat und um eine neue Verantwortung ringt.

Strindberg hat mit seinem Stationendrama «Nach Damaskus» das Modell für zahllose expressionistische Bühnenwerke geliefert, die man allzu vereinfachend Gottsuchedramen genannt hat. Es ist weniger die Gottsuche, die sich darin vollzieht, als vielmehr die Klage um eine mißratene Welt und das Bedürfnis nach Erlösung. Die expressionistischen Dichter potenzieren ihre eigenen Ängste und Hoffnungen zum Schrei, zur ekstatischen Gebärde; ihr eigener Lebensweg erhöht sich ihnen zur Passion, am Ende brechen sie vor dem Kreuz in die Knie oder haben die mystische Erfahrung eines neuen Gottes, der einen neuen Menschen werden läßt. In diesen heute kaum noch lesbaren Stücken spricht sich das Lebensgefühl einer Generation aus, die durch die Kriegserfahrung ihre zivilisatorische Sicherheit verloren hat und nun, allen Extremen aufgeschlossen, das Absolute postuliert. Es handelt sich dabei vielfach um Gefühlsexplosionen, die eine gefährliche Leere und Ernüchterung hinterlassen, wenn sie nicht den Anschluß an eine Tradition finden. Das so abstrakt phrasierte Pathos der Menschwerdung und Gottsuche mündete nur zu oft in ein politisches Engagement, das den Zweiten Weltkrieg mitverschuldet hat. Der Irrationalismus dieser expressionistischen Bewegung ist ein tragisches Kapitel der deutschen Literatur, das beweist, daß Dynamik und seelische Ergriffenheit allein noch keine Kunst entstehen lassen.

In den Bereich des expressionistischen Dramas gehört auch der Bild- und Wortkünstler *Ernst Barlach;* seine religiösen Symbole sind freilich aus anderem Material als die kurzlebigen Ekstasen seiner Zeitgenossen. Hier wird in niederdeutscher Verkauztheit und eigenbrödlerischer Weltabgeschiedenheit Urgestein der Dichtung erschlossen. Alle Dramen Barlachs sind aus einem religiösen Impuls entstanden, gleichgültig, ob sie in realistischer Umwelt oder in mystischem Gelände angesiedelt sind. Gott ist der zentrale Begriff, auf den alles Sein und Tun der Menschen bezogen wird. Es ist nicht die Gottesvorstellung der christlichen Offenbarung, die Barlach in seinen Dramen verwirklicht, sondern die Vorstellung des ewigen Werdens. Im «Blauen Boll» heißt es: «Unser Leben ist ein Strom des Werdens, und kein Ziel als immer neues Werden... ewiges Werden.» Auch Gott ist ein Werdender; der Mensch hat teil an diesem Werden Gottes, indem er nicht in sich beharrt, sondern sich wandelt, eine «wahre Wirklichkeit» erstrebt, um zu seinem «Eigentlichen Ich» zu gelangen, das identisch ist mit dem Atem Gottes. In seinem Drama «Die Sündflut», das die alttestamentarische Fabel nur verwendet, um sie ad absurdum zu führen, stehen sich zwei Gottesbegriffe gegenüber. Noah vertritt mit deterministischer Demut den Gott des Gesetzes, den Unwandelbaren, vor dessen Allmacht die Welt winziger als Nichts ist. Calan, sein Gegenspieler, fühlt sich selbst gottmächtig, «ein Kind des Gottes, der mir Kraft gegeben hat, kein Knecht zu sein». Im Untergang, als Blinder, hat er die Vision des neuen Gottes, der auch der Gott Barlachs ist: «Ich aber sehe den anderen Gott, von dem es heißen soll, die Welt ist groß und Gott ist winziger als Nichts – ein Pünktchen; ein Glimmen, und alles fängt in ihm an und alles hört in ihm auf. Er ist ohne Gestalt und Stimme... nur Glut ist Gott, ein glimmendes Fünkchen, und alles entstürzt ihm, und alles kehrt in den Abgrund seiner Glut zurück. Er schafft und wird vom Geschaffenen neugeschaffen... Auch ich fahre dahin, woraus ich hervorgestürzt, auch an mir wächst Gott und wandelt sich weiter mit mir zu Neuem... Er ist ich geworden und ich Er – Er mit meiner Niedrigkeit, ich mit seiner Herrlichkeit – ein einziges Eins.» Barlach protestiert gegen die anthropomorphen Gottesvorstellungen, gegen die pharisäerhafte Sicherheit des Gottbesitzens und hält aller christlichen Orthodoxie seinen Gott des Werdens entgegen, der jenseits von Gut und Böse ist. Das sind Gedanken, die letztlich auf Heraklit und Plotin zurückgehen, alte gnostisch-theosophische Elemente aufnehmen und auch bei den Mystikern des Mittelalters belegbar sind – von all dem hat Barlach sicher wenig gewußt; er ergrübelte sich seine «neue überpersönliche Religion», ohne deshalb den kirchlichen Raum, dem er Ehrfurcht zollte, zu verlassen – ein Einsamer, für den die Gottsuche mehr bedeutete als die Geborgenheit im Glauben. In seinem letzten, nachgelassenen Werk «Der Graf von Ratzeburg» verleiht Barlach dieser faustischen Unrast höchsten Ausdruck. Heinrich, Graf von Ratzeburg, nimmt nach langer Pilger- und Irrfahrt Abschied von seinem Weggefährten Christoffer: «Wohl, Freund Christoffer, such den Herrn deines höchsten Wunsches, suche, diene und verwirf ihn um einer noch größeren Herrlichkeit willen und sei im Suchen dein eigener Herr, der die Herrlichkeiten des Herrlichsten aus seiner eigenen Seele schöpft. Ich war dein erster, du selbst wirst nicht dein letzter Herr sein, aber immer wird es ein höherer, und so iß das herrliche Brot der nie ermattenden Unzufriedenheit.» So preist Barlach die Seligkeit des Suchens in einer Welt, die sich in dem Anspruch der Alleingültigkeit bestimmter

Ideologien und Dogmen immer stärker verfrontet. Sein bei aller urdeutschen Wurzelwirrnis und ketzerischen Verbissenheit so großartig-eigenständiges Werk dem Publikum zu erschließen, ist eine Aufgabe, die zu erfüllen die Theater gerade erst begonnen haben. Diesem aus protestantischem Erbe geborenen Werk stehen in den ersten Jahrzehnten unseres Jahrhunderts die katholisch-bestimmten Dichtungen von Hugo von Hofmannsthal und Paul Claudel gegenüber. Während Barlach in seinem Geiste die Welt noch einmal erschaffen muß und immer dabei ein Einsamer geblieben ist, gehört Hofmannsthal zu den Dichtern, die aus hohem Kulturbewußtsein Überlieferungen aufnehmen, weiterspinnen und damit eine geistige Repräsentation ausüben. Er war überhaupt ein ganz der Kommunikation aufgeschlossener Autor, zu dessen besonderer Begabung die Einfühlsamkeit in andere Charaktere, Kunstmedien und historische Epochen zählte. So konnte er *Richard Strauss* kongeniale Textbücher zu seinen Opern schreiben, so wurde auch die Verbindung mit *Max Reinhardt* fruchtbar, die zu den berühmten Aufführungen des «Jedermann» und des «Großen Salzburger Welttheaters» führte. Ganz im Gegensatz zu Barlach, der das Theater scheute, war Hofmannsthal in Geschichte und Gegenwart des Theaters heimisch. Er lebte ganz in der süddeutsch-österreichischen Theatertradition, die in die Barockzeit zurückreicht. Zunächst war es für ihn wohl nicht viel mehr als ein Bildungsvorgang, als er 1911 das spätmittelalterliche englische «Spiel vom Sterben des reichen Mannes Jedermann» wiederherstellte; aber diese erste Annäherung an frühe Formen des religiösen Theaters wurde durch das Erlebnis der Aufführung bei Max Reinhardt so vertieft, daß sich dadurch in ihm die Vision einer Erneuerung des alten religiös bestimmten Volkstheaters bildete. Sein Ziel war es, Dichtung und Theater im Geiste katholisch-barocker Universalität wieder zu vermählen. Ein Ansatz dazu waren die «Salzburger Festspiele» in ihrer ursprünglichen Gestalt. Hofmannsthal geriet in dieser Absicht schon bald an Calderon, der ihm aus alter österreichisch-spanischer Kulturverwandtschaft vertraut war. 1921 entstand «Das Große Salzburger Welttheater», das Max Reinhardt in der Kollegienkirche inszenierte. Die Nachdichtung Hofmannsthals ist ein Werk, das in

seiner Form- und Sprachkunst Bewunderung verdient, in seiner religiösen Dimension jedoch hinter dem Original zurückbleibt. Allen Bemühungen Hofmannsthals um das Religiös-Einfache, um den schlichten Volkston, haftet etwas Artifizielles an, das eine letzte Identität von Person und Auftrag fragwürdig erscheinen läßt. Erst als er sich durch Calderons «Leben ein Traum» zu seiner «Turm»-Dichtung anregen ließ, kam er auf eigenen Boden. Der «Turm» ist jedoch eine vieldeutige weltgeschichtliche Allegorie, bei der sich das Religiöse im Gewebe des politischen Ränkespiels verflüchtigt. Hofmannsthals Beitrag zum religiösen Drama ist die Wiederbelebung alter theatralischer Formen für unsere Zeit, nicht ein neuer Ausdruck der religiösen Frage.
Anders bei *Paul Claudel,* dem großen französischen Dichter, der zum literarischen Mittelpunkt der Bewegung wurde, die seit 1906 unter dem Namen «Renouveau catholique» bekannt geworden ist. Während Hofmannsthal als ein Grandseigneur im Geistigen der Tradition dient, ist das Werk Claudels von einem kämpferischen Impetus erfüllt, der bekehrend wirken will und keine andere als die rechtmäßige Wahrheit seiner Konfession duldet. Diese, oftmals nach außen zur Schau getragene, dogmatische Starrheit ermöglicht zugleich die dichterische Erfüllung einer theozentrischen Ordnung. Claudel kennt kein Ringen um Gott, keine Zweifel und geistigen Vorbehalte, für ihn gibt es nur die Verkündigung des Ewigen, die Laudatio. Der Mensch existiert für ihn nur im Hinblick auf die absolute Wahrheit, sein Leben ist in jedem Augenblick, auch in der Sünde, auf Gott hin orientiert; der Tod hat seinen Sinn in der Rückgabe des Lebens an Gott, er wird verherrlicht als Erlösung. «Heißt das Leben der Zweck des Lebens? Er heißt nicht leben, sondern sterben und nicht das Kreuz zimmern, sondern es besteigen und unser Besitztum lachend verspenden. Darin wohnt die Freude, darin die Freiheit, darin die Gnade, darin die ewige Jugend.» Diese Worte aus dem Mysteriendrama «Verkündigung»zeigen, daß die christliche Weltdeutung Claudels nicht von der Tragik der Passion ausgeht, sondern von der Auferstehung. *Alle* Spannung des Lebens wird aufgelöst in der Harmonie eines unumschränkten Erlösungsglaubens. So sind die Bühnenwerke Claudels keine Tragödien, sondern epische Lebensläufe, die

sich in ihrem gottbezogenen Sinn enthüllen und in der Verklärung vollenden. Die bedeutendste Dichtung Claudels ist sein 1919–1924 entstandenes, monumentales Weltgemälde «Der seidene Schuh», eine «spanische Handlung in vier Tagen». Es ist bezeichnend, daß er die Epoche des spanischen Weltreiches unter Karl V. und Philipp II. darstellt, jene Zeit, in der ihm die Verwirklichung des Gottesreiches auf Erden nahe schien. Dabei hat Claudel jedoch nicht die Absicht, die Geschichte jener katholischen Weltstunde nachzuzeichnen – er verzichtet auf Reformation, Inquisition und alle Greuel der Conquistadoren – sondern überhöht die Wirklichkeit ins Legendäre. Vor einem bunten Bildteppich realer und imaginärer Vorgänge, die Zeiten und Räume übergreifen, ereignet sich der Liebesroman des Don Rodrigo und der Dona Proeza, eine höchst irdische Liebe zunächst, die im Verzicht sich vergeistigt und Sinnbild des göttlichen Willens wird. Das Problem, das in der Fülle der Figuren und Bezüge immer wieder auftaucht, ist die Unvereinbarkeit der Liebe zur Welt mit der Liebe zu Gott. Sie ist für Claudel nur eine scheinbare Unvereinbarkeit, denn die Freude am Irdischen ist Gottes Köder, mit dem er sich den Menschen fängt. In allen irdischen Wirrnissen ist der Widerschein des Himmels spürbar; die Widersprüche des Daseins finden in Gott ihre Erklärung. Claudel ist der übermütigsten Dialektik fähig, wenn es darum geht, Gottes Fügung zu rechtfertigen: er macht Rubens zum Vorkämpfer des Evangeliums und verdammt einen Geistlichen, der ungläubig dreinblickt, als Häretiker. Das ganze Aufgebot dieser barocken Welt mit Monarchen, Landsknechten, Seeleuten, Engeln, Heiligen und Madonnen ist der Ehre Gottes geweiht: Theater in der Regie des allmächtigen Weltenlenkers. Für Claudel ist dieses System selbstverständliche Glaubensgewißheit. Das Theater aber profitiert von der Weltdarstellung als Theater.
Auch in der angelsächsischen Literatur ist in den letzten Jahrzehnten eine Hinwendung zum religiösen Theater bemerkbar. Den Ausgangspunkt dieser Bestrebungen bildet *T. S. Eliots* Bühnenoratorium «Mord im Dom» (1935), das das Martyrium des Thomas Beckett in der Kathedrale von Canterbury zum Inhalt hat. Eliot verwendet in antikem Sinne betrachtende Chöre, denen er die Priester und Ritter als Handlungselemente gegenüberstellt. –

Als Beispiel in der Kirche ist auch *Christopher Fry's* Spiel «Ein Schlaf Gefangener» gedacht, das vier Soldaten in Träumen zu biblischen Figuren werden läßt und damit die überzeitliche Gültigkeit der alttestamentarischen Gleichnisse sinnfällig macht. Eine Dichtung, die das Bewußtsein des gottentfremdeten Menschen von heute religiös erwecken will. – Auch in der amerikanischen Literatur quellen religiöse Elemente auf. *Thornton Wilders* Bühnenstück «Unsere kleine Stadt» (1938) erreicht durch die Beschränkung auf das Einfach-Menschliche eine ergreifende Wirkung. Der Alltag wird vom Tode her distanziert. Die frühverstorbene Emily konnte noch einmal auf die Erde zurückkehren und sieht jetzt die Wirklichkeit in neuem Lichte: «Begreifen die Menschen jemals das Leben, während sie's leben – jeden, jeden Augenblick?» Und der Spielleiter, Stellvertreter Gottes in diesem Spiel, antwortet: «Nein. Die Heiligen und die Dichter vielleicht – bis zu einem gewissen Grade.» – Die jüngste religiöse Dichtung der amerikanischen Literatur ist das «Spiel um Job» aus der Feder des bekannten Lyrikers *Archibald MacLeish.* Er transponiert die Geschichte von Hiob in das heutige Amerika und zeigt einen puritanischen Businessman, der es durch Selbstvertrauen zu wirtschaftlichem und familiärem Glück gebracht hat. Er kann von sich sagen: «Ich habe stets gewußt, daß Gott mit mir war.» Aber dann bricht das Schicksal über ihn herein; er verliert nacheinander seine fünf Kinder, wird wirtschaftlich ruiniert, und auch seine Frau kehrt sich von ihm ab. Er ringt um den Sinn seines Leidens und erkennt schließlich: «Wir haben keine Wahl, wir müssen schuldig sein. Wenn wir unschuldig sind, ist Gott undenkbar.» Aber das genügt noch nicht. Gott ist größer und mit menschlichen Vorstellungen wie Gerechtigkeit nicht zu fassen: «ER IST.» Gott selbst liebt nicht, aber er schenkt den Menschen die Möglichkeit, in Not und Leid sich beizustehen und zu lieben: «Das ist das Wunder.» Diese Leidensgeschichte des Hiob, die biblische Texte verwendet, ist eingebettet in ein Rahmenspiel, in dem zwei heruntergekommene Schauspieler versuchen, sich als Gott und Satan zu gebärden... Reminiszenzen des alten Welttheaters. Das «Spiel um Job» ist eine geschickte Montage aus biblischen, allegorischen und modern-realistischen Motiven.

Es würde in diesem Rahmen zu weit führen, alle Bühnenwerke mit religiöser Thematik aufzuzählen. Genannt seien wenigstens noch die religiösen Spiele von Manfred Hausmann und Günther Rutenborn, von Max Mell und Leo Weismantel, die vor allem durch Laienspieler starke Verbreitung fanden. Für die französische Literatur seien die Autoren Henry Ghéon, Gabriel Marcel und François Mauriac erwähnt. Auch die Dramatisierung einer Novelle von Gertrud von le Fort durch Georges Bernanos unter dem Titel «Begnadete Angst» konnte sich zahlreiche Bühnen erobern. Selbst das Boulevardtheater gewann an religiösen Stoffen, freilich meist in sensationeller Aufmachung, Interesse. «Gericht bei Nacht» (Fodor), «Die erste Legion» (Lavery), «Ein Mann namens Judas» (Puget) u. a. sind Titel, die auch auf den deutschen Spielplänen des öfteren auftauchen. Ein Stück ähnlicher Art hat in jüngster Zeit wegen seiner missionierenden Wirkung besonders viel von sich reden gemacht. Es ist «Der Prozeß Jesu» von *Diego Fabbri*. Hier wird von einer jüdischen Schauspieltruppe allabendlich der Prozeß gegen Jesus wieder aufgerollt. Die Schauspieler verteilen die historischen Rollen unter sich und rekapitulieren die Fakten. Dann schaltet sich das Publikum ein. Die Diskussion entzündet sich an der Frage: Was bedeutet uns heute Jesus? Am Ende gesteht einer der Mitspieler die Denunziation eines Juden. Judas ist auch heute unter uns – und Christus? Er wird von uns immer wieder verurteilt, verraten und gekreuzigt. Trotz der großen Faszination, die dieses raffiniert gebaute Stück auf das Publikum ausübt, bleibt am Ende das unbehagliche Gefühl zurück, einer Täuschung zum Opfer gefallen zu sein. Man merkt die Absicht...

Ergebnis dieses auf Stichworte beschränkten Überblicks: Das positivistische Erbe des 19. Jahrhunderts scheint überwunden. In allen Literaturen zeigt sich der Aufbruch zu einer neuen Religiosität. Besonders in den Jahrzehnten 1910–1930 ist eine religiös bestimmte Dramatik entstanden, die nicht nur etwa bei Barlach oder Claudel hohen geistigen Rang erreicht, sondern auch mit vielen Stücken eine echte Breitenwirkung durch das Theater erzielt. Die Schaubühne ist nicht nur, wie es bei Schiller hieß, mit der Religion in Bund getreten, sondern selbst oftmals Stätte der

Verkündigung geworden. Der Logos – die *andere* Wurzel abendländischen Theaters – hat den Mimus in Bann geschlagen oder sich dienstbar gemacht. Gott ist zu einer ständigen, vielleicht sogar manchmal allzu geläufigen Vokabel der Bühne geworden. Wenn die Dichter, wie *Ezra Pound* einmal gesagt hat, die «Fühlhörner der Menschheit» sind, so zeigt sich in diesem neuen Irrationalismus das Ende einer Epoche, die den Menschen zum Mittelpunkt des Denkens gemacht hatte. Freilich wäre es kurzsichtig, über diesen Symptomen jene bedeutenden Bühnenautoren zu vergessen, die in der gleichen Zeit ganz auf die Analyse des Menschen und der Gesellschaft gerichtete Stücke geschrieben haben, etwa Shaw, Wedekind, Brecht, Pirandello, O'Neill. Sie bilden das kritische Korrelativ zu einem metaphysischen Anspruch, der von der Tendenz zur ausschließlichen Geltung nicht immer ganz frei ist.

Während sich der Erste Weltkrieg seismographisch in der Literatur als eine starke Affinität zum Irrationalen ankündigte und dann einen Sturm religiösen Geistes zur Folge hatte, bewirkte der Zweite Weltkrieg das genaue Gegenteil. Die faschistische Blut- und Bodenmystik mit ihren nationalen Religionssurrogaten ruft in der freien Literatur vor allem bei den Emigranten, eine rationale Gegenkraft hervor. Die gottergriffene Dynamik des Expressionismus entlarvt sich vielen als gefährliche Schwarmgeisterei; nur klares Denken kann die urdeutsche Glaubenssucht politisch desillusionieren. In Frankreich entsteht unter den Augen der deutschen Besatzung der Existenzialismus als rationale und nationale Freiheitsbewegung. Das Ende des Kriegs und das Chaos der Nachkriegsjahre sind nicht geeignet, irgendwelche neuen Menschheitsträume aufblühen zu lassen. Mag auch im privaten Bereich die Besinnung auf Gott sehr eindringlich gewesen sein, das Bild der Zeit, das die Bühne spiegelt, ist von äußerster Skepsis, von Fatalismus und Nihilismus geprägt. *Wolfgang Borcherts* Verzweiflungsschrei «Draußen vor der Tür» ist dafür ebenso ein Beweis wie die Dramatik von Anouilh, Sartre oder Beckett. Der «liebe Gott» tritt in «Draußen vor der Tür» als ein erschütterter alter Mann auf und klagt um die Menschheit: «Sie erschießen sich. Sie hängen sich auf. Sie ersaufen sich. Sie ermorden sich, heute hundert, morgen hunderttausend. Und ich, ich kann es nicht ändern.» Der Tod ist der neue Gott. Der Sinn des Lebens wird in der Sisyphos-Mythe dargestellt (Camus). Das Thema der jüngsten Dramatik ist nicht mehr Gott, sondern die Existenz des Menschen in einer banalen, technisierten, von anonymen Kräften beherrschten Welt.

Obwohl vorerst keine Hoffnung vorhanden ist auf einen neuen Mythos, eine neue religiöse Verkündigung – die Religion kann das Theater mit Hilfe der negativen Theologie unterwandern. Es ist im Grunde ein religiöser Moment, wenn in Sartres Stück «Geschlossene Gesellschaft», in dieser Bewußtseinshölle, in der sich drei Menschen gegenseitig zerfleischen, plötzlich die Tür aufspringt... und niemand den Mut oder die Kraft hat, den Raum zu verlassen. Es fällt dann jener Satz, mit dem man die moderne Lebenssituation aufschlüsseln kann: «Die Hölle, das sind die andern.» T. S. Eliot hat darauf in seiner «Cocktailparty» geantwortet: «Die Hölle, das ist man selbst.» Ein großes Religionsgespräch in der modernen Dramatik, ohne daß darin viel von Gott geredet wird. – Oder jener Versuch Sartres in «Der Teufel und der liebe Gott», Gott durch eine Wette ad absurdum zu führen. Wenn man die Prämissen jener atheistischen Beweisführung untersucht, schlägt die Dialektik in ihr Gegenteil um. Noch nie ist durch eine Gotteslästerung soviel religiöse Wirkung entstanden. – Und schließlich Beckett's viel diskutiertes Stück «Warten auf Godot». Zwei Clowns, die in ihren banalen Phrasen und Verrichtungen ständig das Absurde ihrer Existenz aufdecken. Hier gilt nicht mehr Strindbergs romantische Parole. «Es ist schade um die Menschen» – hier kann nur noch die Quintessenz gelten: credo quia absurdum!

Das Merkmal vieler Dramen unserer Zeit ist es, daß sie keine Ideologie vertreten, sondern nur Darstellung eines Zustandes sind, auch das nicht in der naturalistischen Ausgewogenheit von Photographie und Symbolik, sondern in extrem schockierender, das Negative hervorkehrender Weise. Dieser Schock kann eine therapeutische Wirkung ausüben, wenn dadurch die leichtfertig übernommenen Sicherheiten, in denen wir uns wieder materiell eingerichtet haben, geistig in Frage stellt werden, um einer wirklich gelebten Überzeugung Platz zu machen. Was die Literatur der jüngsten Zeit auszeichnet, ist die Tendenz zu äußerster politischer und gesellschaftlicher Wahrhaftigkeit. Das hindert sie an der großen Form, an der visionären Weltdeutung, an der allumfassenden Antwort. Aber sie hat den Mut zur Frage und hilft dadurch dem Menschen, sich selbst zu finden. Die *Dramatik der Frage,* wie sie sich in einzelnen Werken von Sartre, Brecht, Frisch und Dürrenmatt abzeichnet, ist eine Literatur der Herausforderung. Wenn Brecht im «Guten Menschen von Sezuan» die Frage stellt: wie ist es möglich «gut zu sein und doch zu leben» so ist das der Ausdruck eines echten Dilemmas. Die moralische Parabel läßt den Schluß offen, und der Dichter wendet sich an das Publikum: «Was könnt die Lösung sein? / Wir konnten keine finden, nicht einmal für Geld. / Soll es ein anderer Mensch sein? Oder eine andere Welt? / Vielleicht nur andere Götter? Oder keine? / Wir sind zerschmettert und nicht nur zum Scheine! / Der einzige Ausweg wär aus diesem Ungemach: / Sie selber dächten auf der Stelle nach, / Auf welche Weis dem guten Menschen man / zu einem guten Ende helfen kann / Verehrtes Publikum, los, such dir selbst den Schluß! / Es muß ein guter da sein, muß, muß, muß!»

Auch *Friedrich Dürrenmatt* in seiner tragischen Komödie «Der Besuch der alten Dame» entläßt das Publikum ratlos; aber die moralische Frage nach der Verzahnung von Wohlstand und Schuld ist gestellt – und über allem steht der Satz: «Und führe uns nicht in Versuchung!» *Max Frisch,* der in seinem Lehrstück «Biedermann und Brandstifter» die gleiche Methode anwendet, notiert in seinem Tagebuch: «Als Stückeschreiber hielte ich meine Aufgabe für durchaus erfüllt, wenn es einem Stück jemals gelänge, eine Frage dermaßen zu stellen, daß die Zuschauer von dieser Stunde an ohne eine Antwort nicht mehr leben können – ohne *ihre* Antwort, *ihre eigene,* die sie nur mit dem Leben selber geben können.»

So sind in der gegenwärtigen Situation die Bereiche von Religion und Theater scheinbar geschieden. In Wirklichkeit aber bedingt das eine das andere. Die Fragen, die im Theater gestellt werden, finden in der Religion ihre Antwort. Das Theater wirft der Kirche die Bälle zu und wartet darauf, daß sie dort aufgefangen werden. Die Vertreter der Religion können nicht länger in puritanischen Vorurteilen verharren oder verjährte Dominanzansprüche erheben: Das Theater hat seine geistige Selbständigkeit erwiesen. Es ist ein Regulativ im Dienste der Wahrheit. Wenn eine Zeit in die Gefahr gerät, geistig zu stagnieren, übernimmt das Theater die Funktion der Beunruhigung – nicht als Feind des Staates und der Religion, sondern als deren allergetreueste Opposition.

Das Ballett im Musiktheater – Erfahrungen und Perspektiven

Wenn ich an die Anfänge meiner Theaterzeit zurückdenke, so muß ich gestehen, daß ich den Darbietungen der «Tanzgruppe», wie das Ballett bis in die fünfziger Jahre genannt wurde, nur wenig Beachtung geschenkt habe. Lediglich in den Operetten waren die leichtgeschürzten Tanzgirls unübersehbar. Meine Ignoranz änderte sich, als ich mit dem Ballett am Mannheimer Nationaltheater 1954 dramaturgische Erfahrungen machen sollte. Die damalige Ballettmeisterin *Lisa Kretschmar* hatte nämlich die verwegene Idee, ein Ballett namens «Schwanensee» aufführen zu wollen. Der Intendant mißtraute der Verständlichkeit der Handlung und machte den Vorschlag, daß ein russischer Mönch als Erzähler auftreten solle, um dem Publikum die wundersamen Vorgänge dieses alten Volksmärchens zu erläutern. Da ich soeben als vorlesender Großvater in der getanzten Tierparabel «Peter und der Wolf» großen Erfolg gehabt hatte, schien ich für den kommentierenden Mönch prädestiniert. Lisa Kretschmar war natürlich entsetzt über solche Eingriffsabsichten, wagte es jedoch nicht, ihrem väterlich verehrten Intendanten zu widersprechen. Vielmehr beschloß sie, mir, dem Dramaturgen, die Unmöglichkeit des Vorhabens zu demonstrieren. Sie lockte mich wie eine Sirene in den Ballettsaal und verführte mich, dem Training nicht nur beizuwohnen, sondern sogar mitzumachen. Der Dramaturg an der Stange – ich muß eine komische Figur abgegeben haben in meiner Bemühung, die 2. und 5. Position einzunehmen, Pliés und Relevés auszuführen. Im Laufe meiner allmorgendlichen Besuche im Ballettsaal wurde ich dann überzeugt, daß das Ballett nicht auf erklärende Sprachdienste angewiesen ist. Die deutsche Erstaufführung von «Schwanensee» fand ohne russischen Mönch statt.

Das Wagnis gelang und machte bald Schule. Orlikowsky folgte 1955 in Oberhausen, Heinz Rosen 1959 in München, Beriozoff 1960 in Stuttgart. Das deutsche Publikum begann sich erstmalig mit den russischen Ballettklassikern vertraut zu machen. Das

Ballett kam in Mode und verdrängte nach und nach die Operetten in der Gunst der Abonnenten.
Eine weitere Begegnung ist berichtenswert. Der Mannheimer Intendant Hans Schüler war ein großer Anhänger der Idee, die Oratorien von Georg Friedrich Händel szenisch aufzuführen. Er wollte die Händel-Renaissance unter Hanns Niedecken-Gebhard mit dem Oratorium «Saul» in Mannheim fortsetzen. Da das Mannheimer Nationaltheater jedoch im Kriege zerstört worden war, mußte man mit verschiedenen Sälen als provisorischen Spielstätten vorlieb nehmen. Ein notdürftig wieder aufgebauter Konzertsaal ohne eigentliche Bühne sollte der Schauplatz der «Saul»-Aufführungen werden. Für die Choreographie war *Mary Wigman* vorgesehen. Die ersten Proben auf der runden, schräg in den Raum gestellten Spielfläche waren große Augenblicke eines neuen Tanzerlebnisses. Mary Wigman, die große Meisterin des Ausdruckstanzes, damals schon fast siebzigjährig, erschien in ihrem langen schwarzen Probenkleid und tanzte den klassischen Ballerinen barfuß den großen Hochzeitschor vor – mit schwingenden Armen, langsam drehend, den Boden streifend, dann wieder hochaufgerissen, den Kopf in den Nacken gepreßt. Ihre Bewegungen übertrugen sich spontan auf die klassischen Tänzer, die alle akademischen Regeln vergaßen und ebenfalls barfuß ihr Vorbild nachahmten. Mary Wigman mit ihrem pergamentenen Gesicht, ihren eindringlichen Augen, ihrer heiseren Stimme, Zigarette auf Zigarette gierig einsaugend, ist allen unvergeßlich geblieben, die in den magischen Sog ihrer Persönlichkeit geraten sind. Mit der gleichen suggestiven und elementaren Gestik hat sie auch Orffs «Catulli Carmina» und «Carmina Burana» choreographiert und inszeniert.
Es war die letzte Ernte einer Tanzbewegung, die – angeregt durch Isadora Duncan in den zwanziger Jahren – in Dresden ihren Mittelpunkt hatte und als «German Dance» bis nach New York ihre Wellen schlug. Kurt Jooss, Dore Hoyer, Harald Kreutzberg waren neben Mary Wigman die großen Exponenten dieses Stils, der den Expressionismus der Literatur und Malerei in die Ausdruckssprache des Körpers übertrug. Mit der Einfachheit und Weisheit eines alten Indianerhäuptlings, an den ihre archaische

Haltung gewiß manchmal erinnern konnte, setzte sie ihre humanen Signale: unerbittlich in ihren Forderungen an die Tänzer und an sich selbst, von überzeugender moralischer Integrität.
Die Erfahrung des klassischen «Schwanensee»-Zaubers und die Begegnung mit dem Ausdruckstanz, personifiziert durch Mary Wigman, haben sich als die beiden Pole meiner weiteren Ballettererfahrungen erwiesen.
Als ich 1959 die Intendanz des Stadttheaters Heidelberg übernahm, fand ich dort eine kleine, aber durchaus eigenständige Ballettgruppe unter der Leitung von *Ilse Lore Wöbke* vor, einer verspielt-phantasievollen Choreographin, deren besondere Neigung der Zusammenarbeit mit bildenden Künstlern galt. In der Bemühung um Aufträge an junge Komponisten wie Ingomar Grünauer, Wilhelm Killmayer, Humphrey Searle und Jürg Wyttenbach und um die Realisierung von Entwürfen bildender Künstler für die Bühne sah ich meine Aufgabe – auf den Spuren von Diaghilew. Die Intellektuellen unter den Heidelberger Ballettfreunden wußten den Einsatz zu danken.
Imre Keres war der Ballettmeister meiner Intendanz am Hessischen Staatstheater Wiesbaden (1962–1968). Wie Orlikowsky in Basel oder Beriozoff in Stuttgart und Zürich verstand er es, mit einem bescheidenen Corps de Ballet die großen Werke der Tradition erfolgreich zu inszenieren. Mit Kinderballett, Eleven und Statisten wußte er die Bühne so zu garnieren, daß der Eindruck höfischen Prunks entstand. Selbst als bei den Internationalen Maifestspielen das Bolschoi-Ballett und das Ballett des Kirow-Theaters gastierten und höchste tänzerische Maßstäbe setzten, blieb die eigene Arbeit davon unbeschadet. In Choreographien wie «Undine» von Hans Werner Henze oder «Chout» von Serge Prokofjeff gelang es Keres, dramaturgisch schlüssig und szenisch wirkungsvoll die Handlung neu zu erzählen. «Der» Ballett – seine Sprache blieb ein lustiger Flickenteppich ungarisch-deutscher Grammatik – war seiner Vitalität erbarmungslos ausgeliefert; mit Zuckerbrot und Peitsche wußte er seine Tänzer zu disziplinieren und zu äußersten physischen Leistungen anzuspornen. Die zirzensische Atmosphäre dieser Ballettarbeit wurde vom Publikum und auch von Sponsoren reich belohnt.

Das Kölner Ballett, das ich als Intendant 1968 übernahm, hatte es nach den anspruchsvollen Zeiten von Aurel von Milloss und Todd Bolender schwer, sich in seiner funktionalen Spielplanaufgabe zurechtzufinden. Außerdem stand das Kölner Ballett in scharfer Konkurrenz zu dem mit wesentlich größeren Mitteln ausgestatteten Ballett der Nachbarstadt Düsseldorf unter der Leitung von Erich Walter. Obwohl das Publikum auch weiterhin gerne «Nußknacker» und «Giselle» gesehen hätte, bahnte sich aus dem Ensemble heraus eine Wende an. Die Studentenunruhen, der Ruf nach «Mehr-Demokratie» hatten auch unter den Tänzern Reformideen geweckt. Junge Choreographen meldeten sich zu Wort. In Matineen oder Sondervorstellungen zeigten sie eine neue Tanzsprache, die sich orientierte an Choreographien des Nederlands Dans Theater und auch Elemente des amerikanischen Modern Dance aufnahm. Es entstand eine Art Sezession, die die Arbeit an klassischen Choreographien auf die Dauer unmöglich machte. Das Ergebnis dieser Krise war die Gründung des *«Kölner Tanzforums»* mit den Choreographen Helmut Baumann, Jürg Burth, Jochen Ulrich und Gray Veredon. In der ersten Premiere wurde absichtsvoll «Der grüne Tisch» von Kurt Jooss neu erarbeitet: Zeichen der Anknüpfung an die verlorene Tradition des Ausdruckstanzes und zugleich politische Aussage.

Hier nun schlägt der Bogen zurück zu Mary Wigman. Der andere Pol der Ballettarbeit: die menschliche Wahrheit als Ziel der tänzerischen Darstellung ist wieder magnetisch aufgeladen. Allerdings ist die Generation der Enkel nüchterner geworden, vermeidet das gestische Pathos, neigt mehr zur Analyse als zum Aufschrei. Konkrete politische Assoziationen werden gesucht. Die Spiegelung und Kritik der Konsum- und Überflußgesellschaft wird zum Tanzthema, daneben bleibt jedoch auch die Suche nach einer neuen Poesie bestimmend. Verschiedene Charaktere gingen bald ästhetisch verschiedene Wege. Methodisch herrschte jedoch Übereinstimmung: Das klassische Training muß gleichwertig durch das moderne Training ergänzt werden. Ziel war eine Synthese der beiden Techniken und Traditionen.

Der Ballettbeginn in Zürich, 1975, wurde von zwei Fehlern überschattet. In der Meinung, der Schweizer Tanzszene zu dienen, wurde ein Leitungsteam engagiert, dessen Gemeinsamkeit, wie sich bald herausstellte, vornehmlich in der Schweizer Nationalität bestand. Außerdem verträgt eine Ballettkompanie nur dann eine mehrköpfige Direktion, wenn sie ästhetisch, menschlich oder politisch aus dem gleichen Geiste heraus arbeitet. Diese Voraussetzungen waren jedoch bei dem Zürcher Experiment nicht gegeben. So zeigten sich bald die verschiedenartigsten Probleme, die einen Kurswechsel notwendig erscheinen ließen.

Bereits 1962 hatte ich in Hamburg Gastspiele des New York City Ballets gesehen und war von der neoklassischen Ästhetik *George Balanchines* fasziniert. Beim 80. Geburtstag Igor Strawinskys wurde fast das gesamte choreographische Œuvre Balanchines nach Kompositionen Strawinskys gezeigt; dabei beeindruckten vor allem Meisterwerke wie «Agon», «Apollon musagète», «Orpheus» und das «Violinkonzert». Balanchines Kunst ist sichtbargemachte Musik, eine äußerste Entsprechung musikalischer und tänzerischer Formen. Der Tanz findet in der Abstraktion von Handlung und thematischen Vorstellungen zu sich selbst. «Das Ballett lebt vom Tanz, und es ist die Qualität des Tanzes, die zuallererst seine künstlerische Qualität bestimmt.» Horst Kögler hat in seiner ersten Balanchine-Begeisterung diese Distanzierung vom Theater, vom Ausstattungszauber, vom sensationellen Libretto mit großen Worten begrüßt, um sich freilich bald anderen Wunschvorstellungen zu erschließen. George Balanchines choreographisches Lebenswerk hat sich für viele spätere Entwicklungen als fundamental erwiesen. Die Umsetzung symphonischer Musik in Tanz ist dank Balanchine Methode aller neueren Choreographen geworden. Er hat das Ballett als Medium musikalischer Interpretationskunst emanzipiert. Die bedeutendsten Dirigenten scheuen heute nicht mehr davor zurück, symphonische Musik für das Ballett zu dirigieren.

Der Zufall wollte es, daß *Patricia Neary,* Mr. B's langjährige Solotänzerin und Ballettdirektorin in Genf, interessiert war, mit dem größten Teil ihrer Kompanie nach Zürich zu übersiedeln. Der Meister gab seine Zustimmung, daß künftig das Zürcher Ballett seine europäische Filiale werden und seine Choreographien repräsentieren solle. Er versprach persönliche aktive Mitarbeit. Zwar

war er des öftern in Zürich und inspizierte «seine» Kompanie; zu einer eigentlich kreativen Arbeit ist es jedoch leider weder mit ihm noch mit seinem langjährigen Freund Jerome Robbins gekommen. Bei zahlreichen Tischgesprächen hatte ich Gelegenheit, die Autorität seines Urteils in musikalischen Fragen, mehr noch die apodiktische Art seines Vorurteils gegenüber anderen Choreographen kennenzulernen. Seine Memoiren zu schreiben, fehlte dem Vielbeschäftigten die Zeit. Seine Freunde – insbesondere seine Frauen – müßten sich zusammentun, um das Versäumte nachzuholen.

Mr. B's Choreographien wurden – soweit Patricia Neary sie nicht im Kopfe hatte – vom Video-Tape übernommen oder von Assistenten einstudiert. Gewisse Kritiker bezeichneten das Zürcher Ballett als «Wiederkäuer», womit sie der Truppe, die sich trotz starker Fluktuation stets auf technisch hohem Niveau präsentierte, Unrecht taten. Da allerdings aus Publikumsgründen die Handlungsballette im Repertoire nicht fehlen durften, mußten zwischendurch Choreographen wie Rudolf Nurejew, Heinz Spoerli, Valery Panov die Arbeit übernehmen, die George Balanchine aus seiner Vorstellungswelt verdrängt hatte. Die eigentliche Kreation neuer Ballette durch Schweizer Choreographen trat gegenüber der Präsentation des Werkes von Balanchine leider in den Hintergrund. Diese allerdings wurde nach anfänglichem Zögern vom Zürcher Publikum mit zunehmender Sympathie aufgenommen, wobei freilich die Besucherzahlen der abendfüllenden Ballette bei weitem nicht erreicht wurden. Der künstlerische Fortschritt in der Rezeption der Ballettkunst ist als Ergebnis einer siebenjährigen Balanchine-orientierten Direktion nicht zu leugnen.

Wenn ich jetzt auf dreißig Jahre Balletterfahrung zurückblicke, so muß ich mit Bedauern feststellen, daß es mir nicht wie Maurice Huysman in Brüssel gelungen ist, einen Maurice Béjart zu entdekken oder wie Walter Erich Schäfer in Stuttgart, mit John Cranko ein Ballettwunder zu schaffen. Dies sind gewiß seltene Glücksfälle der Theatergeschichte. Ich kann für mich lediglich in Anspruch nehmen, daß ich auf allen Stationen meiner Theaterarbeit das Ballett als Kunstgattung voll anerkannt und gefördert habe, daß Tänzerinnen und Tänzer immer meiner Sympathie und Bewunderung gewiß waren und daß mein Herz immer denen gehört hat, die in dieser Kunst etwas Neues gewagt haben. Der künstlerische Weg pendelt zwischen Lisa Kretschmar und Mary Wigman, das heißt: zwischen klassischem und modernem Tanz, zwischen Tradition und Erneuerung. Und immer habe ich in der Unruhe des Kommens und Gehens, die dem jugendlichen Alter der Tänzer gemäß ist, nach der Kraft der Integration Ausschau gehalten. Das Nebeneinander beider Kunstrichtungen führt, obwohl sich die Fronten entschärft haben, zu Spannungen und Zerwürfnissen. Und doch braucht heute lebendiger Tanz eine Synthese aus den verschiedenen Stilelementen. Je weiter sich die choreographische Kunst differenziert, desto mehr verwischen sich die Grenzen, desto unbeschränkter wird das Potential der schöpferischen Choreographenpersönlichkeit. Und zugleich wächst die Gefahr der Beliebigkeit, Austauschbarkeit, der Wegwerfchoreographie.

Wenn ich meine Erfahrungen verallgemeinern darf, so sehe ich für die Zukunft des Balletts drei Aufgaben:

1) Ballett läßt sich nicht nur verwalten. Ballett braucht die Hand des Choreographen, der seine Kompanie inspiriert, ihr seine ästhetischen oder thematischen Konzepte aufprägt. Ballett braucht, um lebendig zu bleiben, die ständige choreographische Innovation. Nicht die perfekte Konfektion vermag einer Kompanie ihr Profil zu geben, sondern die Originalität der Entwürfe, selbst wenn diese unvollkommen bleiben sollten.
2) Das klassische Repertoire ist unentbehrlich. Freilich sollte es nicht museal erstarren, sondern durch ständig neue Inszenierungen dem sich wandelnden Zeitgeist angepaßt werden. Da die Zahl der klassischen Handlungsballette beschränkt ist, kommt es darauf an, neue Handlungsballette zu entwerfen, zu komponieren und zu inszenieren. So wie es John Cranko mit «Der Widerspenstigen Zähmung», «Eugen Onegin», John Neumeier mit der «Kameliendame» gelungen ist, neue choreographische Stücke szenisch zu erzählen, so könnten viele literarische Stoffe oder historische Vorgänge für das Tanztheater erschlossen werden.

   Die dreiteiligen Ballettabende, sogenannte «Mixed Bills», werden nie im gleichen Maße den Zuspruch des Publikums finden wie die großen Tanzdramen oder Tanzepen. Trotzdem legitimieren sie sich aus der Wahl der getanzten Musik. Wie bei den Programmen unserer Symphoniekonzerte sollten freilich mehr Gedanken darauf verwendet werden, mehrere Stücke auf einen künstlerischen Nenner zu bringen. Die Buntheit einer choreographischen Palette führt zwar zu mehr Divertissement, macht jedoch auf die Dauer farbenblind. Das dramaturgische Gewissen darf sich nicht von Konsumenteninteressen korrumpieren lassen. Das Rezept «Man nehme...» kann zu hervorragenden Gerichten, aber auch zu geschmackstötendem Allerlei führen. Daß daneben der berechtigte Anspruch junger Talente, sich choreographisch zu erproben, erfüllt werden muß, macht Studioarbeit zu einer absoluten Notwendigkeit. Ohne das schöpferische Echo oder den Widerspruch aus der eigenen Kompanie kann kein Ballettdirektor vor der nächsten Generation bestehen. Die Zusammensetzung des Ballettprogramms ist von Stadt zu Stadt verschieden. Es kommt immer darauf an, eine Entwicklung mit dem Publikum zu konzipieren, das Publikum beharrlich ästhetisch weiterzubilden durch das Wechselspiel von Herausforderung und Bestätigung. Wer einer Stadt ein Minderheitenprogramm aufoktroyieren will, kann zwar mit der Ermutigung durch die Kritik rechnen, hinterläßt allerdings meist «verbrannte Erde».

3) Die Zukunft des Balletts ist eine Nachwuchsfrage. Wo nichts getan wird für eine gute Ausbildung der nächsten Tänzergeneration, dort kann sich das Ballett nur parasitär am Leben halten. Es kommt auf die Dauer zu einem Überfremdungsproblem. Die Ausbildung des professionellen Tänzernachwuchses kann nicht durch privat-kommerzielle Schulen garantiert werden. Keine der Privatschulen ist in der Lage, dem auszubildenden Tänzer Unterricht in allen notwendigen Fächern zu bieten. Soll der Tänzer von morgen die künstlerischen Anforderungen erfüllen können, die das stilistisch immer differenziertere Programm an ihn stellt, muß er außer einem guten klassischen Fundament auch über Fähigkeiten im Modern Dance, im Jazz Dance, im Nationaltanz, in Pantomime, Improvisation und Akrobatik verfügen. Welche private Schule kann es sich finan-

ziell leisten, ihm diese Kenntnisse zu vermitteln und ihn außerdem auch theoretisch weiterzubilden?

Nur von der öffentlichen Hand subventionierte Institute können ein Unterrichtsprogramm bewältigen, das diesen Forderungen entspricht; nur sie können die qualifizierten Lehrkräfte engagieren, die der Schule pädagogischen Erfolg garantieren. Da in der Schweiz eine solche Ausbildungsstätte fehlt, müssen die begabten Schüler sich in London, Paris, Stuttgart oder München um Studienplätze bewerben. Die Tanzausbildung beginnt aber bereits im Kindesalter. Es entstehen aus diesem Grunde nicht nur große Schulprobleme, sondern auch die sozialen Probleme der familiären Entwurzelung. Jede Ballettausbildung kann deshalb nur in Verbindung mit der Schule gelöst werden und muß den Ballettschülern ein freundliches und sicheres Zuhause bieten.

Für Musik- und Schauspielausbildung gibt es genügend öffentliche Ausbildungsstätten, nur der Tanz ist immer noch ein Stiefkind in den musischen Programmen unseres Erziehungswesens. Puritanische Mentalität hat es besonders schwer, das Vorurteil gegenüber der Ästhetik der Tanzkunst zu überwinden. Dabei hat unser Zeitalter die Körperlichkeit nicht nur wiederentdeckt, sondern ist sogar dabei, jeder Übertreibung, jeder Rekordsucht Beifall zu zollen.

Eine moderne Ballettschule hat die Aufgabe, das Umfeld des Tanzes zu beachten. Das gilt auch für tänzerische Animation von Laien, für die Verbindung von Tanz und Sport, für sozialpsychologische Anwendung des Tanzes, für tänzerische Selbstverwirklichung in der Bildenden Kunst. Ganz besondere Aufmerksamkeit gebührt der Aus- und Weiterbildung von Pädagogen. Die Werbung für den Tanz und den Tänzerberuf muß bereits in den Schulen beginnen. Ebenso wie die Förderung des Sports sollte auch die Erweckung für Musik und Tanz in der Schule ihren Anfang nehmen.

In den letzten zwanzig Jahren hat sich in der öffentlichen Meinung ein geradezu revolutionärer Geschmackswandel vollzogen: Das Ballett, bis in die fünfziger Jahre Stiefkind der deutschsprachigen Theater, als Kunstgattung oftmals totgesagt, hat sich die Gunst der

Theaterbesucher und darüber hinaus der breiten Öffentlichkeit errungen. Der Tanz in seinen verschiedenen Spielarten – vom Eiskunstlauf bis zur Gymnastik, vom Jazz bis zur Aerobic – gehört zum Kulturbild unserer Epoche. Das Ballett ist die höchste Projektion dieser neuen Körperlichkeit. Für jeden Theaterdirektor, der diese Wandlung miterlebt hat, bleibt es unverständlich, daß es immer noch Musiktheater gibt, in denen das Ballett ein gerade noch geduldeter Staat im Staate ist, eine Spielwiese für jugendbewegte Außenseiter.

Gesang und Tanz sind ihrem Ursprung nach verschwistert. Die barocke Oper von Rameau bis Gluck integrierte den Tanz in die Handlung, im 19. Jahrhundert wurde das Ballett zur Einlage, die mit dem aufgeführten Werk meist keinen Zusammenhang mehr hatte. Die Opernreformer haben auf das Ballett verzichtet. Heute dagegen ist bei vielen Kompositionen die umgekehrte Tendenz spürbar. Beide Kunstgattungen sind dabei, sich wieder gegenseitig zu entdecken.

Musiktheater kann auf Ballett nicht verzichten, denn die Tanzkunst gehört wie der Gesang zur Utopie des Menschen. Orpheus besiegt mit seinem Gesang die Geister der Unterwelt, er scheitert an sich selbst. Der Tänzer träumt den Traum des Ikarus, die Schwerkraft zu überwinden; er bleibt erdgebunden.

Ballett ist auch die Kunst des Equilibre, der Balance im Fluß der Bewegungen, ist Kunst des Maßes und der Form.

Ballett ist auch Theater, Kunst der menschlichen Selbstdarstellung in gesellschaftlicher Bedingtheit. Auch in großer Tanzkunst sind Wahrheit und Schönheit ambivalent.

Wer in der darstellenden Kunst auf den Tanz verzichtet, verzichtet auf die Jugend!

Theater oder Demokratie?

Das deutsche Theater steht unter Anklage. Die Beschuldigung lautet:

1. Das deutsche Theater ist Statussymbol einer elitären und repressiven Gesellschaft.
2. Der Spielplan des deutschen Theaters ist traditionalistisch und reaktionär.
3. Das deutsche Theater hat eine autoritär-hierarchische Herrschaftsstruktur.

Die Konsequenz dieser Anklage heißt: Das deutsche Theater muß demokratisiert werden! Das bedeutet Kulturrevolution. Die neue Gesellschaft ist auch ohne Theater denkbar.

Wir wollen die Anklagepunkte im einzelnen begründen und den Versuch eines Plädoyers machen.

Ablenkungsbude des Kapitalismus

Seit Hans Mayer auf dem Volksbühnentag 1968 seinen provokanten Vortrag über die Einheit von Bildung und Besitz gehalten hat, ist das allgemeine Unbehagen am Theater – von Autoren und Kritikern in den letzten Jahren oft genug pointiert – auf einen soziologischen Nenner gebracht worden. Das Theater gehört nach Hans Mayer zum kulturellen Selbstverständnis des Bürgertums; das Abonnement ist ein auszeichnender Prestigefaktor, die festliche Repräsentation von Toilette und Kunstverständnis ein Ritual, das alle Wirtschaftskrisen und politischen Katastrophen überdauert hat. Zwar sind die meisten klassizistischen Kunsttempel des 19. Jahrhunderts im Krieg zerstört worden – die Erwartung des bürgerlichen Publikums ist die gleiche geblieben: Erbauung an schönen Klängen, Worten und Gebärden, Bildungsbestätigung oder unverbindliche Unterhaltung. Die neuen Funktionsbauten mit ihren prächtigen Foyers verleugnen nicht ihren gesellschaftlichen Auftrag: daß hier allabendlich das bürgerliche Einverständnis mit der Tradition gefeiert werde, der «städtisch subventionierte

Heilige Abend unseres Bürgertums» (Horst Krüger). Der Nimbus der Feierlichkeit bleibe dieser «Einschüchterungsarchitektur» auch erhalten, wenn moderne Kunst gepflegt wird, wenn die Zeremonie ästhetischer Experimente ein masochistisches Publikum mit Lust und Schrecken erfüllt. Die liberale Toleranz gegenüber den unverständlichsten Kunstverrichtungen zähle zum bürgerlichen Verhalten ebenso wie das Beharren auf den Leitbildern der guten alten Zeit: Die Kunst sei frei, ein Bezirk außerhalb dieser Welt, vielleicht zugehörig zur «pädagogischen Provinz», vielleicht aber auch nichts als ein Phantasiereservat des homo ludens. Hier sei erlaubt, was gefällt; was denen gefällt, die dafür bezahlen und denen, die dafür bezahlt werden. «Wer vieles bringt, wird manchem etwas bringen» heiße die abgedroschene Devise für den pluralistischen Spielplan; Klassiker und Operetten sorgen für die Kasse, vereinzelte Experimente im Studio, Uraufführungen von Eintagsfliegen für das künstlerische Image. Kulinarischer Selbstbetrug zur Erfüllung des gesellschaftlichen Prestiges, Starkult, unverbindliche Information «sowohl als auch»: das seien die Merkmale dieser Pseudokultur, die den Warencharakter ihres Kunstkonsums ständig verschleiere. Alle neuen Ideen, seien sie affirmativ oder revolutionär, erhalten in diesem Kulturrummel Marktwert, sie werden bewertet, manipuliert, relativiert. Der Bürger habe die Fähigkeit, sogar die Revolution, seine eigene Hinrichtung zu objektivieren. Das Theater erziehe sein Publikum zur Passivität, zu unkritischer Hinnahme der Herrschaftsverhältnisse; es sei hoffnungslos repressiv; eine «Ablenkungsbude» des Kapitalismus.

Das Register dieser Anschuldigungen könnte beliebig erweitert werden. Die Feuilletons sind voll von mehr oder minder effektvollen Diskussionen, Analysen und Prognosen. Merkwürdig daran ist, daß sich in kurzer Zeit eine neue intellektuelle Artikulation herausgebildet hat; das Vokabular des Soziologismus beherrscht die Kulturkritik. Die neuen popularisierten Reizworte suggerieren die Entdeckung einer neuen Denkdimension, dabei sind sie nichts anderes als Subversionsmittel einer intoleranten Ideologie.

Fetisch Arbeiter

Eines der gängigsten Argumente der Neuen Linken gegen das Theater ist das Fehlen der Arbeiter im Parkett. Darin zeige sich der elitäre Charakter der Institution, daß sie sich gegen das Proletariat durch Eintrittspreise, Programm und Nimbus abkapselt. Die Bemühungen der Volksbühne und der Theatergemeinde um Erschließung der Kunst für die minderbemittelten Bevölkerungsschichten werden belächelt oder verurteilt, da es nicht um Konsumteilnahme und daher Beschwichtigung der Arbeitnehmerschaft geht, sondern um Kunstverweigerung und Agitprop. Der Arbeiter selbst wird allerdings nicht gefragt, weil er nicht für mündig gehalten wird, das System zu durchschauen. Die Gewerkschaften gelten als Teil des Establishments. Bleibt also die alte Theorie vom ausgebeuteten Arbeitssklaven, der um den Mehrwert betrogen, sich und der Gesellschaft entfremdet sei. Daß diese Theorie in einer Zeit, in der Wissenschaft und Technik die Produktionsverhältnisse bestimmen und Handarbeit im ursprünglichen Sinn immer mehr an Bedeutung verliert, nicht mehr zutrifft, ist durch Untersuchungen von Marcuse, Habermas und anderen Soziologen erwiesen. Der vielzitierte «Arbeiter» ist eine Art literarischer Fetisch, ein dialektisches Wunschbild – als Opfer bourgeoiser Theater-Politik ist er wenig geeignet.

Das will gewiß nicht heißen, daß die seit Jahren immer wieder unternommenen Bemühungen, das Theater realitätsnäher oder volkstümlicher zu machen, sinnlos seien – im Gegenteil: es sollten neue Versuche unternommen werden, der Arbeitnehmerschaft in ihrer vermehrten Freizeit auch das Theater nahe zu bringen; nicht als «panem et circenses» zur «Vermeidung von systemgefährdenden Risiken» (Habermas), sondern zur Differenzierung des Bewußtseins in ästhetischen wie politischen Fragen. Es ist allerdings sehr ungewiß, ob sich eine «Entbürgerlichung» des Theaters auf das Verhältnis zum Arbeiter positiv auswirkt. Gerade die Erfahrungen in den sozialistischen Ländern zeigen, daß die bürgerliche Literatur, in historischem Stil aufgeführt, den Arbeiter stärker fasziniert als proletarische Milieustücke von heute. Daß sich in der historischen Entwicklung kein literarisches klassenbewußtes

Arbeitertheater hat halten können, dürfte zu denken geben. Es lag sicher nicht an mangelnder Initiative oder an bourgeoiser Bevormundung.

Spiel als Erbsünde

Daß das deutsche Theater heute ausschließlich Sache einer privilegierten Klasse sei, ist ebenso ein Vorurteil wie die immer wieder kolportierte Behauptung, die Jugend sei desinteressiert. Das Theater wird von den Menschen besucht – und das ist naturgemäß eine qualifizierte Minderheit –, die ein Sensorium für diese Kunst haben, wobei sicher zu unterscheiden ist zwischen Oper, Ballett und Schauspiel; wobei sicher auch nicht zu leugnen ist, daß außerkünstlerische Argumente mit im Spiel sind, so wie sie immer mit im Spiel waren. Es liegt in der menschlichen Natur, daß sich bei Kommunikationen die verschiedensten Interessen mischen. Diese Kondition gilt sicher auch für politische Anlässe. Besteht Veranlassung, dieses individual oder gruppenpsychologisch bedingte Verhalten dem Theater gegenüber zu diffamieren oder zu indoktrinieren? Sollte man nicht vielmehr, wie zu allen Zeiten, die Gewohnheiten des Menschen dazu benutzen, ihn mit sich zu konfrontieren, sei es aus moralischen, religiösen, politischen oder auch «nur» aus ästhetischen Gründen?

Theater ist nicht nur Aufklärung, wie uns weltverbessernde Ignoranz glauben machen will. Theater ist Spiel, Tanz, Gesang, Gebärde, Sprache... Es geht im Theater nicht nur um rationale Bezüge, um Gesellschaftskritik – so wichtig diese ist –, Theater kann auch nur lustig, nur unsinnig, nur Zauber sein, ohne deswegen ein moralisch-politisch schlechtes Gewissen haben zu müssen. Jede Ideologie neigt zu doktrinärer Verengung, zu Verketzerung des Andersdenkenden. Theater war aber noch nie ein glaubwürdiges Instrument der Verkündigung. Es macht die Wirklichkeit zum Spiel, die Wahrheit zur Fiktion. Vielleicht liegt in dieser Dialektik die «Erbsünde», die es allen Moralisten verdächtig erscheinen läßt.

Das Publikum, das die deutschen Theater heute besucht, sei überaltert, heißt eine weitere Legende. Genaue Untersuchungen ergeben ein anderes Bild. Die Altersstufe der bis zu 20jährigen dürfte prozentual etwa den gleichen Anteil wie die der über 60jährigen Besucher haben. Jeder psychologisch richtige Versuch beweist, wie sehr die Jugend nach wie vor vom Theater fasziniert wird. Sie sucht allerdings nicht das sentimentale Illusionstheater von gestern, wohl auch nicht die typische Repertoireoper – dafür desto intensiver das kritische und experimentelle Theater unserer Zeit mit seinen offenen Proben und Diskussionen. Beatkonzerte, Songabende und Jazzveranstaltungen «entweihen» schon lange nicht mehr den Musentempel. Vor allem ist es wichtig, die Jugend an der Auswahl des Spielplans zu beteiligen, bei geeigneten Stükken jugendliche Spielgruppen aktiv einzubeziehen. Wenn Kritik am Theater erlaubt ist, das Theater sogar zur Kritik an der Umwelt herausfordert, kann es beim jungen Publikum zu einer Identifikation kommen, die Pädagogen nur selten gelingt.

Wenn die mittlere Generation dem Theater heute fernbleibt, so ist das leicht durch die Berufs- und Lebenssituation dieser sich etablierenden Altersstufe erklärt; gewiß sind es auch manchmal in den Großstädten nur die Verkehrsverhältnisse in den Ballungszeiten, die den Theaterbesuch wochentags behindern. Die Fehler beim Wiederaufbau der deutschen Städte, die zur Entleerung der City und zu den dörflichen Lebensverhältnissen in den Randbezirken geführt haben, sind sicher auch für die Besuchsprobleme mancher Theater mitentscheidend. Es gilt, neue Formen der Organisation und Werbung zu finden, die den veränderten zivilisatorischen Umständen, dem Stil bestimmter Subkulturen gerecht werden.

Daß das Theater in gleicher Weise für die Bewußtseinsbildung der Jugend wie für die Bewußtseinserhaltung im Alter da ist, sollte eigentlich selbstverständlich sein. Die Jugendvergötzung unserer Zeit verdrängt nur zu leicht die Bedeutung der kulturellen Fürsorge für den Altenteil der Bevölkerung, der in den nächsten Jahren prozentual beträchtlich zunehmen wird. Hier hat das Theater eine sozialpädagogische Aufgabe, deren es sich angesichts der Kulturrevolution einer jugendlichen Minderheit nicht schämen sollte. Auch der sozialistischen neuen Gesellschaft bleiben die psychologischen Probleme des Alterns nicht erspart; sie ist desto sozialistischer, je mehr Gerechtigkeit sie dem Alter zuteil werden läßt. Daraus folgt jedoch zwangsläufig auch der Respekt vor der Mentalität des Alters, die Suche nach Erinnerung und Meditation.

Theater als Museum

Der Vorwurf gegen die Spielpläne der deutschen Theater läßt sich vereinfachen auf die Tendenz: zuviel Altes, zuwenig Neues! Das Theater wird als Museum betrachtet, das einen Wust gesellschaftlich irrelevanter Tradition mit sich herumschleppt und vom Historismus überwuchert wird.

Der Vergleich mit dem Museum ist nur bedingt anwendbar, da die Bühnenkunst nicht eine Sammlung von einmaligen historischen Artefakten ist, sondern erst in der Vergegenwärtigung durch Darsteller existent wird. Bühnenkunst lebt durch Reproduktion, dabei ist die literarische Vorlage ständiger Veränderung unterworfen. Authentizität ist beim Theater kaum vorstellbar.

Wenn man trotzdem den Vorwurf im Hinblick auf die ideologische Komponente des Spielplans diskutieren will, so entsteht die Frage, ob die Ausstellung alter Texte in heutiger Sicht und mit heutiger Technik eine die Gesellschaftsentwicklung hemmende Maßnahme ist? Adorno hat die positive Funktion des Museums darin gesehen: «dem vom Verstummen Bedrohten zum Überdauern zu verhelfen». Er respektiert einerseits den Geschichtshorizont «spätbürgerlichen» Bewußtseins – seine soziologisch-analytische Philosophie ist ohne diese historische Erfahrung undenkbar –, andererseits brilliert er im kritischen Nachweis der Selbstentfremdung von Musik und Literatur, der Manipulation durch die Kulturindustrie, der gesellschaftlichen Verschleierung, Ablenkung und «perennierenden Irrationalität».

So unleugbar die Verdienste dieser soziologischen Analyse sind, – die einseitige Betonung des cui bono führt zu einem Soziologismus, der den absoluten Gehalt eines Werkes aus dem Auge verliert. Es ist eine Wahnvorstellung, durch Bilderstürmerei die gesellschaftlichen Konditionen verbessern zu können. Karl Marx nennt solches Verhalten «schülerhafte Eselei» und fährt in seinem «Konspekt zu Bakunins Staat und Anarchie» fort: «Eine radikale soziale Revolution ist an gewisse historische Bedingungen der ökonomischen Entwicklung geknüpft; letztere sind ihre Voraussetzung. Sie ist also nur möglich, wo mit der kapitalistischen Produktion das industrielle Proletariat wenigstens eine bedeutende Stellung in der Volksmasse einnimmt.» Die Studentenrevolte spiegelt die Probleme einer intellektuellen Minderheit. Sie entspricht nicht den historischen Bedingungen einer sozialen Revolution.

Theater als Revolutionsersatz

Die chinesische Kulturrevolution, die von der Analyse eines Theaterstücks ihren Ausgang nahm und in ihrer Demokratisierungstendenz zeitweilig in Bilderstürmerei ausartete, stand unter der Autorität des Vorsitzenden Mao, der sie im richtigen Augenblick vor Selbstauflösung und Anarchie zu bewahren wußte. Die russische Oktoberrevolution fiel nach wenigen Jahren in eine nationale Rehabilitation bürgerlichen Bildungsgutes zurück.
Daß man nicht *mit* dem Theater, sondern höchstens *auf* dem Theater Revolution machen kann – und zwar Theaterrevolution –, wird sich bald herumsprechen. Aber ist dann dieses Instrument politisch überhaupt noch effektiv? Transportiert es nicht vielmehr immer noch die alten Innerlichkeitswerte – statt «demokratischer» Verhaltensregeln? Und auch diese nur als «schönen Schein»? Wenn Theater nicht ausschließlich Forum der politischen Diskussion sein kann, sei es überflüssig: so lauten die extremen Postulate der Kulturrevolution. Theater als Spiel und Unterhaltung ist «kulinarisch», Genuß gilt als Konsum-Einverständnis, als Sünde wider den Geist des wahren Sozialismus. Gegen diese Alles-oder-Nichts-Ideologie sei der weise Brecht angeführt, der im «Kleinen Organon» formulierte: «Seit jeher ist es das Geschäft des Theaters, wie

aller anderen Künste auch, die Leute zu unterhalten ... Nicht einmal zu lehren sollte ihm zugemutet werden ... Das Theater muß nämlich durchaus etwas Überflüssiges bleiben dürfen, was freilich dann bedeutet, daß man für den Überfluß ja lebt. Weniger als alles andere brauchen Vergnügungen eine Verteidigung.» Wer wagt es, diesen Satz, der die listige Präambel einer gesellschaftsverändernden Dramaturgie darstellt, als «repressive Toleranz» abzutun?

Das Fragespiel um die Wirkung (sprich Effektivität) des Theaters, das von Aristoteles bis Brecht immer neue Deutungen geliefert hat, wird auch diese Revolutionstheorie überstehen. Ist es nicht sinnvoller, statt über die Zerstörung, Aushungerung und Unterwanderung des Theaters zu diskutieren, den Kunstapparat zu benutzen, um Bewußtseinsänderungen zu bewirken? Ist es nicht besser, die überlieferten Texte ständig auf ihren Zeitbezug neu zu überprüfen, alte Bildungsvorstellungen zu revidieren, die Kenntnis von Verhaltensweisen in verschiedenen gesellschaftlichen Systemen zu vermitteln? Das mag «evolutionärer Reformismus» sein; wenn «jedes der bisher akzeptierten Anzeichen für eine revolutionäre Lage fehlt» (Habermas), ist es töricht, sich mit revolutionären Wahnvorstellungen, die aus einer «gravierenden Verwechslung von Symbol und Wirklichkeit» entstehen, zu identifizieren und damit die realen Möglichkeiten der Demokratie in Deutschland zu gefährden.

Das politische Monopol

Wenn im Spielplan der deutschen Theater historische Stücke überwiegen, so liegt das gewiß nicht an der mangelnden Quantität neuer Werke. Politik hat deutlich das Monopol aller Themen. Was für die antike Tragödie das Schicksal, für Shakespeare der menschliche Charakter, für Schiller die Idee war, ist heute marxistische Soziologie, gewürzt mit einer Dosis Freud. Ausgeklammert sind nicht nur mythologische Urbilder, metaphysische Spekulationen, mystische Erfahrungen – auch dramaturgische Spannungsfelder wie Schuld und Recht, Opfer und Tragik, Leid und Tod sind entwertet. Was bleibt dem um Wirklichkeitsdarstellung und Veränderung bemühten Autor anderes als eine eindimensionale Montage von Zitaten, Fällen und Kommentaren. Selbst die Parabel, von Brecht bis Dürrenmatt als Kunstmittel zur moralischen Identifikation erfolgreich angewandt, gilt als abgenutzt. Ist die deutsche Literatur in eine Sackgasse geraten? Verleugnet sie das Theater, um das Fernsehen, den neuen Film zu bevorzugen? Politik allein ist nicht abendfüllend, Agitation verschreckt das Publikum, statt es zu aktivieren. Vielleicht sollten unsere Autoren einmal die politische Autorität Mao frequentieren. In den Reden bei der Aussprache in Yenan heißt es: «Wir fordern die Einheit von Politik und Kunst, die Einheit von Inhalt und Form... Kunstwerke, denen es an künstlerischem Wert mangelt, sind, wie fortschrittlich sie politisch auch sein mögen, kraftlos... In Fragen der Literatur und Kunst müssen wir einen Zweifrontenkampf führen.» In der deutschen Literatur der jüngsten Zeit wird einäugig für Politik gegen Kunst oder blind für Kunst gegen Politik gekämpft.

Kunstinflation

Die Abwertung von Kunst auf der Bühne ist eine importierte Inflation. Sie stammt aus den bildenden Künsten, die sich darin überbieten, sich selbst ad absurdum zu führen. Nicht nur op- und pop art haben die Bühne okkupiert und werden zu wohlfeilen Gebrauchsmustern gegen ein Theater der schönen Seele – auch minimal art scheint in Mode zu kommen. Reduktion der Ästhetik auf leere Räume, monochrome Flächen, Verpackungsmittel, dissoziierte Arrangements. Das sind die letzten Ausflüchte einer Einfallsartistik vor dem pseudodemokratischen Salto mortale: do it yourself! Kunst in der Selbstpreisgabe, in der Selbstdenunziation: Antikunst – und in Analogie dazu Antitheater. Protestformen, bei denen Engagement und Dilettantismus sich ununterscheidbar mischen. Das Ziel ist die Preisgabe des einmaligen, unwiederholbaren Kunstwerks zugunsten der Multiplikation, der Aktion, des Zufalls. Meist erschöpft sich diese Haltung in der Protestgebärde, sie bleibt esoterisches Experiment; spezialisiert und exklusiv in viel größerem Maße als das etablierte Theater. Als Experimente haben solche Zwischenformen von Bildender Kunst und Darstellung ihren Sinn, sie können jedoch das organisierte und präzisierte literarische und musikalische Theater nicht ersetzen.

Oder sollte eine Zeit kommen, die auf Kunst verzichtet? Heißt Kunst im technischen Zeitalter «die neue Gesellschaft», Verwirklichung von Demokratie? Ist ein Menschentypus denkbar, der keine ästhetischen Bedürfnisse mehr kennt, der sich in materiellem Hedonismus erschöpft, die totale Harmonisierung feiert? Sicher ist es ein Mißverständnis, in der Freiheit von der «Repression der Kunst» eine Freiheit von Aggressionen zu suchen. Die zerstörten Vaterbilder rächen sich mit Kollektiven und individuellen Neurosen; sie erzeugen die «Unfähigkeit zu trauern» (Mitscherlich). Braucht die Kunst demokratischen Zusammenlebens keine Zeichen, Sinn- und Leitbilder? Die Gesellschaft wird sicher auch in Zukunft nicht ohne Triebverzicht auskommen. Arno Plack sieht am Ende der sexuellen Libertinage eine neue Sophrosyne, «das Wissen um das rechte Maß». Führt diese Rückkehr zu antiker Lebensweisheit wieder zu einer neuen Ästhetik – jenseits von Politologie?

Mißverstandene Demokratie

Der komplizierte Produktionsmechanismus des Theaters funktioniert durch geregelte Kooperation der verschiedenen Sparten. Werkstättenprogramme und Schauspielertermine, Arbeitszeitregelungen und Finanzpläne, Organisationsansprüche und Autorenrechte müssen koordiniert werden; unzählige Faktoren wirken in einem Spielplan zusammen.

Es wäre der Tod des Theaters, müßte es sich nach den Beschlüssen einer Rätedemokratie richten. Allenfalls in kleinen Spielgruppen mit gemeinsamer Ideologie mag ein solches System zeitweilig zu künstlerischen Resultaten führen. Die großen Theater, besonders wenn sie mit musikalischem Theater gekoppelt sind, brauchen bei all ihrer Planungslust und -last eine Demokratie mit vertraglich geregelter Arbeitsteilung. Nur in seltenen Fällen gibt es heute noch die Omnipotenz eines Prinzipals; der Spielplan entsteht in der Regel im sachgerechten Konsensus des zuständigen Teams. Auch der künstlerische Arbeitsprozeß ist, wenn er produktiv sein soll, auf den Konsensus von Regisseur und Darstellern angewiesen. Der Schauspieler ist nicht, wie es oft heißt, Material für autokratische Regisseure, er ist Partner bei einer Expedition in unbekanntes Land. Niemand weiß zuvor, ob der Weg richtig ist, welche Gefahren drohen, ob die Mannschaft gut zusammengestellt ist. Alle sind aufeinander angewiesen, wenn das Ziel erreicht werden soll. Dazu braucht es Vertrauen, guten Willen. Je länger die Arbeitszeit, desto gründlicher kann das Terrain erforscht werden, desto genauer lernt sich die Mannschaft kennen. Das ist die praktisch erprobte und ständig weiter differenzierte Demokratie des Theaters. Man sollte wegen gelegentlich auftretender Unzulänglichkeiten dieses Arbeitsmodell nicht verwerfen. Nach unseren bisherigen Erfahrungen kann das Theater nur in dieser Arbeitsverfassung wirksam an den Bewußtseinsveränderungen der Zeit mitwirken.

Demokratie als Selbstzweck führt unter Schauspielern verschiedener Leistungsfähigkeit, Anlage und Mentalität zwangsläufig zur Anarchie. Das Nachsehen hat das Publikum, nicht zuletzt auch der Autor. Solange das Theater nicht eine Religionsgemeinschaft mit gleicher Glaubenserwartung in einer entmaterialisierten Gesellschaftsordnung ist, muß sich seine Demokratie auf Vertrauen und Verträge stützen. Die Autorität am Theater ist eine Autorität auf Zeit, ständig in Bewährung, ständig unter öffentlicher Kontrolle. Ohne eine solche Autorität ist ein Zusammenleben und -arbeiten – nicht nur am Theater – unmöglich.

Wer sich heute liberal um die notwendige Reform des traditionellen Theaters bemüht, gerät in besonderem Maße in die Schußlinie der Radikalen. Er wird dem Verdacht der Vernebelung der Herrschaftsverhältnisse ausgesetzt; sein Unbehagen an der Indolenz des Publikums, an der Unbeweglichkeit der Apparate, an der Unzulänglichkeit künstlerischer Ergebnisse gilt als unverbindlicher Ästhetizismus. Wie einfach ist die Kritik aus der gesicherten Position eines neuen Glaubens, wie effektvoll die totale Negation!

Das verlästerte, krisengeschüttelte Theater hat nie so bleiben können, wie es war; es wurde immer wieder reformiert und aktiviert durch neue Autoren, neue Stile, neue gesellschaftliche Ideen. Als Vehikel revolutionärer Ersatzbefriedigung sollte es sich zu schade sein. Die Aufgabe der Zukunft heißt deshalb nicht: Theater *oder* Demokratie, sondern ein lebendiges Verhältnis von Theater *und* Demokratie.

«Tristan und Isolde» – Aufklärung oder Mystifikation

«Tristan und Isolde» verstehen, bedeutet: die Musik dieses Werkes verstehen. Ein zeitgenössischer Wagner-Schwärmer hat es einmal so ausgedrückt: «Das Phänomen des ‹Tristan› erklärt sich allein aus dem Wunder seiner Musik. Das Irdische löst sich auf in Töne.» Der metaphysische Sinn ist nur durch die Musik zu erfahren, welche ihr Ohr, wie Nietzsche es einmal formuliert hat, «gleichsam an der Herzkammer des Weltwillens hat». Der «Tristan» ist also eines der großen Schlüsselwerke der europäischen Geistesgeschichte, ein Werk, das in einem Atem genannt werden kann mit der «Göttlichen Komödie» oder dem «Faust».
Es ist der Höhe- und Gipfelpunkt der deutschen Romantik, die in das Werk eingeströmt ist mit den «Hymnen an die Nacht» von Novalis, mit der «Lucinde» von Friedrich Schlegel. Es ist der Höhepunkt und es ist gleichzeitig der Anfang einer neuen Musikgeschichte, einer neuen Harmonik: der Beginn der neuen Musik im Jahre 1859, einer Musikgeschichte, die von Claude Debussy und Arnold Schönberg aufgenommen und weitergeführt wurde. Richard Strauss, der ohne die Erfahrungen des «Tristan» unvorstellbar ist, hat einmal gesagt: «‹Tristan› ist die allerletzte Konklusion von Schiller und Goethe und die höchste Erfüllung einer 2000jährigen Entwicklung des Theaters. Und zwar durch die Erfindung des modernen Orchesters.» Zu dieser Wirkung des modernen Orchesters und zu der Wirkung des «Tristan»-Stoffes insgesamt gibt es Zeugen in Fülle. Am bekanntesten sind die Ausführungen von Thomas Mann, der sein «Tristan»-Erlebnis in den «Buddenbrooks» niedergeschrieben hat und damals, wie er selbst sagt, «geschüttelt vom Nervenfieber, eingetaucht in die Klangräusche und stimuliert von dem Sinnenkitzel» dieser Partitur, den «Tristan» erlebt hat als das große musikalisch-romantische Sündenerlebnis seiner Jugend. Nietzsche hat das die «Wollust der Hölle» genannt. «Wer wagt das eigentliche Wort für die Ardeurs der ‹Tristan›-Musik?», fragt er noch im «Ecce Homo». Thomas Mann, der die meisten literarischen Formulierungen über den «Tristan» gefunden hat, sieht die erotische Philosophie, die

atheistische Metaphysik und den kosmogonischen Mythos als das Resultat der Chromatik des Sehnsuchtsmotivs «gis a ais h», dieser entscheidenden chromatischen Erfindung, die das Vorspiel beherrscht und dann im Sehnsuchtsmotiv durch das ganze Werk durchgeführt ist. Die musikalische Analyse des Werkes ist heute für jeden, der sich mit dem Stück beschäftigt, offenkundig.
Es geht mir heute mehr darum, den geistigen Hintergrund dieses Werkes zu ermitteln, dieses «Opus metaphysicum», wie es Thomas Mann bezeichnet hat, verstehen zu lernen. Ich möchte mich nicht einschüchtern lassen von den Zeugnissen berühmter Geister, sondern selber den Versuch unternehmen, aus meinen Studienerfahrungen zu berichten, nicht als Wissenschaftler, als Historiker, als Kritiker, sondern als Theatermann, als Regisseur, der vor der Aufgabe steht – und ich tu es nun zum drittenmal –, «Tristan und Isolde» auf die Bühne zu bringen. Dazu gibt es nur eine Grundlage: das Werk – den Text und die Partitur. Das gilt für jede Interpretation eines musikalischen Werkes, aber insbesondere für ein Werk wie «Tristan». Es kommt für einen Regisseur heute darauf an, die Essenz dieses Werkes freizulegen aus früheren szenischen Erfahrungen und die zeitbedingte Form zu finden.
Dabei gibt es verschiedene grundsätzliche Entscheidungen. Ist unsere Tendenz, den Zugang zu «Tristan und Isolde» zu finden, heute eine Tendenz des Entstaubens oder eine Tendenz des Patinierens, eine Tendenz der Aufklärung und Entmythologisierung oder der Historisierung? Das sind die entscheidenden Fragestellungen, vor die jeder gestellt wird, der sich mit dem Werk beschäftigt; vor die sich auch schon jeder Regisseur vorher gestellt sah, insbesondere nach Adolphe Appia, dem großen Erneuerer der Szene Richard Wagners zu Ende des vorigen Jahrhunderts, dessen Ideen erst in den zwanziger Jahren zur Verwirklichung gekommen sind. Die bewußte Entscheidung einer Interpretation ist immer Spiegel der Individualität des Interpreten, der im Kontext seiner Zeit denkt und dabei den Versuch unternehmen muß, zurückzukehren an den Ursprung des Werkes. Er sucht das Verständnis des Werkes auf drei Ebenen: einmal im historischen Material und mythischen Grund des Stoffes, zum zweiten in der Entstehungszeit des Werkes, 1854 bis 1859 – die Uraufführung war am 10. Juni

1865 in München –, und drittens in der Aufführungstradition, die nicht wegzudenken ist, denn jeder tritt in die Fußstapfen des andern. Wir können nicht tun, so als ob es einen Appia oder einen Wieland Wagner nicht gegeben habe.

Wenn ich zunächst einmal prüfe, wie Richard Wagner selbst den Stoff gefunden hat, so lese ich in seiner Autobiographie «Mein Leben» die Bemerkung: «Der Gegenstand ist mir aus den Dresdener Studien bekannt.» Er beruft sich dabei auf den Plan seines Freundes Karl Ritter, der sich schon einmal bemüht hatte, für den «Tristan» eine dramatische Form zu finden; er kritisiert diesen Versuch, weil Ritter die abenteuerlichen Situationen des Romans zu breit ausgemalt hatte, Wagner vermißt die eigentliche Tragik des Stoffes. So hat er schon 1954 Zeugnis davon gegeben, daß er sich zurückbezieht auf sein Marienbader-Mittelaltererlebnis aus dem Jahre 1845, also vor «Tannhäuser», vor «Lohengrin». Er hat damals mehrere wichtige Bücher herangezogen: Gervinus' «Die Geschichte der poetischen Nationalliteratur der Deutschen», er hat die Übersetzung und Kommentare von Simrock zu Wolfram von Eschenbach gelesen, die große Einleitung von Görres zum «Lohengrin», und schließlich ist ihm die 1844 erschienene Übersetzung von Hermann Kurz in die Hand gekommen, die Übersetzung des Gottfried von Straßburg, nicht die erste, aber für den Zeitgeist des 19. Jahrhunderts die wirkungsvollste. Er wußte davon, daß sein Schwager Oswald Marbach eine freie Umdichtung des «Tristan» schrieb. «Tristan und Isolde» war schon seit 1845 in seinem geistigen Horizont vorhanden. Wagner kannte den Stoff nur durch das Epos von Gottfried von Straßburg, und dieses in der Übersetzung von Hermann Kurz mit dessen freier Nachdichtung des Schlusses.

Das Werk von Gottfried von Straßburg ist unvollendet. Es gibt viele Hypothesen, warum es unvollendet geblieben ist und an einer bestimmten Stelle abbricht. In der Literatur des 13. und 14. Jahrhunderts finden sich verschiedene Ergänzungen, so die von Ulrich von Türheim und Heinrich von Freiberg. Das Werk Gottfried von Straßburgs stammt aus dem ersten Jahrzehnt des 13. Jahrhunderts; es ist, wie die heutige Literaturforschung annimmt, 1210 abgeschlossen worden. Das bedeutet: Es ist ein Werk jener Epoche des Übergangs von der Romanik zur Gotik, jener Epoche, die man als eine Vor-Renaissance antiken Geistes bezeichnet hat. Man kann sich mit diesem Ritterepos des Straßburger Magisters als Quelle zufriedengeben – oder aber, wie es zum Beispiel Wieland Wagner getan hat, die Schichten dieses Stoffes nach und nach abtragen. Die Schicht, aus der Gottfried von Straßburg den Stoff übernommen hat, ist das Werk des Anglo-Normannen Thomas, entstanden in Parallelität zu Eilhart und dem französischen Poeten Béroul, die wiederum alle zusammen auf das Manuskript der «Estoires» zurückgreifen, ein anonymes Werk aus der Zeit um 1150, das vermutlich am Hofe von Poitiers entstanden ist, auf dem Höhepunkt der Troubadours. Dieses wiederum geht zurück auf den ältesten «Tristan»-Roman, altfranzösisch, in dem schon das Motiv des Liebestrankes vorkommt, und dieser wiederum hat seine Vorläuferschaft, seinen Grund in der keltischen «Tristan»-Sage aus dem 9. bis 11. Jahrhundert. Und hier hörte bis vor kurzem die Genealogie des «Tristan»-Stoffes auf, bis man vor wenigen Jahren den Grabstein eines Mannes namens Drustan bei Castledor in Cornwall gefunden hat, und dort steht auf diesem Grabstein, einer Steinsäule: «Drustans Hic Jacit Cunomori Filius». Und in einer Handschrift des 9. Jahrhunderts wird erwiesen: «cunomorius dictus Marcus». Das ist wohl die älteste Notation des Wortes Marke. Und Tristan wird als Sohn König Markes zitiert. Später in der weiteren Entwicklung der Sage wurde er ja der illegitime Sohn der Schwester König Markes, das heißt: Tristans Oheim ist König Marke. Sollen wir diesen Weg ins Archaische mitmachen, so wie Wieland Wagner es getan hat in den fünfziger und sechziger Jahren, als er in Bayreuth seine beiden «Tristan»-Inszenierungen verwirklichte, mit den großen Steinmonumenten, oder sollen wir bei Gottfried von Straßburg, also bei der eigentlichen Quelle Richard Wagners bleiben? Ich entscheide mich dafür, den höfischen hochmittelalterlichen Text Gottfried von Straßburgs als primäre Quelle zu betrachten und habe dafür wichtige Gründe.

Dieses Werk umfaßt 19550 Verse. Es ist ein Entzücken, es heute wieder zu lesen. Die mittelalterliche Poesie blüht vor unseren Augen auf, die Eleganz der Form, die Leuchtkraft der Sprache, ihre unmittelbare Anschaulichkeit für die Sitten und Gebräuche des 12./13. Jahrhunderts – das ist etwas, an dem wir auch als heutige Menschen literarische Freude gewinnen können. Wenn man verstehen will, was Tristan im dritten Akt empfindet, als er die alte Weise hört, vom Hirten gespielt, dann muß das Wissen hinzukommen, wer seine Eltern waren, wie er seine Jugend verbracht hat...

Durch Abendwehen drang sie bang,
als einst dem Kind
des Vaters Tod verkündet: –
durch Morgengrauen bang und bänger,
als der Sohn
der Mutter Los vernahm.
Da er mich zeugt' und starb,
sie sterbend mich gebar, –
die alte Weise sehnsuchtbang
zu ihnen wohl auch klagend drang,
die einst mich frug und jetzt mich frägt:
zu welchem Los erkoren,
ich damals wohl geboren?

Wir können die kurzen, verknappten Andeutungen Wagners nur verstehen, wenn wir bei Gottfried von Straßburg die Lebensgeschichte nachlesen: Tristan ist das Kind von Riwalin und Blancheflur; der Vater ist im Kampf gefallen, die Mutter bei seiner Geburt gestorben, das Kind wuchs bei Pflegeeltern auf, wurde erzogen von Kurwenal; er hat ihn eingeweiht in die Ritterkünste, er hat ihn das Harfenspiel gelehrt. Tristan ist nach der Vorstellung Gottfrieds ein Orpheus, er wird dargestellt mit der Harfe; in allen entscheidenden Lebenssituationen Tristans rettet ihn die Musik. Der junge Tristan wird mit 14 Jahren an den Hof König Markes verschlagen, taucht dort auf wie ein schöner Ephebe, Idealbild des vielseitig gebildeten Ritters dieser Epoche. Tristan wird sofort erkannt von seinem Oheim – er weiß noch nicht, daß es sein Oheim ist –, er wird Freund König Markes und aufgenommen in diesen Männerbund. Schließlich setzt ihn der König als seinen Erben ein. – Dann

wird der Kampf mit Morolt beschrieben: Morolt, ein irischer Ritter, der Verlobte der Isolde, zog nach Cornwall, um den fälligen Zins einzufordern. Cornwall stand unter irischer Zinsknechtschaft; jedes Jahr wurden Jünglinge ausgelost, um am Hof in Dublin Dienst zu tun. Tristan fordert Morolt zum Kampf heraus, besiegt ihn auf einer Insel, vorgelagert der Küste Cornwalls. Alle Phasen des Kampfes sind beschrieben, auch wie das Schwert die Kerbe erhält, die später so wichtig wird, als Zeichen der Erkennung. Tristan hat bei diesem Kampf mit Morolt durch eine vergiftete Schwertspitze eine Wunde erhalten, die nur heilen kann, wenn das richtige Gegengift gefunden wird. Er hört von der heilkundigen Irin, der Mutter der Isolde, läßt sich nach Irland fahren in einem Kahn und absetzen vor der irischen Küste. Er spielt die Harfe, sie wird gehört, der Todwunde wird von Fischern an den Königshof gebracht. Dort ist es wieder die Harfe, die ihm das Leben rettet. Er bezaubert die Königin und ihre schöne Tochter und wird gesund gepflegt. Er gibt sich natürlich nicht als Tristan zu erkennen, sondern nennt sich Tantris, der Spielmann; schließlich kehrt er geheilt zurück. Am Hofe Markes berichtet er über Isolde, das «Gold, das alle Länder erleuchtet». Der Bund zwischen Marke und Tristan findet zunehmend die Opposition der Ritter. Sie drängen Marke, eine Frau zu wählen, und Marke, in dem Glauben, diese Ehe nie verwirklichen zu können, erklärt sich für die von Tristan gerühmte Isolde. Ist es bereits die Liebe zu Isolde, die Tristan veranlaßt, die Rolle des Brautwerbers zu übernehmen, oder die Enttäuschung über den Wankelmut des Königs? Er kehrt nach Irland zurück, diesmal mit einer großen Schar von Cornwalls Rittern, um Isolde zu freien für Marke.
Zuerst muß er allerdings wie ein zweiter Siegfried einen Drachenkampf bestehen. Der Vater der Isolde hat seine Tochter ausgesetzt als Belohnung – das alte Märchenmotiv – für denjenigen, der den Drachen töten kann. Der Drachen wird von Tristan bezwungen. An seinem Schwert erkennt man schließlich, daß Tantris Tristan ist. Isolde will ihn im Bade ermorden, kann die Tat jedoch nicht vollbringen, weil sie von seiner Schönheit ergriffen ist. Sie muß Tristan folgen, widerwillig natürlich, denn sie ist im Zwiespalt zwischen Haß und Liebe zu Tristan. Auf dem Schiff trinken beide

zufällig – weil sie Durst haben – den verhängnisvollen Liebestrank. Die Liebe überwältigt sie, und die Hochzeitsnacht findet bereits auf dem Schiffe statt. Als dann Isolde ans Land kommt, wird eine zweite Hochzeit gefeiert. Brangäne nimmt Isoldes Stelle ein, und König Marke merkt den Betrug nicht. Bei Erwachen schleicht sich Isolde in das Schlafzimmer. Nun blüht das Liebesglück der beiden, zunächst unbemerkt, dann beginnen die Entdekkungen und Verfolgungen der beiden durch neidische Hofleute. Da gibt es einen Hofmarschall namens Marjodo, der die Liebenden entdeckt, und es Melot, einem Gefolgsmann des Königs mitteilt. Aus Marjodo und Melot hat Wagner dann *eine* Figur gemacht, einen Ritter, der selber in Isolde verliebt ist. Das Liebespaar wird zum erstenmal überrascht im Baumgarten beim Hofe. Tristan rettet sich vor der Verhaftung durch seinen berühmten Sprung aus der Kapelle. Er flieht. Über Isolde wird ein Konzil abgehalten. Ein Gottesurteil muß stattfinden. Sie besteht das mit einer List. Schließlich kehrt Tristan zurück. Er wird wiederaufgenommen und begnadigt. Es kommt zur zweiten Liebesnacht, in der die beiden überrascht werden, diesmal im Schlafzimmer, und zur zweiten Verbannung der beiden. So zieht Tristan mit Isolde hinaus in den Wald, und sie leben miteinander in der Liebesgrotte. Das ist eine ganz eigene Erfindung von Gottfried von Straßburg. Zufällig kommt Marke auf der Jagd ebenfalls in den Wald. Zum drittenmal sieht er die beiden beieinanderliegen – das Schwert zwischen sich. Er ist gerührt durch dieses Bild und begnadigt sie. Die Verdächtigungen hören jedoch nicht auf. Tristan und Isolde beschließen, sich zu trennen. Tristan flieht auf das Festland, und dort, nach langen Jahren der Trennung von Isolde, begegnet ihm eine zweite Isolde, die «Isolde mit den weißen Händen». Er will nicht mir ihr zusammenleben, aber... An dieser Stelle bricht Gottfried von Straßburg ab. Wie es weitergeht, ist bei ihm nicht zu lesen. Die Vollendung ist in den Quellen vorher oder in späteren Bearbeitungen zu finden. Tristans neue Verwundung in einem Kampf, die Wiederholung des Motivs mit dem vergifteten Schwert, er ruft nach Isolde, und Isolde Weißhand läßt die erste Isolde zum Hofe kommen, ist aber eifersüchtig, und in ihrer Eifersucht betrügt sie Tristan, indem sie meldet, daß ein Schiff unterwegs sei mit schwarzer Flagge. Das ist das Zeichen, daß es nicht Isolde ist, die da kommt, um ihn zu retten. Isolde kommt dann doch, aber es ist bereits zu spät. Tristan ist tot. König Marke, der ihr folgt, hält den Epilog, das verzeihende und verstehende Nachwort auf diese Liebe, das Richard Wagner in den großen Marke-Monolog im 2. Akt integriert hat.

Ich habe in kurzen Stichworten diesen weitschweifigen, in vielen Abenteuern und Anekdoten sich ausbreitenden mittelalterlichen Roman erzählt, damit wir erkennen können, mit welcher Genialität Richard Wagner aus dem Liebesroman mit seinen fast 20000 Versen eine dreiaktige Handlung herausdestilliert und dramaturgisch neu konzipiert hat. Das ist eine große schöpferische Leistung, die Leistung des geborenen Dramatikers und Theatralikers Wagner, der in diesem Epos drei Entscheidungssituationen herausgefunden hat:

Der 1. Akt spielt auf dem Schiff. Es ist die königliche Fracht Isolde, die Tristan als Freier für König Marke nach Cornwall bringt. Dort spielt der Liebestrank die entscheidende Rolle. Aber Wagner motiviert den Trank neu, zuerst als Sühne- und Todestrank; erst durch die bewußte Verwechslung der Brangäne trinken beide den Liebestrank.

Der 2. Akt ist konzentriert auf die Gartenszene, wo die Liebesvereinigung der beiden stattfindet. Am Ende werden sie überrascht durch Marke. Es folgt der Zweikampf mit Melot, den Tristan provoziert, um zu sterben. Dabei empfängt er die vergiftete Wunde, die nur Isolde heilen kann. Dramaturgisch unklar bleibt, warum ihm Isolde nicht unmittelbar folgt.

Und schließlich der 3. Akt, Kareols Burg, wo Tristan seine Jugend verbracht hat, in der Bretagne. Dort liegt der Todwunde und wartet auf Isolde, die schließlich kommt, um sich dem Sterbenden zu vereinen.

Das sind drei dramatische Stationen, in denen die Handlung konzentriert ist. Wenn man diese Akte in die christliche Sakramentenlehre transzendieren will, dann ist es der Akt der Einweihung durch den Trank, der Akt der Comunio der beiden, und der Akt des Sterbesakraments. Ich benutze die christlichen Metaphern, weil Wagner hier zurückgreift auf das mittelalterliche Gedankengut. Er hat eine geniale Konzentration in der Dramaturgie erreicht und dabei die Personen reduziert auf Tristan, Isolde und Marke, das Dreieck. Dazu die beiden Vertrauten Brangäne und Kurwenal und den Widersacher Melot, der Vertraute von Marke. An die Stelle einer äußeren Handlung, wie das Mittelalter sie erzählt hat, tritt die innere Handlung, die innere Spannung, die Psychologie. Dabei hat Wagner durchaus die Form der französischen Komödie verwendet, indem er eine Dreiecksgeschichte baut, wie sie auch schon in der Renaissance-Komödie vorgegeben ist: Der Hahnrei König Marke, der von dem Liebespaar betrogene Ehemann, und dazu die Vertrauten, die «confidents». Aber Wagner hat die Geschichte ins Tragische gewendet, er hat aus der Liebesphilosophie des Gottfried von Straßburg seine Liebes- und Todesphilosophie entwickelt. Wichtig ist, daß er das Mittelalter beibehalten hat. Und jede Inszenierung, die auf die Idee kommen könnte, dieses Stück etwa in Zürich, in der Enge, im «Asyl» zu spielen, geht völlig am Geist des Werkes vorbei. Das Mittelalter ist wichtig für Wagner, sowohl in der Sprachform, die Gottfreid von Straßburg nachgebildet ist – die Liebenden reden nicht mit ich und du, sondern sie reden sich an als Tristan und Isolde, sie benützen die Er-Form. Wagner hat die große, kühne Liebesfeier des Gottfried von Straßburg übernommen, die die Liebenden in Gegensatz zur Welt bringen. Die Kühnheit des Buches von Gottfried wird klar, wenn man an die kirchliche Konvention des Mittelalters denkt. Bei ihm wird der Ehebruch, die außereheliche Liebe, nicht nur dargestellt, sondern in höchsten Tönen gefeiert und positiv ausgeschmückt. Die Liebenden stehen einer negativ gesehenen Welt, einer Welt der Gesellschaft und der Kirche, gegenüber. Die Verschmelzung von antikem Eros und christlicher Agape wird in dieser Liebe dargestellt. Die Bedeutung des «Tristan»-Epos ist ideengeschichtlich evident. Es ist der Übergang von der Romanik zur Gotik, die Renaissance der Antike, die eine Rolle spielt, die Wiederentdeckung der platonischen Ideen, die Wiederentdeckung des Ovid – die Liebeslieder, Liebesgedichte von Ovid sind mitzulesen –, es ist der Beginn von Chartres, die Entstehung der gotischen Architektur, die eine Rolle spielt für die Liebesgrotte. Denn die architektonische Beschreibung der Liebesgrotte ist wie ein Entwurf zu einer gotischen Kapelle, wie ein Tempel der Liebe. Es ist die Zeit der Renaissance der Wissenschaften und die Zeit der Theologie des Abaelard, also auch die Zeit der großen Häresien, der Katharer, der Kriege der Albigenser (ab 1207) und der großen Auseinandersetzungen in der Kirche um diese Häresien: All das hat Gottfried von Straßburg deutlich beeinflußt. Die Liebe ist unvereinbar mit verderbter materialistischer Ehe; und die Eheauffassung, die in dem Epos zu lesen ist, ist eine rein höfische Vorstellung der Ehe und nicht eine Vorstellung als einer verwirklichten Liebe. Die Katharer haben formuliert: Ehe ohne Liebe ist «jurata fornicatio», also eine Erbsünde, und es ging darum, die Liebe zur rehabilitieren gegen eine heruntergekommene, lediglich Erbvorstellungen berücksichtigende Ehe. So ist der «Tristan»-Mythos durch und durch häretisch und im Keim beeinflußt durch Sektenbewegungen, die aus dem Orient kamen; «Tristan» ist ein manichäistischer Roman, beeinflußt durch diese neuen Vorstellungen, die die Kirche erneuern sollten. Tristan und Isolde sind die Erleuchteten, die eine höhere Liebe verwirklichen. Der Mensch ist von bösen Mächten geschaffen, er hat die Aufgabe, sich zu reinigen. Der Liebestrank ist der Reinigungstrank, die Läuterung, die Einweihung. Man muß die Sinne annehmen, das Fleisch annehmen, nicht es als Sünde ansehen – und so in einer fast antiken Vorstellung Liebe neu leben. Der ständige Dualismus in dem «Tristan»-Stoff zwischen der Außenwelt und der Innenwelt, zwischen der Welt überhaupt und der Seele, die beherrscht wird von der Göttin Minne, dies alles hat Wagner bei Gottfried gelesen, hellsichtig wahrgenommen und weiterentwickelt. Er hat daraus den Dualismus von Tag und Nacht gemacht und sich inspiriert durch den romantischen Geist, der von Novalis' «Hymnen an die Nacht» bis zu Bachofen führt. Die Verherrlichung der reinen Liebe ist das, was für die Welt «Ehebruch» hieß. Isolde ist die Dame der Katharer, Isolde ist die Maria, die Sophia, die Anima, die Magna Mater, all diese Begriffe spielen bei der Gottfried von Straßburgschen Isolde-Beschreibung eine große Rolle. Und der Höhepunkt dieser Liebesdarstellung ist die Szene im Tempel, in der Liebesgrotte, wo an die Stelle des Altars in der Kirche das Bett tritt.

Wer war dieser kühne Dichter? Wer war Gottfried von Straßburg? Ein Gelehrter, ein Magister, wie wir annehmen, der dem Kreis der Geistlichkeit nahegestanden hat. Es gibt Rätsel um die Unvollendung des Epos. Das Problem ist wohl doch im Zusammenhang damit zu sehen, daß 1207 in Straßburg der erste Ketzerprozeß stattgefunden hat. Die Nähe zur Häresie der Katharer ist ganz eindeutig. – Kein Wunder, daß Richard Wagner von diesem revolutionären, nonkonformistischen Geist Gottfried von Straßburgs damals fasziniert war, auch wenn er die Zusammenhänge im Detail nicht so genau gekannt hat.

1849 las Richard Wagner Ludwig Feuerbachs «Gedanken über Tod und Unsterblichkeit» und «Das Wesen des Christentums». Feuerbach verherrlicht die Ehe als den freien Bund der Liebe. «Eine Ehe, deren Band nur eine äußerliche Schranke, nicht die freiwillige, in sich befriedigte Selbstbeschränkung der Liebe ist, ist keine wahre, folglich keine wahrhaft sittliche», heißt es dort, und später hat Richard Wagner in seinem Aufsatz «Kunst und Klima» geschrieben: «Nur durch höchste Liebeskraft gelangen wir zur wahren Freiheit.» Also freie Selbstbestimmung der Individualität: Das war der Grund für die gesellschaftliche Religion der Zukunft, von der Wagner damals philosophierte – Wagner, der Revolutionär von 1849, der es allen Wandlungen zum Trotz auf eine gewisse Art geblieben ist bis zu seinem Tod. Man hat immer von den Konversionen Wagners gesprochen. Wenn man heute die Tagebücher der Cosima nachliest und gerade die letzten Jahre Wagners daraufhin prüft, dann sieht man, daß das Revolutionäre, das Aufbegehren gegen die Gesellschaft, von der er lebte, in ihm immer lebendig geblieben ist. Noch im Todesjahr hat Wagner Bakunin verehrt. Er hat geträumt, er würde die Foltern, die Bakunin in Leningrad, im damaligen Petersburg, erlitten hat, selbst noch einmal erleben. Die Cosima-Tagebücher geben uns neue Erkenntnisse, über die Gleichzeitigkeit von revolutionärem Aufbegehren und aristokratisch-monarchischem Denken. Die Gleichzeitigkeit von Welt-Verachten und Von-der-Welt-Leben, von sozialem Mitleid einerseits und von der Abhängigkeit vom Luxus andererseits, vom Kunstwerk der Zukunft träumen und gleichzeitig vergangenheitssüchtig sein. Wagner war schlechthin der Künstlerrepräsentant des

19. Jahrhunderts, schillernd in allen Facetten, anziehend und abstoßend zugleich in seinem Privatleben wie in seinem phantastischen Entwurf für die Zukunft.
Nun komme ich zum zweiten Abschnitt, nämlich dem Entstehen des Themas «Tristan und Isolde» in der Biographie Richard Wagners. Die große Liebe, die damals bei Wagner Bedürfnis und Sehnsucht war, entstand gegen die gesellschaftliche Konvention. Es gibt die drei großen Liebesbegegnungen im Leben Richard Wagners: Jessie Laussot in Bordeaux, wo Wagner aus plötzlicher Liebesverfallenheit den Vorschlag machte, gemeinsam nach Griechenland, nach Ägypten, zu fliehen und alles hinter sich abzubrechen. Es kam nicht dazu, die Liebe blieb eine Episode. Jessie Laussot war verheiratet mit einem reichen Weinhändler aus Bordeaux. Die zweite Liebesepisode und Liebesbegegnung ist die mit Mathilde Wesendonk. Mathilde Wesendonk war die Gattin eines wohlhabenden Seidenhändlers, der sich 1851 in Zürich niedergelassen hatte. Sie gab Richard Wagner die Möglichkeit, sein «Asyl» zu beziehen in der Enge. Und nebenan war ihr Haus. Tägliche Begegnungen und Liebesbotschaften waren die Regel. Ehefrau Minna machte diesem Verhältnis ein Ende. Und Richard Wagner entzog sich peinlichen Konsequenzen durch seine Flucht nach Venedig. Dann die dritte Liebesbegegnung, ebenfalls der Einbruch in eine konventionelle Ehe: Cosima von Bülow. Hans von Bülow war Wagners Freund, sein Interpret, der ihm die Klavierauszüge geschrieben hat, der der Dirigent der ersten Aufführung von «Tristan und Isolde» wurde; am Tag der ersten Probe kam die Tochter Richard Wagners mit Cosima von Bülow zur Welt, und sie wurde Isolde genannt. Schließlich wurde die Flucht aus München notwendig, die Liebenden ließen sich in Tribschen nieder. Das alles wissen wir aus den Tagebüchern Cosimas sehr genau, jeder Tag ist beschrieben. Wagner fühlte sich als Tristan. Er brauchte den Aufschwung aus seiner kleinbürgerlichen Gewohnheitsehe mit Minna, und seine Liebesobjekte waren verheiratete Frauen; Verehrerinnen, seine Musen, die Engel, die ihm die Inspiration gaben. So schreibt er im Dezember 1854 an Franz Liszt: «Da ich nun aber doch im Leben nie das eigentliche Glück der Liebe genossen habe, so will ich diesem schönsten aller Träume noch ein

Denkmal setzen, in dem von Anfang bis zum Ende diese Liebe sich einmal recht sättigen soll. Ich habe im Kopfe einen ‹Tristan und Isolde› entworfen, die einfachste aber vollblutigste musikalische Konzeption. Mit der schwarzen Flagge, die am Ende weht, will ich mich dann zudecken, um – zu sterben.» Er hat sich mit der schwarzen Flagge natürlich nicht zugedeckt und ist nicht unter dieser schwarzen Flagge gestorben, sondern in Venedig unter einer anderen Flagge. – Die schwarze Flagge, Zeichen des Verrats durch Isolde Weißhand, so ist es zu lesen bei Gottfried von Straßburg! Wagner wußte um die Unmöglichkeit seiner Ausbrüche. Er wollte im «Tristan» ein Denkmal setzen für Liebesglück, als Entbehrender, nicht als Liebender. Der Plan zu «Tristan und Isolde» ging seinem Erleben voraus. Erst als sein Konzept fertig war, tauchte seine Muse auf: Mathilde Wesendonk trat in sein Leben. Er zog sie an, er benutzte sie für das, was ihm in seinen Träumen vorschwebte, und setzte ihr ein Denkmal. Die Muse, die er suchte, war damals 25jährig, er selber 41 Jahre alt. Mathilde Wesendonk, geborene Luckenmeyer aus Elberfeld, Seidenhändlersgattin. Es gibt über sie viele freundliche Worte; es gibt auch nüchterne Beobachter, wie Eduard Devrient, der Verfasser des «Hans Heiling», der damals, als der «Tristan» entstand, im Hause Wagners zu Gast war, und in seinem Tagebuch nüchtern notierte: «Mathilde, eine zarte, für Höheres empfängliche und danach langende Frau.» Ihr aktives Naturell fiel Devrient deutlich auf. Der neueste Wagner-Biograph Hans Mayer gibt folgendes Zeugnis ab über Mathilde Wesendonk: «Sie war sehr begabt, musikalisch, kultiviert und verwöhnt, im Grunde aber hart und entschlossen in der Durchsetzung ihrer Wünsche.» Sie war offensichtlich die treibende Kraft dieser Begegnung, und Wagner war der Gegenstand ihrer Eroberung. Er wollte jedoch erobert sein. Er brauchte seine Muse. Starke weibliche Züge sind für alle, die Wagners Biographie lesen, deutlich erkennbar. Es gibt die Beschreibung von ihm selbst, daß er sich gerne in weiblichen Kleidern gesehen und vor dem Spiegel beobachtet hat. Diese starke weibliche Natur bedurfte der harten Entschlossenheit einer Muse, die bereit war, ihn zu entflammen. Das sind viele Parallelen zu «Tristan und Isolde». Tristan ist eine passive Gestalt, gebunden in Treue; Isolde ist herausfordernd ihm gegenüber, will ihn durch den Sühnetrunk töten, dadurch erst wird ihre Liebe offenbar. Sie bekennt sich deutlich zu dieser Liebe:

Ungeminnt den hehrsten Mann
stets mir nah zu sehen,
wie könnt ich die Qual bestehen?

Otto Wesendonk, zweifellos Vorbild für Marke, war ein großzügiger Mäzen; und es muß gesagt werden, daß er es war, der Wagners Lebensunterhalt garantiert hat, er hat ihm eine jährliche Rente ausgesetzt. Ein Welt- und Geschäftsmann, tolerant, vertrauensvoll, er liebte seine Frau, die von ihm drei Kinder hatte, er war von ihr abhängig und erfüllte ihr alle Wünsche. Und diese musisch begabte Frau war entschlossen, die Rolle der Muse Richard Wagners zu spielen.
Also das klassiche Dreiecksverhältnis, aber nicht das Leben als Komödie, sondern als bewußte literarische Nachahmung. Es gab Vorbilder, die nachgelebt wurden. Das erste Vorbild ist der «Werther». Das war die Lieblingslektüre von beiden in der Zeit, als sie in das Haus in der Enge einzogen, in das «Asyl», wie Richard Wagner es genannt hat, und es wäre die Parallele zu verfolgen: Wagner – Werther, Mathilde – Charlotte und Otto – Albert. Wetzlar = Zürich. Die Beteiligten haben selber um diese Parallelität gewußt, denn das neue Haus auf dem Gabler, das sich die Wesendonks bauten, trug den Namen «Waldheim». Richard Wagner hat vom ersten Augenblick an dieses Haus umgetauft in «Wahlheim», und Wahlheim ist der Ort, wo sich die «Werther»-Tragödie abgespielt hat. Es gibt dazu eine makabre Parallele: Wagners Mitrevolutionär Röckel saß während dieser Zeit, lebenslänglich verurteilt, im Zuchthaus zu Waldheim bei Dresden, während Wagner ein anderes Waldheim gefunden hatte. Die Naturschwärmerei gehört mit in das «Werther»-Bild. Mathilde Wesendonk hat in ihren Erinnerungen später gesagt: «Er war ein großer Naturfreund. In seinem Garten belauschte er das Nestchen der Grasmücke, eine Rose auf seinem Schreibtisch konnte ihn beglükken, und das Waldheim im ‹Siegfried› erzählt von dem Geflüster

hoher Wipfel im Sihltalwalde, wohin er auf weiten Wanderungen seine Schritte lenkte.» Wieder «Werther«-Parallelen.
Das zweite Vorbild, das sie bewußt annahmen in dieser künstlerischen Wahlverwandtschaft, war «Torquato Tasso». Gemeint ist die Situation am Hofe von Ferrara, wo der gefeierte Dichter umgeben ist von seinen beiden Leonoren, der Prinzessin und ihrer Freundin, das Mäzenatentum des Herzogs ausnutzend. Tasso verliebt sich in Leonore, aber sie begrenzt seine Hoffnungen auf das Werk, das entstehen soll. Tasso überschätzt seine Liebeserwartungen, und daraus entsteht die Künstlertragödie des «Torquato Tasso» nach Goethe. Wiederum eine Parallele: Es gab zwei Leonoren damals, die an der Entstehung des Werkes beteiligt waren; die erste Muse war zweifellos Mathilde Wesendonk, die zweite Muse wurde später seine Lebenspartnerin: Cosima von Bülow. Während der «Tristan»-Text entstand, war Cosima anwesend. Es gab also auch da wieder ein Dreieck. Wagner liest jede Woche einen Akt «Tristan» vor. Es ist die Zeit vom 2. bis 24. September 1857. Wir wissen über jeden Tag genau Bescheid. Das Publikum bestand aus Mathilde Wesendonk und Cosima von Bülow. Wagner hat sichtlich auf Cosima damals großen Eindruck gemacht. Und er selbst wundert sich über die Zurückhaltung der schönen Zwanzigjährigen. «Cosimas Zurückhaltung vor mir betrübt mich sehr. Sollte meine Art ihr zu fremdartig gewesen sein, so hätte ich recht zu bereuen, mich in meiner Zutraulichkeit etwas zu viel haben gehen zu lassen, was ich dann jedesmal herzlich gerne einsehe und bereue», so schreibt er am 18. Januar 1858. Es hat also schon den «Tristan und Isolde»-Augenblick zwischen Cosima und Richard gegeben. Cosima fühlte sich «betroffen, ergriffen und entflammt», wie sie später schrieb.
Herwegh, der Dichter der Revolution, der der Augenzeuge dieser Begegnung war, hat in diesen Tagen, am 23. September 1857, ein Gedicht an Cosima gerichtet mit folgenden Worten:

Auf jedes Menschen Angesicht
liegt leise dämmernd ausgebreitet
ein sanfter Abglanz von dem Licht
des Sternes, der sein Schicksal leitet.

Der Genius der Harmonie
wird dich mit seinen Wundertönen
umrauschen, und du wirst dich nie
mit der verstimmten Welt versöhnen.

Das kann man auf Hans von Bülow beziehen, aber ich glaube, die Eingeweihten haben prophetisch ein wenig mehr darin gesehen. Am 18. September 1857 legt Wagner die abgeschlossene «Tristan»-Dichtung in Mathilde Wesendonks Hände und schreibt über diesen Augenblick ein Jahr später in dem berühmten «Venezianischen Tagebuch»: «Heute vor einem Jahr vollendete ich die Dichtung des ‹Tristan› und brachte Dir den letzten Akt. Du geleitest mich nach dem Stuhl vor dem Sofa, umarmtest mich und sagtest: ‹Nun habe ich keinen Wunsch mehr.› An diesem Tage, zu dieser Stunde, wurde ich neu geboren. Bis dahin ging mein Vorleben. Nun begann mein Nachleben. In jenem wundervollen Augenblicke lebte ich allein. Du weißt, wie ich ihn genoß, nicht aufbrausend, stürmisch, berauscht, sondern feierlich, tief durchdrungen, mild durchwärmt, frei wie ewig vor mich hinschauend. Von der Welt hatte ich mich schmerzlich immer bestimmter losgelöst. Alles war zur Verneinung, zur Abwehr in mir geworden. Schmerzlich war selbst mein Kunstschaffen, denn es war Sehnsucht, ungestillte Sehnsucht, für jene Verneinung, jene Abwehr, das bejahende Eigene, sich mir Vermählende zu finden. Jener Augenblick gab es mir, mit einer so untrüglichen Bestimmtheit, daß ein Heiliger stillstand, sich meiner bemächtigte. Ein holdes Weib, schüchtern und zagend, warf mutig sich mitten in das Meer der Schmerzen und Leiden, um mir diesen herrlichen Augenblick zu schaffen, mir zu sagen: ‹Ich liebe Dich.› So weihtest Du Dich dem Tode, um mir Leben zu geben, so empfing ich Dein Leben, um mit Dir nun von der Welt zu scheiden, um mit Dir zu leiden, mit Dir zu sterben. Nun war der sehnsüchtige Zauber gelöst. Und dies eine weißt Du auch, daß ich seitdem nie mehr im Zwiespalt mit mir war. Verwirrung und Qual konnte über uns kommen, selbst Du konntest vom Trug der Leidenschaft hingerissen werden, ich aber, das weißt Du, ich blieb mir nun stets gleich, und meine Liebe zu Dir konnte nie durch keinen noch so schrecklichen

Augenblick mehr ihren Duft, ja nur ihr zartes Stäubchen dieses Duftes verlieren. Alle Bitterkeit war geschwunden, ich konnte irren, mich leid und gequält fühlen, aber immer blieb es mir licht und klar, wußte ich immer, daß Deine Liebe mein Höchstes sei und ohne sie mein Dasein ein Widerspruch in sich selbst sein mußte. Dank Dir, Du holder, liebevoller Engel!» – Da ist die Engelsmetapher, die ganz klar zum Ausdruck bringt, was Wagner brauchte. Dieser Engel, diese Muse war letztlich auch eine Elisabeth; später, anläßlich von «Tannhäuser»-Aufführungen, hat Wagner an Mathilde Briefe gerichtet und hat sie als Elisabeth angesprochen. – «Nun habe ich keinen Wunsch mehr», heißt dieser Satz. Eine andere Formulierung von Freunden heißt, daß sie gesagt haben soll: «Nun muß ich sterben.» Was das heißt, wie man das Wort deutet, bleibt den Chiffren der Zeit überlassen. Klar ist jedenfalls, daß der Eintritt Cosimas in den Freundeskreis dieses Bekenntnis bei Mathilde ausgelöst hat. Ein Eifersuchtsmoment hat ausgelöst, daß sich Mathilde verbal so weit hat gehen lassen. – Die Beziehung zwischen beiden intensiviert sich – Otto Wesendonk war verreist –, die Leidenschaft glüht und wird immer dramatischer. In diesen Wochen wird Calderon in ihren Briefen erwähnt, und Calderon spielt in der «Tristan»-Terminologie eine große Rolle. «Tristans Ehre – höchste Treu'! Tristans Elend – kühnster Trotz!» Das ist Calderon. Die Ehre, das ist auch Wagners Ehre in seinem Verhältnis zur Frau seines Freundes und Mäzens. Er selbst hat seine Treue und Pflicht gegenüber Otto Wesendonk verherrlicht durch die Musik. Die Musik, die im Vorspiel von ihm so beschrieben worden ist: «Nun war des Sehnens, des Verlangens, der Wonne und des Elends der Liebe kein Ende. Welt, Macht, Ruhm, Ehre, Ritterlichkeit, Treue, Freundschaft, alles wie wesenloser Traum zerstoben, nur eines noch lebend: Sehnsucht, Sehnsucht, unstillbares, ewig neu sich gebärendes Verlangen, Dürsten und Schmachten. Einzige Erlösung: Tod, Sterben, Untergehen, nicht mehr Erwachen.» Diese Todesphilosophie führt direkt zu Arthur Schopenhauer. Die Schopenhauer-Philosophie hat Wagner in diesen Jahren nach den zerstörten Revolutionsillusionen stark beeindruckt; sie war Ausdruck einer Zeitstimmung.
«Tristan und Isolde» beginnt mit «Wehe, ach wehe, mein Kind!»

in der Klage des Seemanns – es könnten Tristans Gedanken sein – und endet mit «unbewußt, höchste Lust!» Nirwana-Vorstellungen, indisches Gedankengut, Kreislauf der Inkarnationen, all das spielt da hinein – und wir erinnern uns, bei Gottfried von Straßburg war ebenfalls der Einfluß östlichen Gedankenguts festzustellen. Schopenhauer war für Wagner ein «Himmelsgeschenk in meiner Einsamkeit, ein Quietiv für die Stürme des Herzens. Es ist die herzlichste und innigste Sehnsucht nach dem Tod, volle Bewußtlosigkeit, gänzliches Nichtsein, Verschwinden aller Träume, einzigste, endliche Erlösung». Thomas Mann, der einen großen Essay über Schopenhauer geschrieben hat, sagt: «Schopenhauer ist recht etwas für junge Leute. Gewiß aus dem Grunde, weil seine Philosophie die Konzeption eines jungen Mannes ist.» Als «Die Welt als Wille und Vorstellung» erschien, 1818, war Schopenhauer ein Dreißigjähriger, die Ausarbeitung hat vier Jahre gedauert. Dieses große Werk des Pessimismus ist also das Werk eines Jungen. «Jedes Lebensalter hat seine Philosophie», sagt Nietzsche. «Das Lebensalter des Erotischen ist Jugend, junge Leute sind mit dem Tode viel vertrauter und wissen mehr von ihm als alte, weil sie mehr von der Liebe wissen.» Hier wird die Identität von Tod und Liebe entdeckt. Das ist die große Idee der Zeit, daß Tod und Liebe identisch sind, daß der Höhepunkt der Liebe ein Sterben ist und daß das Glück der Liebe nur durch Tod sich erfüllen kann. Die Ambivalenz dieser beiden Begriffe ist es, die Wagner so begeistert hat. Diese Liebe hat die Dimension des Todes. Tristan will zuerst sterben, vom Manne geht der Todesgedanke aus. «Laß mich sterben!» Die Pflicht der Treue hat keine Zukunft, und Schopenhauer kommt dem Liebenden zuhilfe mit seiner Verneinungslehre.

Nie erwachen!
Lass' den Tag dem Tode weichen!
Stürb' ich nun ihr, der ich so gerne sterbe,
wie könnte die Liebe mit mir sterben,
die ewig lebende mit mir enden?
Doch, stürbe nie seine Liebe,
wie stürbe dann Tristan seiner Liebe?

Tristan ist ein vertrakter Logiker, er tritt einen philosophischen Liebesbeweis an; die ewig lebende Liebe hinter unseren Vorstellungen, jenseits von Geburt und Tod ist gemeint, die Schopenhauersche Liebe. Dagegen steht die konkrete Individuationsliebe Tristans zu Isolde. Im Tod stirbt nur, was Liebe verhindert, es entsteht ewige Liebe. Tristan ist überzeugt von seiner Todesidee. Isolde noch nicht.

So starben wir, um ungetrennt,
ewig einig, ohne End',
ohn' Erwachen, ohn' Erbangen,
namenlos in Lieb' umfangen,
ganz uns selbst gegeben,
der Liebe nur zu leben!

Aber Isolde bleibt immer noch fragend, und sie antwortet mit «So stürben wir, um ungetrennt...» Dieses «starben» und «stürben» ist sehr wichtig im Verständnis, aber dann wird sie endlich überzeugt. «Laß uns ihm weihen, dem süßen Tod.» Das hat unmittelbar mit Schopenhauer zu tun. «Tod ist für die ganze Gattung Mensch das, was der Schlaf ist für das Individuum.» Die Aufhebung des Willens ist notwendig, und hiermit werden Ehre und Treue überflüssig, es gibt nur die Konsequenz des Todes. So stürzt sich Tristan in das Schwert Melots, muß dann warten, bis Isolde ihn erlöst. Isolde hebt sich selbst im Liebestode auf:

In des Weltatems wehendem All, –
ertrinken, versinken, –
unbewußt, – höchste Lust!

Diese Metaphysik entspricht indischer Weisheit, dem Brahmaismus und Buddhismus, wie ihn Schopenhauer gelehrt hat.
In der Wirklichkeit, im «Asyl», war es anders. Wagners Ehefrau Minna greift ein, sie findet einen Brief, den Richard an Mathilde geschrieben hat, die sogenannte «Morgenbeichte», in der es heißt: «Ach nein, ach nein, nicht den de Sanctis hasse ich, sondern mich, daß ich mein armes Herz immer wieder in solcher Schwäche

überrasche – Eifersucht!» Da war noch jemand in diesem Liebesbunde: Mathilde liebte es, sich mit einem Italienischprofessor zu treffen, Francesco de Sanctis, ein schöner, stattlicher Neapolitaner, und der hat ein wenig Wagners Eifersucht provoziert. Aus dieser Stimmung heraus entstand bei Richard Wagner eine Art Melot-Figur. «Nimm meine ganze Seele zum Morgengruße», so steht es geschrieben in der «Beichte». Minna macht aus diesem Bekenntnis einen Skandal. Der Verkehr zwischen den beiden Familien wird eingestellt. Wagner resigniert und verreist nach Venedig. Und er schreibt wenig später aus Venedig: «Als ich vor einem Monat Deinem Manne meinen Entschluß kund gab, den persönlichen Umgang mit Euch abzubrechen, hatte ich Dir entsagt. Doch war ich hierin noch nicht ganz rein, ich fühlte eben nur, daß eine vollständige Trennung, eine vollständige Vereinigung unsere Liebe vor den schrecklichen Berührungen sichern konnte, denen wir sie in der letzten Zeit ausgesetzt gesehen hatten. Somit stand dem Gefühle von der Notwendigkeit unserer Trennung die, wenn auch nicht gewollte, aber gedachte Möglichkeit einer Vereinigung gegenüber. Hierin lag noch eine krampfhafte Spannung, die wir beide ertragen konnten. Ich trat zu Dir, und klar und bestimmt stand es vor uns, daß jene andere Möglichkeit einen Frevel enthalte, der selbst nicht gedacht werden durfte.» Wagners Ehe mit Minna ist zerbrochen; seine Verbindung mit Mathilde stilisiert er zur platonischen Idee. Der Künstler sublimiert seine Sehnsucht, während er den zweiten Akt in Venedig komponiert. Die Atmosphäre von Venedig ist eingegangen in die Komposition: die Einheit von Schönheit und Verfall in der Melancholie. «Tief melancholische Melodien, mit tönender, mächtiger Stimme gesungen, von der Ferne über das Wasser hergetragen, in noch weiterer Ferne verhallend, haben mich diese Töne erhaben bewegt, herrlich!» schreibt er kurz darauf an Mathilde. «Herrlich!» Venedig hat ihn fasziniert, die Todesstimmung wird zum Genuß. Wagner sieht sich wieder im Spiegel, sieht sich als Narziß leiden, genießt seine Stimmungen.

Nun fehlt noch der dritte Akt. Den hat er in Luzern geschrieben, und er macht auf sich selbst, schon innerlich distanziert von dieser Begegnung mit Mathilde, eine Parodie:

Im Schweizerhofe zu Luzern,
vom Heim und Haus weit und fern,
da starben Tristan und Isolde,
so traurig er und sie so holde,
sie starben frei, sie starben gern,
im Schweizerhofe zu Luzern.

Damit wird schon die Distanz zum Erlebnis deutlich. Und es fließt etwas von der Verzweiflung des Amfortas mit hinein, von der Not, die im «Tristan», 3. Akt, so deutlich wird: der Abfall von Schopenhauer.

Kein Heil nun kann, kein süßer Tod
je mich befrei'n von der Sehnsucht Not.
Nirgends, ach nirgends find' ich Ruh':
mich wirft die Nacht dem Tage zu.

Er verflucht die Einweihung, er verflucht den Liebestrank, Liebe und Tod, das ganze Leben wird verflucht. Isolde rückt weiter weg. Am Ende kommt sie mit der schwarzen Flagge. Kurwenal meldet das Schiff, Tristan reißt sich den Verband ab:

Heia, mein Blut, lustig nun fließe!
Vergeh' die Welt meiner jauchzenden Eil'!

Isolde kann nur Tod bringen, keine Genesung, wie damals in Irland, sie können nur noch gemeinsam sterben.
«Tristan und Isolde» ist abgeschlossen worden am 6. August 1859, am 20. August 1857 begonnen, also in zwei Jahren konzipiert und zu Ende komponiert. Das war das kleine, in den «Ring» eingeschobene Stück, das Richard Wagner dazu verhelfen sollte, Geld zu verdienen. Der «Tristan» erwies sich wieder als eine der großen Fehleinschätzungen, und so wurde die Aufführung ein großes Problem. In Wien mußten die Proben abgebrochen werden. Da kam auf dem Höhepunkt der Verzweiflung ein rettender Engel, König Ludwig II. von Bayern, und der Befehl, daß «Tristan»

aufgeführt werden sollte. Hans von Bülow sollte das Werk dirigieren und hat es dirigiert. Am Tage der ersten Probe wurde Isolde Ludovica Josefa geboren, das Kind Cosimas und Richards.
Dann kamen die bekannten Münchner Intrigen und Anfeindungen, vor allem wegen der benötigten Orchestervergrößerung, was mit einer Reduzierung von Plätzen verbunden war. Hans von Bülow wurde die Bemerkung zugeschrieben: «Was macht es denn aus, ob wir 30 Schweinehunde mehr oder weniger auf den Plätzen haben?» Das haben die Münchner übelgenommen. Es gab Proteste gegen die Aufführung. Am 10. Mai sollte die Premiere sein. Aber am Nachmittag erkrankte die Darstellerin der Isolde, Malvina Schnorr von Carolsfeld, und die Premiere mußte einen Monat verschoben werden. Die Premiere fand dann am 10. Juni statt. Die Bedeutung des Werkes wurde beim ersten Anhören vom Publikum voll verstanden. «Tristan»: Diese «Nachtblume voller Anmut» ist erblüht.
Ich möchte den Versuch einer Zusammenfassung machen:
«Tristan und Isolde» entstammt einem Studium des Mittelalters. Die Dichtung von Gottfried von Straßburg gibt Aufschluß zu vielen Einzelheiten und ist – was noch mehr Bedeutung hat – erfüllt von starker geistiger Affinität zum Werke Richard Wagners. Die sakramentale Verklärung außerehelicher Liebe gegen die Einschätzung der Welt ist das Skandalon, das auch heute noch in jeder Inszenierung deutlich werden muß.
«Tristan und Isolde» ist inspiriert durch die Philosophie Schopenhauers. Auch wenn manchen heutigen Regisseuren die Todesverklärung als aufklärungsfeindlich nicht paßt, kommt es darauf an, die Transzendenz der Liebe als Tod zu inszenieren. Dabei ist die Verklärung Isoldes im Liebestod als ein mystisch-irrationales Phänomen unumgänglich.
«Tristan und Isolde» ist nicht eine Spiegelung der Zürcher Lebens- und Liebeserfahrungen Wagners. Es geht um die Übersteigerung der Realität in die Phantasie, um eine Projektion des Ichs in die Kunst. Das meint auch die Notiz im Tagebuch Cosimas vom 2. Juni 1882: «Es ist unmöglich, daß im Zustande der Verliebtheit man solch ein Werk schreibe; aber wohl war es meine Sehnsucht, in ein Meer von Liebe aus meinem erbärmlichen Leben mich zu

verlieren. Und diese unerfüllte Sehnsucht gibt solch ein Stück ein, nicht die Erfahrung!»

Jeder Regisseur sollte sich deshalb erst recht hüten, das Werk auf das Maß seiner eigenen Erfahrungen zu reduzieren.

«Fidelio» – Revolutionsoper und Auferstehungsmysterium

Die Handlung des «Fidelio» soll auf eine wahre Begebenheit zurückgehen. Der Textdichter Bouilly berichtet in seinen «Récapitulations», daß er selbst die Rolle des Ministers gespielt habe. Er war während der französischen Revolution Administrateur eines Departements, in dem die Jakobiner ihr Schreckensregiment führten. Einer gewissen Mme. de Tourraine sei es gelungen, als Mann verkleidet, ihren Gatten aus dem Gefängnis zu befreien. Dieses Beispiel treuer Gattenliebe fand damals starke Beachtung und wurde als antirevolutionäre Tat heimlich gefeiert. Es entstanden die Opern von Gaveaux (1798) und Paer (1804). Um der Zensur zu entgegen, verlegte Bouilly die Handlung nach Spanien. Er nahm dadurch der Geschichte den antijakobinischen Stachel und machte Leonore zu einer revolutionären Vorkämpferin für Freiheit, Gleichheit und Brüderlichkeit.

Eine derart politisch bestimmte Fabel konnte auch in der Folgezeit nicht von der Zensur unberührt bleiben. Schon die Uraufführung der Beethoven'schen Oper (1805) im «Theater an der Wien» wurde zunächst verboten; erst nach Eingriffen in den Text kam es zu der berühmten Aufführung, vor einem Publikum, das zum größten Teil aus Offizieren der französischen Besatzungsmacht bestand. Mögen sich die Franzosen als Befreier oder als Soldaten des Pizarro vorgekommen sein? Das Wiener Pulikum hat das Werk jedenfalls nicht als einen Appell zur Freiheit verstanden. Beethovens «Fidelio» fiel durch.

Die Aufführungsgeschichte des «Fidelio» zeigt auch weiterhin diese merkwürdige politische Ambivalenz: Konservative Verherrlichung der Ehe oder Anbruch der Weltrevolution? «In tyrannos»-Tendenz und Verherrlichung der Fraternité sind zweifellos ideelle Auswirkungen der französischen Revolution. «Es sucht der Bruder seine Brüder, und kann er helfen, hilft er gern» – das erinnert an Schillers Ode «An die Freude». Das Pathos dieser Menschheitsverbrüderung ist nicht nur dithyrambischer Überschwang individuellen Glücks, sondern auch Geist der großen Revolution, die vereint, «was der Mode Schwert geteilt». «Bettler werden Für-

stenbrüder» – das ist der reale Sinn der Gefangenenbefreiung im «Fidelio». Der Sturm auf die Bastille ist das folgenschwere Ereignis jener Jahrzehnte, das den dunklen Hintergrund des neuen Humanitätsgefühls bildet. Die Gerechtigkeit, die im «Fidelio» besungen wird, war auch eine jener neuen Statuen auf dem Altar der Revolution. Was nimmt es wunder, wenn das Werk auf der Szene immer wieder mit revolutionären Zeitereignissen in Verbindung gebracht wird. Es gibt wohl kaum eine Oper, die so oft und so verschiedenartig «aktualisiert» worden ist, wie der «Fidelio». Diktatur und polizeistaatliche Willkür sind beliebte Demonstrationsobjekte des modernen Theaters. Was liegt näher, als sich bei dem Gefangenenchor an Auschwitz oder Buchenwald zu erinnern und die Soldaten des Pizarro als SS auftreten zu lassen. Es hat Aufführungen gegeben, in denen auf der Bühne Erschießungen stattfanden und am Schluß rote Fahnen geschwungen wurden. Wird eine solch vordergründige Nutzanwendung dem Geiste Beethovens gerecht? Geht es nicht um mehr als um eine politische Kriminalgeschichte mit Happy-End?
Gott *und* Recht sind die geistigen Kräfte, die das Stück durchwirken. Alles Geschehen ist als spannender realer Vorgang, als Kampf um Recht und Freiheit dargestellt – und zugleich transzendent verstanden. Unmittelbar vor dem «Fidelio» hat Beethoven das Oratorium «Christus am Ölberg» komponiert. Die musikalischen Spuren dieser Arbeit sind in der Oper unverkennbar. Florestan, der politische Widersacher des Pizarro, der den Mut zur Wahrheit mit jahrelanger Kerkerhaft büßen muß, erlebt sein Leiden im religiösen Sinne als Passion. Sein erstes Lebenszeichen in der Dunkelheit und Stille des Grabes ist der Aufschrei zu Gott. Wer denkt bei dem erschütternden f-Moll-Rezitativ nicht an das Ecce Homo, an die Kreuzworte Christi «Mein Gott, warum hast du mich verlassen?» Und Florestan nimmt die Prüfung auf sich: «Doch gerecht ist Gottes Wille! Ich murre nicht, das Maß der Leiden steht bei Dir!» In einer Vision sieht er plötzlich sein Grab erhellt und Leonore als Engel zu sich herabsteigen, als Engel, der ihn «zur Freiheit ins himmlische Reich» führt. Die Freiheit ist also nicht nur Befreiung sondern Erlösung im metaphysischen Sinne. Der ersehnte Trost wird Florestan zuteil. Leonore erscheint tat-

sächlich und bringt Brot und Wein. Wieder wird der religiöse Sinn des Vorgangs deutlich. Und dann vollzieht sich das Wunder der Auferstehung. Es ist nicht damit getan, daß Leonore mit der Pistole in der Hand den Mord verhindert; das zweifache Trompetensignal verkündet die Ankunft des Ministers. Dieses Signal ist die frohe Botschaft. Das jüngste Gericht kündet sich an; der Messias selbst scheint wiedergekommen, um das Werk der Liebe zu vollenden. Die Passion wandelt sich in «namenlose Freude», in «himmlisches Entzücken». Der langersehnte Augenblick ist der Augenblick der göttlichen Gnade. «Gerecht, o Gott, ist dein Gericht; du prüfest, du verläßt uns nicht!» jubelt der Chor. Die beglückende Erkenntnis der Einheit von Gott und Recht ist der letzte Sinn dieser Vorgänge.

Der dramaturgische Aufbau bestätigt diesen Mysteriencharakter. Das Werk stuft sich von der verspielten Helligkeit des Marzelline-Jaquino-Duetts im Lichte allmählich ab. Das Pochen der Gefangenen stört diese Idylle. Leonore erscheint mit Ketten, der Gouverneur kündigt sich an, seine Soldaten marschieren ihm als Unheilboten voraus, er selbst ist da: finsterer Dämon böser Mächte. Mit Tigersinn stürzt er sich auf sein Opfer. In Leonore erwacht die Gegenkraft. Die Hoffnung leuchtet wie «ein Farbenbogen, der hell auf dunkeln Wolken ruht». Die Grüfte öffnen sich; die Gefangenen steigen ans Licht – eine gefährlich-trügerische Ahnung des Frühlings. Noch sind die Mächte der Finsternis stärker als das «heitere, warme Sonnenlicht». Die Kerker schließen sich wieder; noch dunkler muß es werden. Das Grab selbst, in dem Florestan stellvertretend leidet, wird zur Szene. Äußerstes Dunkel, in dem der Stern der Hoffnung aufgeht. «Es gibt eine Vorsehung!» Sie schützt den schuldlos Leidenden vor dem Geist der Rache und Vergeltung. Das Osterwunder geschieht. Ein neuer Schöpfungstag bricht an: Es werde Licht. Das Leben hat den Tod besiegt.

Der Beethoven des «Fidelio» ist kein Maler leuchtendsatter Farben; es gibt für ihn nur die karge Lichtskala des Schwarz-Weiß, die zugleich ethische Bedeutung hat. Rembrandt und Goya sind die Maler, die gleich ihm aus Finsternissen Räume schaffen und vor der äußersten Wahrheit nicht zurückschrecken. Der Schiller der «Räuber» hat den gleichen Mut zu moralischen Kontrasten. Bösewichter wie Franz Moor oder Geßler haben für den Musikdämon Pizarro Modell gestanden. Die Psychologie ist einfach; es gibt nur den Raubtierinstinkt des Fressens oder Gefressenwerdens, keine Hemmungen, keine Reue. Auch der Minister ist nur gut und gnädig. Sie haben Funktionen und sind nicht Person. Rocco, der Kerkermeister, steht allein im Zwielicht von Schuld und Verantwortung. Er ist dem Geld verfallen und im Gehorsam blind geworden für Recht und Pflicht. Zwar sucht er lauthals sein Gewissen zu beruhigen, in dem er die Mordzumutung von sich weist; aber er wird zum Komplicen der Tat, indem er nichts unternimmt, sie zu verhindern: Bürgerliche Biederkeit ohne den Mut zur letzten Entscheidung. Dieser wankelmütige Fatalismus wird durch Leonores heldischen Opfersinn überstrahlt.

Beethoven ist Dramatiker. Sein «Fidelio» beweist, wie sehr er um die Gesetze der Spannung wußte. Die Kerkerszene mit dem zweifachen Trompetensignal ist das Dramatischste, was sich je auf der Musikbühne ereignet hat. Die Steigerung vom Trompetensignal über das G-Dur-Duett bis zum C-Dur-Chor ist ein einziger Freudenausbruch, der keine Unterbrechung duldet. Seit Gustav Mahler ist es üblich geworden, den bühnentechnischen Umbau zum letzten Bild durch das symphonische Zwischenspiel der 3. Leonoren-Ouvertüre zu überbrücken. Eine solche symphonische Zutat widerspricht der dramatisch-szenischen Komposition des Werkes. Die Oper «Fidelio» ist in zwei Akte mit je zwei Bildern, die ineinanderübergehen, gegliedert. Die Einheit von Raum, Zeit und Handlung ist dramaturgisches Grundgesetz des Werkes. Auch das Schlußbild mit seinem Jubelchor und der auf Schillerworte gegründeten Kantate fällt nicht aus dem Rahmen der Oper; vielmehr drängt die angestaute Spannung zu einem solch explosiven Finale. Die große Chorszene ist nicht ein oratorialer Vorgriff auf die fast 20 Jahre später entstandene IX. Symphonie, sondern aus dem Barock stammendes Operngesetz, den Deus ex machina in großer Apotheose zu verherrlichen. Beethoven folgt dieser Tradition in gleichsam demokratischem Geiste. Die Freude der erlösten Menschheit soll über die Rampe springen und die Herzen der Zuschauer entzünden. Die Musik Beethovens ist es, die dieses Wunder der Heilung vollzieht.

«Die Frau ohne Schatten» – Regie-Tagebuch

Nun also doch «Die Frau ohne Schatten»! Die Entscheidung fiel nicht leicht, da nur zu bekannt ist, welche Anforderungen dieses Zaubermärchen in musikalischer, technischer und nicht zuletzt auch finanzieller Hinsicht an einen Betrieb stellt. Aber «Die Frau ohne Schatten» ist nun mal neben «Salome», «Elektra» und «Rosenkavalier» das bedeutendste Werk des Meisters; und einen hundertsten Geburtstag sollte man nicht mit Verlegenheitslösungen feiern. Wir spielen ja nicht für ein paar Kritiker, die mit der «Ägyptischen Helena» oder mit «Intermezzo» eher nach Wiesbaden zu locken wären als mit der «Frau ohne Schatten», die gerade die Runde macht – sondern für ein Publikum, dem, seien wir ehrlich, Richard Strauss immer noch Verdruß bereitet. Aber ist «Die Frau ohne Schatten» denn ein Werk für's Publikum? In München bei der Eröffnung des Nationaltheaters zeigte sich, wie wenig Verständnis diese Allegorie heute findet. Doch muß man wohl diesem Repräsentationspublikum ein wenig mildernde Umstände zubilligen. Man war zu sehr mit Frack und Ordensschnalle, mit Abendkleid und Nerzstola beschäftigt, um noch eine anspruchsvolle Musik aufnehmen zu können. Hoffen wir bei den Maifestspielen auf etwas mehr guten Willen und auf eine Strauss-Gemeinde, die ihrem Jubilar auch einige Längen verzeiht.

Wer mir vor fünf Jahren gesagt hätte, ich sollte einmal «Die Frau ohne Schatten» inszenieren, den hätte ich verständnislos angestarrt. Was kann einen auf Sartre, Brecht, Ionesco eingeschworenen Modernisten, einen im Musikalischen für Bartók, Alban Berg oder Strawinsky engagierten Dramaturgen zu diesem «Mythenschwulst» verführen? Ist «Die Frau ohne Schatten» uns seitdem soviel nähergerückt – oder bin ich ins konservative Lager hineingealtert? Als ich das Werk, das für mich wie für viele Theaterleute mit dem haut goût der Langeweile behaftet war, vor einiger Zeit in Bremen zum erstenmal über mich ergehen lassen mußte, um einige Sänger anzuhören, da verließ ich das Theater mit merkwürdig gemischten Gefühlen. An der musikalischen Substanz und

Schönheit, jedenfalls in den wichtigsten Momenten, war nicht zu zweifeln – aber diese in ihrer Symbolik überzüchtete und undurchsichtige Handlung! Und das ein Textbuch des von früher her so verehrten Hofmannsthal? Wenn auch nicht umgestimmt, so doch angestachelt, der Sache auf den Grund zu gehen, trat «Die Frau ohne Schatten» neu in mein Bewußtsein. Und ließ mich nicht mehr los. Ich sah alle Aufführungen, die in letzter Zeit von sich reden machten, las das Textbuch gründlich und auch das, was Hofmannsthal im Briefwechsel mit Strauss dazu kommentierend geäußert hat. Und mir wurde allmählich klar, daß es sich hier nicht um ein landläufiges für den musikalischen Gebrauch bestimmtes Opernlibretto handelt, sondern um ein Schlüsselwerk zum Verständnis der geistigen Welt des Dichters – ja mehr noch: um ein Schlüsselwerk einer ganzen Epoche, jener Epoche, die man literarisch Symbolismus oder Neu-Romantik und in der bildenden Kunst Jugendstil genannt hat, also etwa die Zeit von 1890 bis in den Ersten Weltkrieg. «Die Frau ohne Schatten» taucht als erste Idee bei Hofmannsthal 1911 auf; abgeschlossen wurde das Werk 1917. Es bildet also gleichsam das Konzentrat jenes letzten in sich geschlossenen europäischen Kunststiles, den wir heute aufzuwerten immer mehr Grund haben.

Stichwort Jugendstil. Mit dem Vorurteil unserer expressionistisch gesinnten Väter, die im Jugendstil nichts als einen verlogenen oder verkitschten Ästhetizismus sahen, müssen wir endgültig aufräumen. Nicht, daß wir nun die verschlungenen Linien, Seerosen- oder Pfauen-Ornamente in den Treppenhäusern oder an den Fassaden der Mietskasernen der Jahrhundertwende schön finden sollten; auch für den Blütenreigen der Maler aus Worpswede brauchen wir uns nicht zu begeistern. Aber immerhin – wir sollten anerkennen, daß hier eine ernsthafte Bemühung vorliegt, den historisierenden Monumentalstil oder besser die Stillosigkeit der Gründerjahre zu überwinden durch ein organisches Kunstdenken. Analoges vollzog sich in Malerei und Graphik – und auch in der Literatur. Stefan George, Rilke, Maeterlinck, Verhaeren, d'Annunzio und eben nicht zuletzt Hugo von Hofmannsthal sind die Poeten des literarischen Jugendstils; man kann den kunsthistorischen Begriff durchaus auch auf die Literatur anwenden. Was wir heute als einen weltfernen Ästhetizismus empfinden, war damals die bewußte Abkehr der Jugend vom ökonomischen Fortschrittsoptimismus des 19. Jahrhunderts. Es war eine Flucht nach innen, um dem lauten Materialismus jener so selbstsicheren Epoche zu entrinnen. Die gesellschaftspolitische Funktion der Literatur wurde grundsätzlich geleugnet, weil es wichtiger schien, das Reich der Seele zu erforschen und zu erneuern. Es sollte ein geistiges Gegenbild zu jener nicht mehr bewältigten Wirklichkeit geschaffen werden: ein Arkadien der Kunst und Menschlichkeit. Das Leiden an der Zeit wurde so verwandelt in eine konstruktive literarische Aufgabe. Der Dichter konnte frei von sozialen Bindungen seinen eigenen Garten bestellen. Er tat es, und das Ergebnis ist eine Literatur, die das Wort als solches neu zu formen weiß, die Ausdruckskraft der Gebärde erkennt, die Dinge selbständig werden läßt und vor allem wieder einen Sinn findet für das Symbol. Die Dichter wurden zu Schatzgräbern; sie entdeckten und übersetzten Werke vergangener Zeiten und ferner Länder. Märchen, Legenden, Mythen wurden neu erlebt und gestaltet. Es entstand eine neue romantische Hinwendung zum Organischen und ein Sinn für das Ornament. Wieviel bei Stefan George oder Rilke ist «nur» Form, Reim, Zierat. Da haben wir es dann leicht mit dem Achselzucken über das Preziöse, Manierierte und finden am Ende all diese Sprachbemühungen äußerlich und unwahr. In diesem Zwielicht steht auch «Die Frau ohne Schatten». Vom Standpunkt einer Literaturkritik aus, die nur die reale und soziale Wahrheit in der Kunst gelten läßt, ist «Die Frau ohne Schatten» ein leerer Wortrausch, Flittergold eines allegorischen Wahns. In der Sicht einer Literatur, die ins Absolute tendiert und die Synthese geistiger Formen und Werte verfolgt, ist in dem Werk Hofmannsthals ein Höchstmaß geistiger Verdichtung erreicht. Die Perspektive entscheidet.

Habe persische und indische Miniaturen studiert. Welch naive Erzählfreude, welch herrliche Farben! Besonders die indischen Miniaturen des 17. und 18. Jahrhunderts sind wichtig. Typisierung statt Naturalismus. Die Perspektive ist verkürzt; man sieht nur wenig Himmel, aber dafür eine in tausend Details liebevoll ausgebreitete und gleichsam hochgeklappte Märchenlandschaft, Berge im Hintergrund wie ineinandergeschobene graue Elefanten; davor üppige Vegetation, jeder Baum steht für sich, ein bunter Pflanzen- und Blumenteppich im Vordergrund; unzählige Tiere wie in Vexierbildern überall versteckt. Welche Lust an paradiesischem, friedvollem Nebeneinander – nur der Mensch bringt Aufregung in diesen biologischen Kosmos. Er tritt auf als Jäger-hoch-zu-Roß, mit dem Jagdfalken auf der Faust. Wir sind mitten in der Märchenphantasie von «Frau ohne Schatten». Viele zauberhafte Liebesszenen in baldachinähnlichen Zelten und Jagdschlössern; Feste mit höfischem Prunk. Die persischen Miniaturen, die die indische Malkunst sicher erst angeregt hat, sind kriegerischer; große Reiterschlachten, ausgemalte Heldensagen, Kampf mit Drachen, Dämonen und allerlei teuflischen Ungeheuern. Aber auch hier Paradiesbilder mit Engeln; die Engelsvorstellung ist nicht nur christlich, auch Hindu- und Zoroasterkult kennen engelhafte Genien. Welch Reichtum im Ornamentalen. Und da sind wir plötzlich mitten im Jugendstil. Die ganzen organischen Zierformen des Jugendstils: Lotosblumen, Lilien, Orchideen, Pfauen, Reiher etc. all das ist unmittelbar der persisch-indischen Malerei entlehnt. In diesen exotisch-orientierten Vorbildern ist die Wurzel dieser neuen naiven Malerei Europas zu suchen. Daher auch die literarische Vorliebe der Zeit für den Osten. Wie hat Hofmannsthal die Märchen von «1001 Nacht» geliebt; sein Aufsatz darüber zählt zu seiner schönsten Prosa. Es kommt darauf an, diese leuchtend farbige und zugleich naive Bildkunst auf der Bühne umzusetzen; das Publikum in die Paradiesgärten von «1001 Nacht» zu verzaubern. Nur keine Attraktionen! Naive Gegenständlichkeit muß die Atmosphäre, das exotische Parfüm dieses Stückes schaffen. Richard Strauss selbst hat sich bitter darüber beklagt, daß die Bühne meist zu wenig bildhaften Zauber entfalte. Für «Die Frau ohne Schatten» ist die Augenwirkung genauso wichtig wie Musik und Dichtung.

«Die Frau ohne Schatten» in Berlin. Es ist klar, warum die Dirigenten so für dieses Werk eingenommen sind: Die Partitur mit ihrer riesigen Orchesterbesetzung und einer äußerst raffinierten, z. T. neuartigen Instrumentation, mit ihren gewaltigen Steigerungen, dissonanten Klangballungen und wieder einer ganz einfachen Harmonienseligkeit, ist so effektvoll, daß ihr kein Kapellmeister widerstehen kann. Das Wunder, das Karl Böhm in Berlin vollbracht hat, bestand darin, daß trotz des fülligen Orchesters drei Viertel des Textes zu verstehen waren; oder lag es an einer ausgezeichneten elektroakustischen Anlage, die den Gesang verstärkte? Und dann dieses hinreißende raumsprengende Crescendo im 3. Akt! Viel dezente Lyrik für Kaiser und Kaiserin, merkwürdig von weither klingend, sehr durchsichtige Begleitung; äußerst differenzierte, abgestufte, ungewöhnliche Klangwirkungen. Die Bühne selbst mit modernstem Apparat alle offenen Verwandlungen mühelos bewältigend; imponierender Ablauf, ohne daß dabei die Technik Selbstzweck wurde. (Was wollen wir nur machen ohne Seitenbühnen, ohne benutzbare Hinterbühne, mit einer museumsreifen Untermaschinerie, die kaum noch exakt bedient werden kann, mit ausgebrannten Zügen, die keine besondere Belastung mehr aushalten? Ein bühnentechnisch halsbrecherisches Abenteuer!) Was der mit ihren vollplastischen, goldstrotzenden Bühnenbildern imponierenden Aufführung trotzdem nicht überzeugend gelang, war die einfache Verdeutlichung der Handlung. Insbesondere die dramaturgisch wichtigen Schattenelemente fehlten! Auch der 3. Akt blieb in einem abstrahierenden Einheitsbild ohne Sinnfälligkeit. Die sehr komplizierte Versuchung der Kaiserin durch das «Wasser des Lebens» blieb allgemein und damit unverständlich. Dabei soll der dritte Akt erst den vollen Bildzauber entfalten! Wie schwer ist es doch, dieses Werk dramaturgisch zu entwirren! Aber gerade das muß unsere Aufgabe sein!

Mit welch bewundernswerter Kombinationsgabe hat Hofmannsthal die verschiedenen Märchenmotive miteinander verschmolzen. Da ist das *Undine-Motiv:* die Kaiserin, eine Elfenkönigin, die durch den Schlag des Falken aus einer Gazelle in ein Menschenwesen verwandelt worden ist, sich in den Kaiser (den schönen Ritter Hans) verliebt hat und ganz bei den Menschen bleiben will. Sie leidet an ihrer Zwischenexistenz, nicht mehr Geisteswesen, noch nicht Menschenfrau; in doppelter Versuchung entscheidet sie sich aus Mitleid und wird dadurch schließlich der Gnade, ein Mensch zu sein, teilhaftig. Ihr gestrenger Vater und Geisterfürst Kaikobad ist sichtlich mit Kühleborn verwandt, wenn dieser auch in der feuchten Tiefe etwas unbarmherziger geworden ist als der unsichtbare Geist der Felsenhöhle, der sich mit priesterähnlichen Geisterboten umgibt. Da ist weiter das Motiv vom *«Fischer un sine Fru»:* die Färberin mit ihrem gutmütig-einfältigen Manne Barak; eine «bizarre Frau mit einer sehr guten Seele im Grunde, unbegreiflich, launisch, herrisch und dabei doch sympathisch», wie Hofmannsthal sie in einem Briefe charakterisiert. Sie läßt sich um eines Lebens in Reichtum und Macht und um der sinnlichen Liebe willen verführen, ihren Schatten (ihre Seele) an die zaubermächtige Amme (den Teufel) zu verkaufen. – Das Schatten-Motiv endlich dürfte dem «Peter Schlemihl» entlehnt sein, wenn es nicht gar mit dem platonischen Höhlen-Gleichnis zu tun hat. Auch an das Märchen vom «Steinernen Herz» könnte man denken und gewiß noch viele andere Märchen abendländischer Herkunft. Die Figur des Kaisers, in der Charakterisierung offensichtlich etwas zu kurz gekommen, trägt parzifalähnliche Züge; wie auch das Symbol des «goldenen Wassers», das Wunderkräfte verleihen soll, an den Gral denken läßt, allerdings in antiwagnerischer Interpretation. Trotz dieser starken abendländischen Wurzeln ist die Atmosphäre von «1001 Nacht» unverkennbar; ja sie gibt dem Werk erst den rechten poetischen Zauber. Das magische Bergreich mit seinen lebenzerstörenden Kräften, seinen geheimen Tempeln und Geisterhöhlen, ist ständig gegenwärtig; Blitze wie feurige Schlangen durchzucken schreckenverbreitend den Himmel; die Flüsse treten über ihre Ufer und vernichten mit einer Sintflut das hochmütige Menschenvolk. Am Schluß wird das Paradies wieder hergestellt, die Schlange der Versuchung wird aus dem Menschengarten verwiesen, und das gereinigte Menschenpaar, vom Sündenbann erlöst, kann in der Arche zurückkehren an die Stätte gewohnter, jetzt gesegneter Arbeit. Das ist geistiges Urgestein der Menschheit, alttestamentarische Spuren der Genesis sind unverkennbar. Aber damit sind wir zugleich in der Heimat aller Religionen, in der Frühzeit des Menschengeschlechtes, in die alle Mythen zurückführen. Was Hofmannsthal hier in einer ebenso einfachen wie komplizierten Fabel versucht, ist eine mythische Synthese von Ost und West, von ur-gestern und ewig-heute. Goethes «West-östlicher Diwan» ist das klassische Muster dieses Zeit und Raum verschmelzenden Versuchs einer Universalliteratur. Von hier stammt auch das Ethos, das diese Verwandlungsmythe begründet:

«Von dem Gesetz, das alle Wesen bindet,
befreit der Mensch sich, der sich überwindet.»

Das ist reinster Humanismus, Glaube an die Selbsterlösung des Menschen. Man spürt noch den zukunftsfrischen Atem des 18. Jahrhunderts, den ungebrochenen Geist der Aufklärung, die reine Melodie Mozarts. Es zeugt für den Genius Hofmannsthals, daß er in dem Bestreben, Strauss ein der «Zauberflöte» analoges Libretto zu liefern, diese große Mythik schaffen konnte. Und es zeugt für die Größe des Musikers Richard Strauss, daß er sich einer solchen Fabel nicht verweigert hat.

Klarheit sollte das Grundprinzip jeder Inszenierung sein. Dazu bedarf es zunächst einer dramaturgischen Analyse. Die Funktion der einzelnen Personen im Hinblick auf das Ganze, der dramaturgische Stellenwert der einzelnen Motive, die Bedeutung von Atmosphäre und geistigem Hintergrund, die dramaturgischen Entwicklungskräfte in den verschiedenen Situationen: all das muß bewußt werden, um eine Aufführung vor den fatalen, allgemeinen Opernemotionen und Impressionen zu bewahren. Auch und gerade bei einem Zaubermärchen ist diese Klarheit notwendig. Wie soll sonst das unvorbereitete Publikum eine komplizierte, mehrschichtige Handlung verstehen.

Für «Die Frau ohne Schatten» ist es von entscheidender Bedeutung, die geistige Transparenz der Vorgänge deutlich zu machen. Geistige Mächte sind die Triebkräfte, die die zwei Menschenpaare in Versuchung führen und zur Entscheidung zwingen. Wir haben es mit einem Antagonismus von zwei Wertsystemen oder besser übersinnlichen Mächten zu tun. Da ist das Dämonenreich des Kaikobad, der selber unsichtbar bleibt, aber sich vertreten läßt von Geisterboten und magischen Tempelhütern. Er ist der Herr des Gesetzes, verfolgt Abtrünnige mit seinem Zorn, läßt Eindringlinge zu Stein werden und ist auch der Ursprung der Zauberkräfte, die sich die Amme angeeignet hat. Die Kaiserin anerkennt in Kaikobad das Vaterrecht. Von der Mutterseite spürt sie in sich den Trieb zur Verwandlung, die Neigung zum Menschlichen, die Bereitschaft für die Ungeborenen. Dem Reich des Gesetzes steht das Reich der Liebe gegenüber. Sinnbilder des lebenüberwindenden Prinzips der Liebe sind die «Wächter». Sie verheißen am Ende des 1. Aktes den in Liebe vereinten Gatten:

«Ihr seid die Brücke, überm Abgrund ausgespannt,
auf der die Toten wiederum ins Leben gehen.»

Genau das ereignet sich für das Färberpaar im 3. Akt, nachdem alle Prüfungen überstanden sind. Die schlangenhafte Versucherin kann ihren Triumph, der darin bestehen sollte, daß Barak sein ungetreues Weib tötet, nicht auskosten. Die Wächter entziehen ihm das erhobene Schwert und lassen der reuigen Färberin Gnade zuteil werden. Als mahnende Stimmen zum Guten greifen immer wieder die «Ungeborenen» ein. Sie erscheinen dem Kaiser und der Kaiserin als Himmelsboten, die Sternenglanz um sich verbreiten. Sie werden eindeutig als «Engel» angesprochen; sie umschweben in einem strahlenden Reigen, gleichsam in einer Gloriole, das sieghafte Menschenpaar, das jetzt durch opferbereite Liebe zu einer höheren Existenz gelangt ist. – Den Dämonen stehen also die Schutzgeister der Menschen, die Engel gegenüber. Zwischen diesen beiden Polen vollzieht sich die Menschwerdung der Kaiserin. Wenn der Sinn der realen Handlung verständlich werden soll, muß auch die Geisterwelt transparent werden und in ihrer elementaren Gegensätzlichkeit erkennbar sein. Sie offenbart sich als nächtlicher Geisterspuk, als fratzenhaft – archaischer Höhlenkult, als unheilbringende, gewitternde Natur einerseits – als Sternenglanz, Sphärenklang, Engelsvision und geistige Verklärung anderseits. Sintflut und wiederhergestelltes Paradies könnte man das Ergebnis dieses Geisteskampfes nennen. Immer wieder stoßen wir auf christliche Chiffren.

Es gibt weder Menschen, die auf der Bühne im Licht keinen Schatten werfen, noch ein Licht, das keinen Schatten verursacht. Und trotzdem sollen Wesen ohne Schatten auf die Bühne gestellt werden. Das Problem ist nur mit einem Trick zu lösen, nämlich dadurch, daß man die Schatten der Menschen, die Schatten werfen sollen, besonders an den dramaturgisch entscheidenden Stellen, überbetont und die schattenlosen Wesen möglichst von Lichtquellen fernhält. Aber die Schattenaktionen müssen deutlich werden! Der Schatten der Färberin muß verführerisch sichtbar sein; er muß dann bei der Erfüllung des Paktes im 2. Akt deutlich verschwunden sein. Aber die Kaiserin bemächtigt sich seiner nicht. Der Schatten ist also herrenlos; isoliert von seinem Urheber. Schattenlos sind Barak und Färberin im 3. Akt; erst als sie sich wiedersehen, erhalten sie durch Geisterhand ihren Schatten zurück. Die Kaiserin aber widersteht der Versuchung, vom «Wasser des Lebens» zu trinken, und gewinnt dadurch auf wundersame Weise ihren Schatten, mit dem sie den versteinten Kaiser trifft und erlöst. – Die Versuchung durch das «Wasser des Lebens» hat Hofmannsthal in der Märchenfassung des Stoffes, die er zur Verdeutlichung der Motive nachgeschrieben hat, besser gelöst als in der Bühnendichtung. Dort läßt er den Schatten der Färberin erscheinen und der Kaiserin kniend eine runde Schale mit goldenem Wasser reichen. Die Kaiserin weiß damit, um welchen Preis sie ihren Schatten gewinnen kann. Sie überwindet sich: aus Mitleid mit der bittenden Färberin verzichtet sie auf den Zaubertrank, der den Kaiser lebendig machen kann. Das ist sinnfälliger als der Springquell goldenen Wassers, dessen Bedeutung als Versuchung nicht klar werden kann. Da es Hofmannsthal darauf ankam, «die zwanglose Symbolik aller Situationen» zu erreichen, wird es erlaubt sein, Motive der Prosafassung zu benutzen. Strauss, der Theaterpraktiker, hat wiederholt versucht, Hofmannsthal zur Vereinfachung der Symbole zu bewegen. Meist hat sich der Autor mit Erfolg gewehrt. Heute dürfte es im Sinne von Richard Strauss richtig sein, nicht alle Zaubereien mitzuvollziehen. Die Hintergründigkeit des Zaubers ist wichtiger als mehr oder minder gelungene technische Tricks.

Gedenkworte für István Kertész

Es war ein besonders strahlender und beglückender Frühlingstag, als István Kertész, dem Hochgefühl seiner Lebensstimmung folgend, sich an die Küste Israels in das scheinbar gefahrlose Meer wagte, von einer Strömung erfaßt wurde und unterging. Sein Leben endete – unfaßbar für alle, die er hinterlassen – nach einem weltweit bewunderten Aufschwung mit jähem Absturz. Es ist schwer, diesen Tod zu begreifen. Sinnlos, zufällig, absurd mag er im ersten Schmerz wirken – und ist doch in der Ordnung aller Entscheidungen ein Tod, der in diesem so besonders reich begabten Leben von Anbeginn enthalten war. Wie hätte István Kertész seine Freunde und Mitarbeiter auf eine so einfache, milde und brüderliche Art gewinnen, wie hätte er Intuition und Enthusiasmus ausstrahlen können, wenn er nicht ein übergroßes Vertrauen gehabt hätte zu den Dingen, zur Natur und zum Schicksal. Aus diesem Einverständnis mit dem Leben und dieser Selbstsicherheit stammten seine Kraft, sein Optimismus und sein Humor.

Wer heute in den tieferen Sinn seiner Existenz Einblick zu gewinnen versucht, wird mit Erstaunen feststellen, daß hinter der Heiterkeit seiner Natur ein geheimes Wissen um den Tod verborgen war. Fast scheint es, als habe er den Brief des einunddreißigjährigen Mozart an seinen Vater sehr wörtlich gekannt und beherzigt: «Da der Tod, genau zu nehmen, der wahre Endzweck unseres Lebens ist, so habe ich mich seit ein paar Jahren mit diesem wahren, besten Freunde des Menschen so bekanntgemacht, daß sein Bild nicht allein nichts Schreckendes mehr für mich hat, sondern recht viel Beruhigendes und Tröstendes. Und ich danke meinem Gott, daß er mir das Glück gegönnt hat, mir die Gelegenheit zu verschaffen, ihn als den Schlüssel zu unserer wahren Glückseligkeit kennen zu lernen.» Die Glückseligkeit des Todes – das ist die innerste Voraussetzung für jene überirdische Harmonie, die das Ingenium Mozarts auszeichnet. Und wie sollte der, der das Lacrimosa in Mozarts «Requiem» so einfach und unsentimental zu gestalten wußte, von diesem Lebensgeheimnis nicht durchdrungen gewesen sein. Am Abend vor seinem Tod hat er in Tel Aviv die Nelson-Messe von Haydn dirigiert. Seine Tiefe pflegte er hinter einer heiteren Oberfläche zu verbergen. – Und seine Mitarbeiter erinnern sich, daß er bei einer Probe zu «Idomeneo» bei dem Chor «O voto tremendo» scherzhaft und hintergründig zugleich gesagt hat: «Dieses Stück könnt Ihr für mich singen, wenn ich einmal tot bin.» Es erklingt heute. – Aber das Wunder der Errettung des «Idomeneo» aus den Fluten wiederholt sich nicht. Poseidon hält sein Opfer fest.

Nur selten blitzten solche Todesgedanken bei ihm auf. Er war kein grüblerischer Melancholiker, sondern ein zielstrebig planender, sich in der Welt verwirklichender Mensch von heute. In einem beispiellosen Aufstieg hat er sich in knapp 17 Jahren alle wichtigen Dirigentenpulte der Welt erobert. Er hat darüber gewissenhaft Buch geführt. Seinen Aufzeichnungen können wir heute entnehmen, daß er in dieser kurzen Zeitspanne 73 verschiedene Orchester dirigiert hat, darunter immer wieder die berühmtesten und traditionsreichsten der Welt: Die Berliner, Wiener und Münchner Philharmoniker, das New York Philharmonic, das Cleveland, Philadelphia, Chicago Symphony Orchestra. Dem London-, dem Israel-Philharmonic-Orchestra und den Bamberger Symphonikern war er besonders verbunden. Er hat mit diesen Orchestern 62 Langspielplatten gemacht, mehrmals große Tourneen durch alle Teile der Welt unternommen. Sein Opernrepertoire umfaßte 48 Werke. Die rein numerische Bilanz seiner künstlerischen Aktivität weist 745 Konzerte und 670 Opernaufführungen aus.

Mehr als diese Zahlen, die seinen Fleiß, seinen Ehrgeiz und seinen Ruhm dokumentieren, wiegen die menschlichen Begegnungen, die künstlerischen Intentionen und sein moralisches Engagement. István Kertész war – wenn diese Vereinfachung erlaubt ist – ein apollinischer Musiker. Die Klarheit der gegebenen Form, die sinnliche Erfüllung einer Partitur waren seine Ziele, die er bescheiden aber konsequent verfocht. Er hat nie durch die Egozentrik eigenwilliger Deutungen, durch modische Experimente oder Allüren Aufsehen erregt. Er wußte sich im Dienste der Sache und war deshalb frei von Effekthascherei. Seine ursprüngliche Begeisterungsfähigkeit übertrug sich auf seine Mitarbeiter. Mit fast kindlichem Staunen machte er seine musikalischen Entdeckungen

und konnte zornig werden, wenn er auf Routine, Schlendrian und Bequemlichkeit stieß. Bei alledem besaß er einen angeborenen Sinn für Toleranz und echt demokratisches Verhalten. Er respektierte seine Musiker als Partner und wußte sie auf sehr sensible Weise zu höchsten Leistungen zu animieren. Deshalb schlug ihm überall sofort eine Welle der Sympathie entgegen.
Sein großes Konzertrepertoire, von dem wir in Köln viel zu wenig kennengelernt haben, hatte die Schwerpunkte: Mozart, Brahms, Bartók. Daneben selbstverständlich Haydn, Beethoven (wobei er die 7. Symphonie besonders liebte), Schubert, Dvořák, Bruckner (seine 4. Symphonie hatte hohen Rang) und Mahler. Sein Verständnis für die neue Musik erschloß ihm Werke von Strawinsky, Alban Berg, Hindemith, Benjamin Britten, Schostakowitsch. Wenn wir den musikalischen Horizont von István Kertész abzugrenzen wagen, so sehen wir ihn beheimatet in Wien, in Prag und natürlich in Budapest: in der großen österreichisch-ungarischen Musiklandschaft an Donau, Moldau und Theiß mit ihren verschiedenen Nationalitäten. Sein ursprüngliches Musikantentum ist aus dieser Tradition zu verstehen.
Man kann István Kertész nicht würdigen ohne an seine zahlreichen Aufführungen und an seine Aufnahmen von Kodálys «Psalmus hungaricus» und den «Háry János» sowie an Bartóks «Blaubart» zu denken. Wer den «Psalmus hungaricus» hört, weiß, warum Kertész am 17. Januar 1957 Ungarn verlassen hat. «Besser in Wüsten zu hausen oder finsteren Wäldern als zu leben mit Lügnern und Verrätern, die nicht dulden, daß ich die Wahrheit sage ...» singt König David im «Psalmus hungaricus», dem Hohen Lied ungarischen Widerstandsgeistes. Und wer sich an den wundersamen Phantasieabenteuern des Háry János erfreut, der weiß, wie sehr es einen Ungarn trotz allen Ruhmes der großen Welt zurückzieht nach Hause, in die ländlich-geschichtslose Idylle von Abony. Aber auch die unerlöste Schuld des Blaubart gehört in dieses Bild: Die Parabel von der tödlichen Macht geschichtlicher Wahrheit und der tiefsten Einsamkeit. «Nacht bleibt es nun ewig, ewig, ewig ...».
Am 4. Juni 1970 hat István Kertész in Budapest mit großem Erfolg wieder ein Konzert geben können. Man hat ihn mit offenen

Armen aufgenommen. Er war Bürger zweier Welten. Er konnte mit dem ungarischen Nationaldichter Petőfi von sich sagen: «Von meiner Heimat laß ich nicht, um keinen Preis der Welt ...», und gleichzeitig gehörte er wie die anderen großen ungarischen Dirigenten Szell, Ormandy, Dorati, Solti, Fricsay der übernationalen Welt der Musik an.

István Kertész wußte sich mit Bartók darin einig, daß sein «wahrer Leitgedanke der Gedanke der Verbrüderung der Völker» war – trotz aller Kriege und aller Gefahr. Er hatte ein waches soziales und politisches Engagement, deshalb sein Einsatz für das «War-Requiem» von Britten, seine Israel-Hilfe. Brüderlichkeit, wie er sie in der Freimaurermusik Mozarts verherrlicht fand, war eine ganz selbstverständliche Eigenschaft seines Charakters.

Seit 1964 war István Kertész in Köln Operndirektor. Er kam fünfunddreißigjährig als Generalmusikdirektor aus Augsburg, wo er in fünf Jahren das deutsche Theater-System kennengelernt hatte. Seine ersten Jahre in Köln waren nicht leicht. Mehr als einmal hat er unter dem Druck der Verhältnisse aufgeben wollen. Aber er hielt durch und wurde Kölner. – 25 Premieren hat er in diesen neun Jahren herausgebracht; seine erste war Verdis «Don Carlos», seine letzte Verdis «Stiffelius». Er hat das italienische Repertoire genauso beherrscht und geliebt wie das deutsche. Auch selten gespielte Werke der slawischen Literatur wie «Chowantschina», «Die Legende von der unsichtbaren Stadt Kitesch», die Urfassung des «Boris Godunow», «Das schlaue Füchslein» hat er gerne einstudiert und dirigiert. Zwei Premieren haben jedoch für seine Kölner Ära ganz besondere Bedeutung gewonnen: Mozarts «La clemenza di Tito» am 10. September und Wagners «Tristan und Isolde» am 20. Juni 1971. Mit dem «Titus» wurde der Kölner Mozartstil signifikant; es folgten die triumphalen Gastspiele in London und Zürich. In Jean-Pierre Ponnelle hatte István Kertész seinen szenischen Partner gefunden. Der Mozart-Zyklus, der mit «Don Giovanni», «Così fan tutte», «Zauberflöte» internationalen Festival-Rang hat, ist Fragment geblieben. – Der «Tristan» bedeutete für Kertész die Erschließung einer neuen Dimension. Die harmonische Magie dieser Musik mit ihrer Auflösung von Raum und Zeit hatte seine Vernunft ergriffen. Ein dionysisches Element

begann sich in seinem Musizieren abzuzeichnen. Für die nächsten Jahre hatte er einen neuen «Ring» geplant, außerdem einen Richard-Strauss-Zyklus und «Moses und Aron» von Arnold Schönberg.
In Rom – nach einem umjubelten «Rosenkavalier» – nahmen wir Abschied. Wir sprachen über das nächste Gastspiel in Budapest. Es sollte ein Abschied für immer sein. Und immer noch ist mir die ergreifende Szene der Marschallin im Ohr: «Die Zeit, die ist ein sonderbar Ding. Wenn man so hinlebt, ist sie rein garnichts. Aber dann auf einmal, da spürt man nichts als sie ...»
István Kertész ist tot.
Er war im Zenith seiner Jahre und Kräfte. Die Welt stand ihm offen. Er hatte in Köln seine Wahlheimat gefunden. Orchester, Chor und Ensemble liebten in ihm einen kameradschaftlichen Chef.
Und für mich selbst muß ich hinzufügen: Unversehens sind wir in gemeinsamem Planen, Reisen, Arbeiten Freunde geworden. Nun sind wir alle verwaist.
Bartóks letzter Satz auf dem Sterbebett war: «Das Schlimme ist, daß ich gehen muß und noch soviel zu sagen habe ...»
István Kertész hat diesen Satz wahrscheinlich nicht mehr denken können. – Wir denken ihn für ihn. Sein Bild ist uns eingeprägt.

Die Hölle des Bewußtseins

Zu Sartres «Geschlossener Gesellschaft» und Eliots «Cocktail Party»

Jean Paul Sartre läßt seinen Garcin in der «Geschlossenen Gesellschaft» sagen: *Die Hölle, das sind die anderen.*
In T. S. Eliots «Cocktail Party» heißt es: *Was ist die Hölle? Die Hölle ist man selbst.*

Offensichtlich sind diese beiden Sätze aufeinander bezogen, ja man darf annehmen, daß Eliot Sartres These bewußt eine Antithese entgegengestellt hat. Ob die beiden repräsentativen Dichter-Denker unserer Zeit über diese literarische Auseinandersetzung hinaus in eine persönliche Beziehung getreten sind, läßt sich vorerst nicht ermitteln; es bleibt auch unwichtig, da alles, was die philosophischen Fronten bestimmt, in den beiden Dramen Gestalt gewonnen hat. Eliot antwortet in der «Cocktail Party» auf die nihilistische «Tragödie» Sartres mit einem religiösen «Satyrspiel». Seine Auseinandersetzung mit dem Philosophen des Absurden ist ein brillantes Stück Weltliteratur, ein gegenwärtiges Zeugnis abendländischer Geistesgeschichte. Die beiden Formulierungen liefern nicht nur den Schlüssel für das Verständnis zweier entgegengesetzter philosophischer Systeme, sie sind auch symptomatisch für den neuralgischen Punkt unserer Zeit: die Krise des Bewußtseins.
Sartre macht in der «Geschlossenen Gesellschaft» folgendes Experiment: Er sperrt drei einander fremde Menschen, einen Mann und zwei Frauen in ein Zimmer, gibt ihnen den Bewußtseinsschock des Todes und stellt sie in die Zeitdimension der Ewigkeit. Daraufhin legt sich der Psychoanalytiker auf die Lauer und beobachtet, wie sich die Opfer, die ihm in die Falle gegangen sind, verhalten. Die Charaktere sind so gewählt, daß sie sich gegenseitig ausschließen und in ihrer subjektiven Isoliertheit zugleich aufeinander angewiesen sind. Sofort stellen sich zwischen den Versuchsobjekten Beziehungen her; aber eine «Paarung» kommt nicht zustande, immer bleibt ein «Zuschauer» übrig. In seiner Verzweiflung versucht Garcin, der «Held» des Stückes, aus der Situation

auszubrechen, die einzige Tür des Zimmers, die vorher hermetisch verschlossen war, öffnet sich; aber Garcin kann das Zimmer nicht verlassen, weil er von seiner Vergangenheit nicht loskommt und die anderen zu seiner Selbstrechtfertigung braucht. Und so bleibt die Situation in alle Ewigkeit: die Menschen sind «hintereinander her wie Karussellpferde», einander dicht auf den Fersen, ohne sich jemals einholen zu können. Sie quälen sich gegenseitig, jeder ist in jedem Augenblick eine Falle für den anderen. In dieser Erkenntnis zieht Garcin das Facit: «Also dies ist die Hölle. Niemals hätte ich geglaubt... Ihr entsinnt Euch... Schwefel, Scheiterhaufen, Bratrost... Ach, ein Witz! Kein Rost erforderlich. Die Hölle, das sind die anderen.» Es bleibt nichts übrig als «weiterzumachen». Das diabolische Spiel kann immer wieder von vorne beginnen.

Eliot macht in der «Cocktail Party» ein ähnliches Experiment. Er ist Engländer, d. h. sein Experiment hat nicht die surrealistische Kühnheit und die sexuelle Offenheit des Franzosen, dem der Mut zum Revolutionären angeboren und das Spiel mit der Intimität eine literarische Tradition ist. Während Sartre enthüllt, verschleiert Eliot seine eigentlichen Absichten. Sein Experiment vollzieht sich in einem konventionellen Milieu. Er verdammt seine Opfer nicht in die Abstraktion eines irrealen Raumes, er veranstaltet eine «Cocktail Party». Die Atmosphäre seines Stückes ist eine völlig andere, und doch gibt es auch hier ein Personendreieck, das die Analogie zu Sartre bestätigt.

Edward, ein arrivierter Rechtsanwalt der englischen Society mit noblen Manieren und erfrorenen Gefühlen steht zwischen zwei Frauen, zwischen seiner gesellschaftlich ehrgeizigen und intellektuell frigiden Gattin Lavinia und Celia, einem jungen Mädchen, das mit der ganzen Unmittelbarkeit und Kompromißlosigkeit der Jugend an seine Liebe glaubt. Edward führt ein Doppelleben, bis er durch den Eingriff einer rätselhaften Macht zur Entscheidung gezwungen wird. Er hat die Wahl zwischen einem Weiterleben an der Seite einer ungeliebten und doch ungern entbehrten Frau, in einem Zustand unaufhörlicher Zerwürfnisse und einem neuen Anfang in selbsterrungener Ehrlichkeit und Freiheit an der Seite des Geliebten. Die «Tür» der Freiheit öffnet sich, aber er zögert, zweifelt und bleibt in einer scheinbar hoffnungslosen Gewissenskrise stecken. Am Tiefpunkt seiner Verzweiflung angelangt, sagt er dann: «Da war eine Tür, und ich konnte sie nicht öffnen. Ich reichte nicht bis an die Klinke. Warum konnte ich mein Gefängnis nicht verlassen? Was ist die Hölle? Die Hölle ist man selbst, allein. Die anderen Gestalten in ihr sind nur Projektionen, das ist die Hölle. Da ist nichts wovor und nichts wohin man fliehen könnte. Man ist immer allein.» Lavinia glaubt, Edward stünde vor einem Nervenzusammenbruch, aber Edward steigert sich noch: «Ich brauche keinen Arzt! Ich bin einfach in der Hölle!» Sein Bewußtsein verliert sich im Chaos. Damit schließt bei Eliot der erste Akt. Die Diagnose ist gestellt; sie lautet: Zerstörung des Bewußtseins durch Hypertrophie des Ich. Die beiden folgenden Akte bringen die Therapie des Falles, der nicht als Einzelfall, sondern als Prototyp eines allgemeinen Zustandes der Zeit gemeint ist.

Bei Sartre und bei Eliot ist gemeinsam, daß ein Mensch unserer Tage in einen Zustand gerät, den er als «Hölle» bezeichnet. Dieser Zustand hat seine Ursache nicht in bestimmten äußeren Lebensverhältnissen oder Schicksalskatastrophen – die äußeren Vorgänge bilden nur die Anlässe, die eine latente Ursache plötzlich offenbaren. Es ist keine materielle, sondern eine seelisch-geistige Existenznot, die als «Hölle» empfunden wird. Das Bewußtsein des Menschen ist gestört, es vermag die Vorgänge der Außenwelt nicht mehr zu ordnen und zu bewältigen; die Reflexion nimmt überhand; der aktive Bezug zur Welt löst sich auf, das Bewußtsein bleibt nur noch Spiegel.

Dieser in der Psychiatrie als Spaltung des Bewußtseins bekannte Vorgang löst Kettenreaktionen aus und endet in einer Atomisierung der bewußten Welt. Eliot bringt dieses Phänomen, das in der Dichtung vor allem bei *Kafka* und *Joyce* seinen Niederschlag gefunden hat, auf den einfachen Nenner: «Wir leben zu bewußt und zu vieler Dinge bewußt.» Die Fülle der Eindrücke hinterläßt ein «wüstes Land». Das grelle Licht unseres Bewußtseins tötet die organische Beziehung zur Welt und hat eine «Austrocknung der Seele» zur Folge. Das Gefühl wird immer stärker zurückgedrängt und erscheint suspekt. Die Hölle des Bewußtseins ersteht nicht so sehr aus den Flammenzungen des Geistes, sie wird als Qual der Dürre, des Durstes und des Frostes empfunden.

Dieser Zustand der Hölle des Bewußtseins erhält bei Sartre und Eliot verschiedene Vorzeichen. Sartre sieht die Schuld für diesen Einbruch der Hölle bei den «anderen». Der einzelne Mensch ist frei; er hat keine von Geburt oder von Ewigkeit her festgelegte Natur oder Begrenzung. Er ist zunächst nichts als existent. Es kommt auf ihn selbst an, was er aus sich macht. Durch seine Tatentscheidung verleiht er sich Wert oder Unwert. Sartre wandelt das Descartes-Wort in seinem Sinne ab: *agito ergo sum.* Diese Theorie der Selbstverwirklichung ist insoweit eine Fiktion, als sie das Wesen des Menschen in einem luftleeren Raum bestimmt. Sowie die von Sartre postulierte «Einzelfreiheit» in sozialen Kontakt tritt, ist sie in ihrer Entscheidung durch andere «Einzelfreiheiten» gehemmt. Es entsteht daher der Zustand, daß die «anderen», deren Handeln sich ebensowenig nach anderen als subjektiven Normen vollzieht, der Selbstgestaltung des Ich im Wege sind. Der einzelne selbst erlebt reflektierend die Begrenzung seiner Freiheit durch die anderen und gerät darüber in die «Hölle», aus der ihn niemand befreien kann. Es bleibt ihm nichts übrig als in dem tragischen Widerspruch seiner Freiheit zur Freiheit der anderen auszuharren.

Sartre selbst bestimmt seinen Existentialismus als einen Humanismus. Auch wenn man seiner Deutung des Begriffes «Humanismus» nicht unbedingt zustimmen kann, so ist doch der Ursprung mancher seiner Gedanken aus der humanistischen Philosophie des Descartes und der französischen Aufklärung unbestreitbar. In Sartre gelangt die Linie der europäischen Geistesgeschichte, die fortschrittsgläubig den Menschen zum Mittelpunkt der Weltentwicklung gemacht hat, zur letzten Konsequenz. Der Weg des «Humanismus» hat bei Sartre zur «Hölle» geführt. Ob Sartre über die Ansätze kantianischer Ethik, die sich in seinen theoretischen Schriften finden, hinaus einen Ausweg findet, bleibt abzuwarten. Ein Anzeichen mag das Wort sein, das in seinem Roman «Der Aufschub» steht: «Soll ich Ihn Gott nennen? Ein einziges Wort – und alles ist anders.»

Eliot sieht den Grund für jene Hölle des Bewußtseins nicht in den anderen, sondern im Ich. Es ist die Entdeckung, daß man im Grunde immer allein ist, daß die anderen nur Projektionen des Ich darstellen, daß der Mensch sich selber zum Objekt geworden ist. Das Ich hat seine Wirklichkeitskraft verloren. Die Vereinzelung bedingt eine Relativierung aller Erscheinungen und Begegnungen auf einen subjektiven Wert hin. Celia erscheint es «nicht mehr der Mühe wert, überhaupt noch mit jemand zu sprechen». Und der «unbekannte Gast», der das Leben der drei Versuchsobjekte überwacht, meint: «Das meiste Unheil, das in der Welt geschieht, wird von Menschen angerichtet, die sich wichtig vorkommen.»

Eliot gibt den Menschen in diesem Zustand das Bewußtsein ihrer Sündhaftigkeit. Er nimmt ihnen die Beichte ab und weist ihnen den Weg zu einer Erneuerung ihrer Existenz. Das erste Gebot ist die christliche Tugend der Demut, sodann die Toleranz gegen sich selbst und gegen andere. Edward soll nicht sein Gewissen reinigen, wie Garcin das vergeblich zu tun versucht, sondern lernen, die Last auf dem Gewissen zu tragen. «Mit der Zukunft der anderen haben Sie nichts zu tun!» Eine klare Antithese zu Sartre. Wer nach diesen Maximen sein Leben gestaltet, wird «in einer Welt voller Wahnsinn, Gewalt, Dummheit, Gier» ein gutes Leben führen.

Außer dieser stoischen Lebenshaltung gibt es nach Eliot noch einen anderen Weg, dem Chaos zu entrinnen. Es ist der Weg des Glaubens. Celia wagt aus der tiefsten Verzweiflung am Sein heraus diesen *Sprung in den Glauben* und geht den Weg der Heiligen, der Selbstaufopferung verlangt und im Martyrium endet. «Kein Weg ist besser. Beide Wege sind notwendig. Es ist ebenfalls notwendig, zwischen beiden zu wählen.» In dieser Alternative wird die andere Tradition des geistigen Abendlandes sichtbar, die Tradition des Thomas von Aquin.

Eliot hat in modernen Chiffren die christliche Weltordnung gestaltet. Obwohl das Wort *Gott* in dieser «Cocktail Party» vermieden wird, ist doch in seiner Dichtung alles Menschliche auf Gott bezogen. Die Hölle des Bewußtseins entsteht durch den Hochmut des Menschen vor Gott. Die Mahnung des Gewissens offenbart die Sündhaftigkeit der menschlichen Natur. Der «unbekannte Gast» ist stellvertretend für die göttliche Gnade. Mit dem «Sanatorium», in welchem Celia Aufnahme findet, ist der christliche Himmel gemeint. Und die «Cocktail Party» selbst, die am Ende

des Stückes für Edward und Lavinia erst eigentlich beginnt, entspricht dem christlichen Begriff des «Fegefeuers».
Eliot verwendet das existentialistische Vokabular, z. B. die Begriffe der «Tür» und der «Falle», und deutet es ins Theologische um. In der Tarnung des gesellschaftlichen Konversationsstücks schreibt er in Wirklichkeit eine «göttliche Komödie». Sein psychologischer Ausgangspunkt ist das Wort Pascals *Le moi est haïsable* – sein theologisches Endziel das *credo ut intelligam*. Und überdies benutzt er die «Alkestis» des Euripides als mythisches Muster, um das zeitlos Wahre im Gewande unserer Gegenwart darzustellen.
Sartre versucht in der «Geschlossenen Gesellschaft» durch eine Schockwirkung unseren Willen zur Aktion zu mobilisieren. Eliot dagegen vermeidet eine solche direkte Wirkung. Ihm geht es darum, uns «zeitweilig vom Willen zur Aktion zu befreien», er mutet uns nicht zu, selber ein Gesetz im Leben zu suchen, sondern stellt es in endgültiger Form vor uns hin. Wir brauchen nur die Transparenz des Geschehens zu erkennen.
In höchster Sublimierung bietet Eliot das christliche Kulturbewußtein des Abendlandes auf, um den «Humanismus» Sartres zu widerlegen. Wir werden in diesen Dramen, deren Hintergrund hier nur kurz skizziert werden konnte, Zeuge einer Auseinandersetzung, die für das geistige Bild unserer Gegenwart von kaum zu überschätzender Bedeutung ist. Wird es uns gelingen, die Hölle, die in unserem Bewußtsein ausgebrochen ist, durch eine neue Ordnung zu überwinden?

Jugend – Musik – Theater
(S. 25–41)

S. 25 Die neuen Verweigerer, herausgegeben von Hugo Bütler und Thomas Häberling. Verlag Neue Zürcher Zeitung, Zürich 1981
S. 26 Steve B. Peinemann: Die Wut, die du im Bauch hast, Rowohlt Verlag Hamburg 1980
S. 26 Gruppe Oktober, in Peinemann, s. o. S. 106
S. 27 Gotho von Irmer: Jugend, Popmusik und Rauschgift, Edition Eres, Lilienthal/Bremen 1972
S. 27 Gotho von Irmer, s. o. S. 16
S. 28 Steve Chapple/Reebee Garofalo: Wem gehört die Rock-Musik, Rowohlt Verlag Hamburg 1980
S. 29 Hunter Davies: Die Geschichte der Beatles, Droemer-Knaur-Verlag 1968
S. 29 Jost Hermand: Pop international, Athenäum-Verlag Frankfurt 1971
S. 31 Nikolaus Harnoncourt: Musik als Klangrede, Residenz Verlag Salzburg 1982
S. 32 Dorothea Kolland: Die Jugendmusikbewegung, J. B. Metzlersche Verlagsbuchhandlung Stuttgart 1979
S. 32 Wolfgang Sandner: Rockmusik, B. Schott's Söhne Mainz 1977
S. 33 Arnold Shaw: The World of Soul, S. 267
S. 34 Erik H. Erikson: Jugend und Krise, Klett-Cotta im Ullstein-Taschenbuch, Berlin-Wien 1981
S. 34 Ekkehard Jost: Sozialpädagogische Faktoren der Popmusik-Rezeption, B. Schott's Söhne Mainz 1976
S. 35 Jugendkultur als Widerstand, herausgegeben von Axel Honnett, Rolf Lindner und Rainer Paris, Syndikat Autoren- und Verlagsgesellschaft Frankfurt 1979
S. 35 Thesen zu den Jugendunruhen 1980, Bundesamt für Kulturpflege, Bern
S. 39 Avantgarde Jazzpop, Schott's Söhne Mainz 1978
S. 39 Wolfgang Sandner: Rockmusik, s. o.
S. 40 Joachim Kramarz: Jugend und Theater, Theater-Rundschau-Verlag Bonn 1972

Die Erneuerung des Musiktheaters aus dem Geiste des Barock
(S. 72–85)

S. 75 Theodor W. Adorno: Gesammelte Schriften, Band 10.1, Frankfurt 1977 (Kulturkritik und Gesellschaft I, S. 401 f.)
S. 75 Peter Sloterdijk: Kritik der zynischen Vernunft, 1. Band, Frankfurt 1983 S. 20f.
S. 76 Claude Lévi-Strauss: Mythos und Bedeutung, Frankfurt 1980. S. 62
S. 76 Erich Fromm: Märchen, Mythen, Träume. Eine Einführung in das Verständnis einer vergessenen Sprache, Zürich 1957
S. 76 Johann Mattheson: Der vollkommene Capellmeister, Hamburg 1739
S. 79 R. Alewyn: Das große Welttheater, Hamburg 1959, S. 69
S. 80 R. Alewyn: Das große Welttheater, Hamburg 1959, S. 13
S. 83 Karl Heinz Taubert: Höfische Tänze, Mainz 1968, S. 9
S. 83 Nikolaus Harnoncourt: Musik als Klangrede, Salzburg/Wien 1982
S. 84 R. Alewyn: Aus der Welt des Barock, Stuttgart 1957, S. 109
S. 85 C. G. Jung: Die Archetypen und das kollektive Unbewußte, Olten 1976, S. 269

Das religiöse Musiktheater der Gegenwart
(S. 86–110)

S. 86 Claude Debussy: Monsieur Croche, Stuttgart 1974, S. 268
S. 88 nach Jean-Philippe Rameau: Génération harmonique, 1737
S. 88 Paul Henry Lang: Georg Friedrich Händel, Basel 1979, S. 324

S. 89 Richard Wagner: Religion und Kunst in: Sämtliche Schriften, Bd. 9, Leipzig, S. 211
S. 90 Richard Wagner, Träumerei eines französischen Poeten – von Paul Claudel, dt. Anna Zaschke
S. 90 Claude Debussy: Monsieur Croche, Stuttgart 1974, S. 268
S. 90 Claude Debussy: Monsieur Croche, Stuttgart 1974, S. 269
S. 91 Arthur Honegger: Beschwörungen, Bern 1955, S. 48
S. 91 Arthur Honegger: Ich bin Komponist, Zürich 1952, S. 119
S. 92 Darius Milhaud: Noten ohne Musik, München 1962, S. 241
S. 93 Lateinischer Text: «Rex Turcarum Holofernes, Dux Eunuchus, et omnis Hinc Vitrix Venetum quam bene Classis erit.»
S. 93 Italienischer Text: «Meglio di lui / Giudichiamo, Amital! Forse quel velo / Che gli oscuro la mente / A un tratto or si squarciò.»
S. 94 nach Josef Häusler: Musik im 20. Jahrhundert, Bremen 1969, S. 392
S. 94 H. H. Stuckenschmidt: Die Musik eines halben Jahrhunderts, München 1976, S. 52
S. 95 nach Edwin Maria Landau: Claudel, Velber b. Hannover 1966, S. 129
S. 96 Arthur Honegger: Ich bin Komponist, Zürich 1952, S. 126/7
auch Willy Tappolet: Arthur Honegger, Zürich 1954
S. 97 nach Horst Koegler: Friedrichs Ballettlexikon, Velber b. Hannover 1972
Der französische Text lautet: «... l'artiste dont la tête voilée de rêve et de deuleur a la charpente osseuse de l'Athéna de Lemnos, dont le corps a la ligne la plus austère qui se puisse trouver et dont toute la personne respirait l'ardeur mystique.»
S. 97 Willy Tappolet: Arthur Honegger, Zürich 1954, S. 140
S. 97 Arthur Honegger: Jeanne d'Arc au bûcher, dt. von Hans Reinhart
S. 97 nach Willy Tappolet: Arthur Honegger, Zürich 1954, S. 148
S. 98 Thomas Mann: Essays, Bd. 3, Musik und Philosophie, Frankfurt 1978, S. 43
S. 98 Ludwig Schrott: Hans Pfitzner, Zürich 1959. S. 131
S. 99 Andreas Briner: Paul Hindemith, Zürich 1971, S. 103
S. 99 Paul Hindemith: Mathis der Maler, B. Schott's Söhne, Mainz
S. 100 Paul Hindemith: Die Harmonie der Welt, Edition Schott, Klavierauszug S. 393
S. 100 Paul Hindemith: Die Harmonie der Welt, Edition Schott, Klavierauszug S. 387
S. 100 Andreas Liess: Carl Orff, Zürich 1977, S. 42
S. 102 Carl Orff: De temporum fine Comoedia, Edition Schott
S. 102 nach Andreas Liess: Carl Orff, Zürich 1977, S. 188
S. 103 Bernhard Billeter: Frank Martin, Frauenfeld 1970, S. 116
S. 104 Miloš Šafránek: Bohuslav Martinu, Prag 1964, S. 165 f.
S. 105 Miloš Šafránek: Bohuslav Martinu, Prag 1964, S. 330
S. 105 hierzu Patricia Howard: The Operas of Benjamin Britten, Greenwood Press, Westport, Connecticut 1969
S. 106 Benjamin Britten: The Burning Fiery Furnace, Faber Musik Ltd., London 1968
S. 107 nach Wolfram Schwinger: Penderecki, Stuttgart 1979, S. 249 ff.
S. 109 Wolfgang Schadewaldt: Antike und Gegenwart, München 1966, S. 177
S. 110 Hans Jonas: Das Prinzip der Verantwortung, Frankfurt 1979, S. 391

Nachweise

Die zehn Gebote des Theaterdirektors
Ausführungen auf der ersten Pressekonferenz in Wien am 2. April 1984.

Jugend – Musik – Theater
Vortrag anläßlich der IATO-Tagung in Basel am 5. November 1982. Im Auszug erstmals erschienen in «Neue Zürcher Zeitung» vom 29. Januar 1983.

Vom Nutzen und Nachteil der Geschichte für das Theater
Vortrag für die Gesellschaft zur Förderung der Zürcher Oper am 25. März 1980 im Kunsthaus Zürich. Erstmals erschienen in «Oper 1980. Jahrbuch der Zeitschrift Opernwelt» Friedrich Verlag Velber.

Eine Apologie des Musiktheaters
Vortrag für den Verein der Freunde des Bremer Musiktheaters am 20. Februar 1981.

Die Erneuerung des Musiktheaters aus dem Geiste des Barock
Vortrag bei der Musikalischen Akademie im Schloß Brühl am 10. September 1983. Im Auszug erstmals erschienen in «Neue Zürcher Zeitung» 22./23. Oktober 1983.

Das religiöse Musiktheater der Gegenwart
Vortrag anläßlich des Opernseminars der Theatergemeinde Köln zum Domfest 1980 am 18. Oktober 1980 in Köln. Im Auszug erstmals erschienen in «Neue Zürcher Zeitung» 25. Juli 1981.

Religion und Theater
Vortrag auf einer theologischen Akademie in Kehl am Rhein im Herbst 1959. Erstmals erschienen in «Ruperta-Carola» Mitteilungen der Vereinigung der Freunde der Studentenschaft der Universität Heidelberg XI. Jahrgang, Dezember 1959.

Das Ballett im Musiktheater – Erfahrungen und Perspektiven
Vortrag anläßlich der Jahreshauptversammlung des Schweizerischen Dachverbandes der Fachkräfte des künstlerischen Tanzes (SDT) auf Schloß Lenzburg am 19. Mai 1984.

Theater oder Demokratie?
Erstmals veröffentlicht in «Die Deutsche Bühne», Monatsschrift des Deutschen Bühnenvereins Heft 9, 1969.

«Tristan und Isolde» – Aufklärung oder Mystifikation
Vortrag für den Zürcher Theaterverein am 23. April 1980. Erstmals veröffentlicht in «Tribschener Blätter» Nr. 47, Dezember 1982.

«Fidelio» – Revolutionsoper und Auferstehungsmysterium
Beitrag im Programmheft zur Inszenierung am Hessischen Staatstheater Wiesbaden im April 1965.

«Die Frau ohne Schatten» – Regietagebuch
Materialien zur Inszenierung am Hessischen Staatstheater Wiesbaden Spielzeit 1963/64.

Gedenkworte für István Kertész
Gesprochen bei der Trauerfeier im Opernhaus Köln am 23. April 1973.

Die Hölle des Bewußtseins
Erstmals erschienen in «Das literarische Deutschland» am 20. Oktober 1951.